Unterwegs in
SCHOTTLAND

Unterwegs in Schottland

Zu diesem Buch

Das nördliche Ende Großbritanniens zieht seit jeher Reisende in seinen Bann. Wer Schottland einmal besucht hat, den lässt das Land nicht mehr los. Kein Wunder, denn sowohl die sagenumwobenen Highlands als auch die der Küste vorgelagerten Inseln begeistern mit jahrtausendealten Steinkreisen und Kultstätten sowie mit Burgen und Schlössern aus vergangenen Jahrhunderten. Städte wie Edinburgh, Glasgow, Aberdeen oder Inverness stecken voller Kultur und Geschichte, kleine Fischerdörfer machen den besonderen Charme der Schotten greifbar. Noch dazu besticht die unverwechselbare Natur mit lieblichen Tälern, schroffen Küsten, dunklen Mooren und schillernden Lochs.

Inhalt

Oben: Blick von Corpach am Loch Linnhe auf den mächtigen, schneebedeckten Ben Nevis.
Links: Dudelsackspieler vor Edinburgh Castle.

Bilder auf den vorherigen Seiten:

S. 2/3: In den westlichen Highlands, bei einem kleinen Dorf, steht das grandiose Eilean Donan Castle am Loch Dulch.

S. 4/5: Der Süßwassersee Loch Tay ist der sechstgrößte des Landes. Entstanden ist er in der Eiszeit durch Gletscherformationen.

S. 6/7: Sie gehört zu den meistfotografierten Motiven auf der Insel Skye: die bizarre Felsformation des »Old Man of Storr«.

S. 12/13: Vom einsamen und nebelverhangenen Rannoch Moor aus fällt der Blick in Richtung des pittoresken, geschichtsträchtigen Glen Coe.

North Atlantic Ocean
Orkneyinseln
Mainland
Stromness
Hoy
North Rona
Sula Sgeir
Sule Skerry
Suke Stack
Butt of Lewis
Port of Ness
Flannan Isles
Stornoway
Callanish
Aird
North Minch
Lewis
Tarbert
Rodel
St. Kilda
The Minch
Lochmaddy
Tigharry
Monach Islands
North Uist
Uig
Portree
Skye
South Uist
Lochboisdale
Barra
Sea of the Hebrides
Rhum
Coll
Tiree
Mull
Fionnphort
Colonsay
Jura
Islay
P. Askaig
P. Ellen
Äußere Hebriden
Innere Hebriden
Durness
Tongue
Thurso
Laxford Bridge
Lochinver
Lairg
Helmsdale
Ullapool
Dornoch
Tain
Sgurr Mór
1109
Achnasheen
Dingwall
Alness
Nairn
Beauly
Inverness
Moray
Carn Eige
1183
Kyle of Lochalsh
Fort Augustus
Loch Ness
Boat of Garten
Kingussie
Ben Macdui
1309
Mallaig
Dalwhinnie
Pass of Drumochter
Ft. William
1343
Ben Nevis
Northwest Highlands
Great Glen
Grampian Mountains
Ben Lawers
1208
Tobermory
Craignure
L. Lomond and The Trossachs N.P.
Oban
Crieff
1174
Ben More
Arrochar
Inveraray
Loch Lomond
Firth of Lorn
Stirling
Dunfermline
Lochgilphead
Linlithgow
Greenock
Rothesay
GLASGOW
Coatbridge
Lanark
New Lanark
Ardrossan
Kilmarnock
Brodick
Kintyre
Arran
Campbeltown
Ayr
Abington
Cumnock
Girvan
Merrick
843
Southern
Galloway
Dumfries
New Galloway
Stranraer
Portpatrick
Gatehouse of Fleet
Workington
North Channel
Cion Mhálanna
Malin Head
Carn Domhnach
Port an Salainn
Árainn Mhór
Arranmore I.
752
Lough Foyle
Limavady
Ballycastle
Coleraine
Derry
554
Antrim Mts.
Leitir Ceanainn
Na Gleannta
Rossan Point
Malin More
An Charraig
Dúnna nGall
Strabane
667
Omagh
Cookstown
Antrim
Larne
Bangor
0
50 km

1 Glasgow

Shopping, Kultur und modernste Architektur in Schottlands größter Stadt – hier pulsiert das Leben.

2 Edinburgh

Die Hauptstadt Schottlands punktet mit Altstadtgassen, Museen, weitläufigen Parks und dem jährlichen Military Tattoo.

3 Angus

Zwischen Bergen und Hügeln eingebettet liegt hier das fruchtbare Strathmore-Tal – Heimat der berühmten Rinder.

4 Isle of Skye

Schroffe Felsen, Sandstrände und trutzige Burgen: Die Insel ist sozusagen schottisches All-in-One.

5 Aberdeenshire

Die atemberaubende Ruine von Dunnottar Castle wirkt wie die Kulisse zu einem historischen Film.

6 Braemar Gathering

Diese Highland Games genießen Weltruf und sind Wettkämpfe mit enormem Spaßcharakter.

7 Loch Ness

In Schottlands berühmtestem See verbirgt sich das sagenumwobene Ungeheuer Nessie vor neugierigen Augen – oder auch nicht?

8 South Lanarkshire

Die ansässige Textilindustrie ist UNESCO-Weltkulturerbe und ein Vorreiter in Sachen Work-Life-Balance.

9 Highlands

Das Herz Schottlands: dramatische Landschaften, Schauplatz von Mythen und Legenden – rau, wild, romantisch.

10 Stirling

In der mittelalterlichen Stadt sollen die meisten Geister Schottlands spuken, besonders in der Burg von Stirling.

11 Dufftown

Sieben Destillerien gibt es in der Whisky-Hauptstadt Schottlands – oder gar der ganzen Welt? Daneben ehren ein Museum und zwei Festivals das flüssige Gold.

Die schönsten Reiseziele

In Schottland vermählen sich Natur und Kultur auf einzigartige Weise. Die nachfolgenden Kapitel stellen die schönsten Reiseziele vor – ein jeder, der dieses Land besucht, wird fasziniert sein von den geschichtsträchtigen und attraktiven Städten wie Edinburgh, Glasgow oder Inverness, den prähistorischen Stätten, bedeutenden Sakralbauten, viel umkämpften Castles oder romantischen Schlössern. Ganz abgesehen von den malerischen Küstenstreifen, nahezu unbewohnten Inseln und pittoresken Fischerdörfern sowie der sanften Hügellandschaft und den schroffen Klippen und Kliffs.

Southern Uplands

Waldreiche Gebiete kennzeichnen die Region im Süden Schottlands, in der der River Tweed sein Zuhause hat. Weide- und Moorlandschaften rahmen einsame grüne Hügel. An der Nordseeküste entlang bis an die Grenze zu England wechseln sich steile Klippen, idyllische Buchten und einsame Sandstrände ab. Wanderwege und Mountainbike-Routen begeistern Outdoor-Freunde. In den Regionen von South Ayrshire, Dumfries and Galloway sowie den Scottish Borders gab sich die Geschichte Schottlands besonders kämpferisch, wovon bis heute Burgen und Schlösser zeugen, die Geschichtsinteressierten Einblicke in frühere Zeiten gewähren.

Unterwegs in South Ayrshire

Prächtige Herrenhäuser und ein abwechslungsreiches Landschaftsbild – Ayr und seine Umgebung ist wie ein Blick in die Vergangenheit, in der man auch dem berühmten Nationalbarden Schottlands Robert Burns begegnet.

Die variantenreichen Abschnitte der geschwungenen Küstenlinie von South Ayrshire halten immer wieder überraschende Ausblicke bereit.

Eine der meistbesuchten Touristenattraktionen in der Gegend um Ayr: Culzean Castle.

Die Brig o' Doon ist bekannt aus Robert Burns' Gedicht »Tam o' Shanter« aus dem Jahr 1790.

**** South Ayrshire Coastline** Die Küste vor den Toren der Stadt Ayr verzaubert mit einer ungeheuren Vielfalt. Feine Sandstrände wechseln sich mit wilden felsigen Abschnitten ab. Es gibt Flussmündungen und Waldgebiete. Neben Golfplätzen und Kuranlagen warten natürlich auch historische Burgen auf ihre Entdeckung. Eine empfehlenswerte Art, die Region kennenzulernen, ist die Wanderung auf dem 161 Kilometer langen Ayrshire Coastal Path. Der im Jahr 2008 angelegte Panoramaweg erstreckt sich von Glenapp im Süden bis Skelmorlie im Norden, wo der Firth of Clyde unweit von Glasgow in das Land schneidet.

*** Ayr** Die größte Stadt der ehemaligen Grafschaft Ayrshire liegt am Firth of Clyde und hat sich vom einstigen spröden Wirtschaftshafen zu einem freundlichen Standort gewandelt, der große Shoppingzentren und einen sehr schönen Strand zu bieten hat. Die Zitadelle und eine Pferderennbahn sind in jedem Fall besuchenswert.

**** Burns National Heritage Park** Zu Ehren des großen schottischen Poeten Robert Burns ist um dessen Geburtshaus herum eine Gedenkstätte entstanden, das Robert Burns

Der stattliche Herrensitz Blairquhan House bei Straiton ist zumindest an einigen Tagen zu besichtigen.

Birthplace Museum in Alloway. Der Heritage Park rund um das Cottage, in dem Burns auf die Welt kam und das 1757 von dessen Vater William erbaut wurde, umfasst knapp 4 Hektar. Das Museum zeigt mit über 5000 Exponaten alles Wissenswerte zum großen Nationaldichter. Zum Park gehören auch das Burns Monument und die sehenswerte Auld Kirk sowie die wahrscheinlich um 1460 errichtete Brig o' Doon, auch Tam o' Shanter's Brig genant. Seit 1971 ist diese Steinbogenbrücke denkmalgeschützt.

***** Culzean Castle** Hoch auf den Klippen südlich von Ayr thront Culzean Castle, eines der prächtigsten Schlösser Schottlands. Die im späten 14. Jahrhundert entstandene Festung wurde im 18. Jahrhundert ausgebaut. Geschaffen hat das steinerne Meisterwerk Schottlands berühmter Architekt Robert Adam: Von 1777 bis zu seinem Tod im Jahr 1792 hatte er die Bauaufsicht. 1945 übergab die Besitzerfamilie Kennedy, ihren Stammsitz dem National Trust for Scotland, baten aber darum, General Dwight D. Eisenhower auf Lebenszeit einige Räume überlassen zu dürfen – als Dank für dessen Verdienste um schottische Truppen im Zweiten Weltkrieg.

***** Blairquhan House** Dieses Herrenhaus in der Nähe von Straiton, malerisch und einsam am Südufer des Water of Girvan gelegen, befindet sich in Privatbesitz. Es ist umgeben von großzügig angelegten Gärten. Im Jahr 1971 unter Denkmalschutz der höchsten Kategorie gestellt, wurde das Gebäude um das Jahr 1570 errichtet und Anfang des 19. Jahrhunderts im historisierenden Tudorstil neu gebaut. Heute kann es für Hochzeiten und andere Events angemietet werden. In seinen Außengebäuden gibt es luxuriöse Übernachtungsmöglichkeiten, aber auch erschwinglichere Cottages mit Selbstversorgung.

Nationalbarde Schottlands: Robert Burns

Der der Literaturepoche der Romantik angehörende Robert Burns wurde im Jahr 1759 als eines von sieben Kindern eines armen Pächters in Ayrshire geboren und entfaltete schnell sein »bäuerliches Naturtalent«. Obwohl ein glühender Anhänger der Aufklärung, schuf er lyrische Gedichte in schottischer Mundart, romantisch-melancholische Balladen und eine umfangreiche Liedsammlung. Viele seiner Werke sind bis heute unvergessen (»Red, Red Rose«, »Auld Lang Syne«). In den Salons von Edinburgh war Burns bald ein gefeierter Mann, doch eine Dozentenstelle an der Universität von Schottlands Metropole lehnte er ab. Stattdessen zog er nach Dumfries, wo er 1796 im Alter von nur 37 Jahren an einer Streptokokkeninfektion starb.

Unterwegs in Dumfries and Galloway

Immer noch ein Geheimtipp in Sachen Schottland-Tourismus ist diese Council Area: unberührte Natur, monumentale Bauten und dazu ein kleines Dorf, das junge Verliebte wie magisch angezogen hat und auch heute gerne von Hunderten von Heiratswilligen besucht wird.

Undurchdringlich wirken die dicht mit Moos bedeckten Bäume und Wurzeln des Galloway Forest Park.

***** Galloway Forest Park** Im Jahr 1947 wurde das 20 Kilometer nordwestlich von Newton Stewart gelegene Areal in ein Naturschutzgebiet umgewandelt. 774 Quadratkilometer endlos scheinende Weite und einige der höchsten Gipfel Südschottlands machen die Faszination des Galloway Forest Parks aus. Er vereint liebliche Täler, malerische Seen und geheimnisvollen Wald zu einem wahren Naturparadies. Da es hier kaum hell erleuchtete Gebäude oder andere starke Lichtquellen gibt, erhielt der Forest Park als einer von drei europäischen Nationalparks den Status »Dark Sky«. Das bedeutet: Man kann mit bloßem Auge Details am Nachthimmel sehen, die einem in der Stadt verborgen bleiben, wie etwa das Band der Milchstraße. Wer ein Fernglas zur Hand hat, soll sogar die Ringe des Saturn erkennen können. Das Naturschutzgebiet bietet beste Möglichkeiten zum Wandern oder Mountainbiken. Gut restaurierte Rundhäuser aus der Eisenzeit krönen einen Besuch.

Galloway Forest Park: Als Wanderer muss man schon Geduld haben, um Hirsche oder Rehe in freier Wildbahn zu entdecken.

Ein besonderer Anblick: Der Fuchs.

Lebensgrundlage sowohl für das satte Waldgrün als auch für dessen Bewohner.

Da ein Großteil der Galloway Hills innerhalb der Grenzen des Galloway Forest Parks liegt, gibt es auch gute Bergwanderungen und einige Kletter- und Eisklettermöglichkeiten.

Unglaublich, aber man befindet sich noch in Schottland: der Botanische Garten von Logan.

***** Kirkmadrine Church** 2 Kilometer südwestlich von Sandhead auf der Halbinsel Rhinns of Galloway wurden die ältesten Belege für die Existenz des Christentums in Schottland gefunden. Drei Grabsteine aus dem 5. und 6. Jahrhundert tragen lateinische Inschriften und das Christusmonogramm. Sie zeugen von ersten christlichen Missionare, die sich ab dem 4. Jahrhundert in Whithorn bei Wigtown angesiedelt haben. Hinter einer Glasscheibe an der Westseite der Kirkmadrine Church können diese und weitere bemerkenswerte Steinzeugnisse betrachtet werden. Die Sandsteinkirche wurde im 19. Jahrhundert als Totenkapelle im historisierenden romanischen Stil errichtet. Man nimmt an, dass hier an dieser Stelle einmal eine Klosteranlage aus der Zeit des frühen Christentums gestanden hat.

**** Logan Botanic Garden** Das Klima an der südwestlichen Spitze Schottlands, der Rhinns of Galloway, ist so mild, dass hier sogar tropische Pflanzen wie Palmen gedeihen können. Diese wachsen in großer Vielfalt auch im Logan Botanic Garden bei Port Logan. 1869 angelegt, gehört er zu den bekanntesten Gartenanlagen der Halbinsel und mit Sicherheit zu deren exotischsten. Pflanzen aus Süd- und Mittelamerika, dem südlichen Afrika und Australasien wachsen hier im Freien. Man kann unter Eukalyptusbäumen und hohen Palmen wandeln oder sich im Schatten von gigantischen Riesenmammutblättern ausruhen. Der Garten bietet vom Frühling bis in den Herbst eine wahre Farben- und Duftorgie. Natürlich fehlt auch nicht ein Discovery Center zur Wissensvermittlung. Am höchsten Punkt des Gartens offenbart sich ein atemberaubender Blick über die Rhinns bis zu den sanften Hügeln Galloways.

Rhinns of Galloway

Die Council Area Dumfries and Galloway südlich von Ayrshire ist touristisch gesehen noch immer relativ unbekannt. Dabei wird die Südküste Galloways mit ihren vielen idyllischen Fischerdörfchen auch als die schottische Riviera bezeichnet. Die Rhinns (oder Rhins) of Galloway ist eine Halbinsel im Südwesten und bildet einen Teil von Dumfries and Galloway im Distrikt von Wigtownshire. Ihr Name kommt aus dem Gälischen und bedeutet »Kap« oder »Vorsprung«. Tatsächlich ragt die Halbinsel wie ein Hammerkopf aus der Landmasse heraus. Ihr südlicher Teil, die Mull of Galloway, bildet zugleich den südlichsten Punkt Schottlands. Corsewall Point markiert den Schlusspunkt des 46 Kilometer langen, aber maximal nur 9 Kilometer breiten Kaps im Norden.

Inmitten von Feldern, abseits aller Wege, birgt die Kirkmadrine Church großartige Steinfunde.

Früher legten hier noch (kleine) Fähren ab, heute ist es ein eher beschaulicher Touristenort: der Hafen von Portpatrick.

Lochinch Castle, erbaut im 19. Jahrhundert von den Earls of Stair, ist umgeben von den traumhaften Castle Kennedy Gardens.

Newton Stewart und Wigtown

Der Ort am River Cree bezeichnet sich selbst als »Tor zu den Galloway-Bergen«. Er liegt am nordöstlichsten Punkt einer Landspitze, die in den Solway Firth ragt, gegenüber der 85 Kilometer weit entfernten Isle of Man. Vielen Urlaubern dient Newton Stewart als Ausgangsbasis für Wanderungen und Ausflüge, doch das Städtchen selbst hat auch seinen Reiz. Da ist zum Beispiel ein Museum in der einstigen St John's Church, das regionales Alltagsleben der Vergangenheit präsentiert. Im nur wenige Kilometer entfernten Wigtown dreht sich alles um Bücher. Es gibt 18 Buchhandlungen und zu Recht darf es sich ganz offiziell Schottlands erste »Booktown« nennen. Im nahen Creetown stellt das Creetown Gem Rock Museum Edelsteine, Kristalle und Mineralien aus – Pause im Tea Room obligatorisch.

***** Stair Estates – Castle Kennedy Gardens** Etwa 5 Kilometer östlich von Stranraer und seinem bedeutenden Fährhafen finden Gartenfreunde ein Paradies in den Castle Kennedy Gardens. Sie zählen zu den am besten ausgestatteten Gartenanlagen in Schottland. In den 1730er-Jahren geschaffen, liegt sie wunderschön zwischen der Ruine Castle Kennedy und Lochinch Castle. Riesige Rhododendren bestimmen das Bild und sogar mit exotischen Palmen können sie aufwarten. Zwei malerische Seen bieten Heimat für eine Reihe von Wasservögeln. Von hier schweift der Blick über gepflegte Rasenflächen hinüber zum 1716 abgebrannten Herrenhaus Castle Kennedy. Im Lochinch Castle können Reisende in luxuriösen Unterkünften im viktorianischen Ambiente nächtigen. Das weitläufige Anwesen befindet sich bis heute im Privatbesitz der Earls of Stair.

**** Whithorn** Der Ort auf der Halbinsel The Machars, rund 10 Kilometer von Wigtown entfernt, ist ein frühchristlichen Standort, von dem aus rege Handelsbeziehungen bis in den

Cairnholy II.: Die Legende schreibt hier dem mythischen Schottenkönig Galdus die Grabstätte zu.

In dieser Höhle wohnte angeblich St. Ninian, der erste Heilige Schottlands.

Mittelmeerraum betrieben wurden. Der Legende nach soll der Missionar Ninian hier die erste christliche Kirche auf schottischem Boden gegründet haben. Grund genug für die Könige Schottlands, über Jahrhunderte dorthin zu pilgern. Im Zentrum der Stadt bereitet das Whithorn Trust Visitor Centre die Frühgeschichte Schottlands von den Kelten bis zum frühen Christentum auf. Neben den ältesten Artefakten des Landes – einige von ihnen aus dem Jahr 450 v. Chr. – kann auch die maßstabsgetreue Rekonstruktion eines Rundhauses aus der Eisenzeit bestaunt werden. Unbedingt besuchenswert: die Ruinen der Whithorn Priory am Westrand des Ortes aus dem 12. Jahrhundert.

Die Ruine von Castle Kennedy liegt inmitten der restaurierten Castle Kennedy Gardens.

*** **Cairnholy** Zwei grandiose, relativ gut erhaltene Megalithenanlagen geben Zeugnis aus der Zeit Schottlands im Neolithikum, 2000 v. Chr. Cairnholy I und II befinden sich südwestlich von Creetown, über der Kirkdale-Schlucht, östlich von Carsluith und liegen etwa 150 Meter weit auseinander. Die zum Teil steil in die Luft ragenden Monolithen sind typisch für diese Art der jungsteinzeitlichen Begräbnisstätten in Galloway. Umgeben von einem steinernen Wall, waren sie zumeist nur für eine einzige Person angelegt. Mit der ruhigen und schönen Lage auf einem sanften Hügel bietet Cairnholy einen weiten Rundumblick über die nahegelegene Bucht von Wigtown bis hin zu The Machars.

Die Devorgilla Bridge überspannt mit mächtigen Bögen aus Sandstein den River Nith.

Geschützt von allen Seiten durch einen Wassergraben: Trotzdem konnte das 1277 errichtete Caerlaverock Castle auf die Dauer seinen Feinden nicht trotzen.

Der Glockenturm von Sweetheart Abbey zeugt heute noch von dem imposanten Bau, der sie einst war.

***** Dumfries** »Burns-Land« wird Dumfries and Galloway, eine von 32 Council Areas in Schottland, auch genannt, weil der schottische Nationaldichter Robert Burns sich für die letzten Schaffensjahre seines kurzen Lebens hierher zurückzog. Das Robert Burns Centre in Dumfries erinnert an ihn. Neben Kultur bietet das Hügelland im schottischen Südwesten auch viel Natur, Gärten und Parks, Abteiruinen sowie – natürlich – zahlreiche Burgen und Herrensitze. Die größte Stadt der Region, Dumfries, hat rund 33 000 Einwohner und blickt auf eine lange Geschichte zurück. Der Ferienort, dem das Stadtrecht 1395 verliehen wurde, ist von fünf Seen umgeben. Beliebt war diese Region im 19. Jahrhundert aber vor allem aus einem anderen Grund: In Gretna Green, dem letzten schottischen Dorf diesseits der Grenze, galten die englischen Ehegesetze nicht und so konnten sich Verliebte hier auch ohne Zustimmung ihrer Eltern trauen lassen.

***** Caerlaverock Castle** Schottland bietet eine Reihe von Schlössern, die man sich unbedingt ansehen sollte. Caerlaverock Castle steht ganz an ihrer Spitze. Als Wasserschloss über einem ungewöhnlicherweise dreieckig konzipierten Grundriss angelegt, ist es von einer sumpfigen Landschaft umgeben – Lebensraum von Enten, Schwäne und vor allem große Mengen Ringelgänsen. Seine Lage direkt am Solway Firth, also in unmittelbarer Nachbarschaft zur englischen Grenze, führte dazu, dass Caerlaverock immer wieder angegriffen wurde. Meist konnte der Maxwell-Clan, seit dem 13. Jahrhundert Besitzer der Festung, das Anwesen halten. Doch es fiel auch vorübergehend an die Engländer. Im Jahr 1640 war das Schicksal der Besitzer endgültig besiegelt: Die englischen Feinde hatten sie mit einer nicht enden wollenden Belagerung ausgehungert und aus dem Schloss getrieben.

**** Sweetheart Abbey** Schon der Name der Abtei, die gut 10 Kilometer südlich von Dumfries steht, bringt wohl die meisten auf romantische Gedanken. Romantisch ist jedenfalls die Lage unweit einer hübschen Küstenstraße. Die Vergangenheit des einstigen Zisterzienserklosters ist eher traurig. Gegründet wurde es nämlich im Jahr 1273 von Dervorguilla de Balliol, Lady von Galloway, zum Gedenken an ihren verstorbenen Ehemann. Dessen Herz soll, einbalsamiert und in einem kostbaren Kästchen aufbewahrt, zusammen mit der Dame vor dem Altar bestattet worden sein. Besucher finden heute nur noch die Ruine des Klosters, in dem Edward I. (»Longshanks«) vorübergehend wohnte, und einen weitläufigen Friedhof vor. Das alte Gemäuer aus dunkelrotem Sandstein verströmt inmitten des Grüns mit dem freien Blick in den Himmel eine ganz eigene Atmosphäre. Für das Betrachten des steinernen Bildnisses der Lady Dervorguilla de Balliol sollte man sich Zeit nehmen.

***** Comlongon Castle** Etwa 10 Kilometer von Dumfries entfernt befindet sich dieses außergewöhnliche Anwesen vor dem Dorf Clarencefield. Das schlichte Tower House aus dem 15. Jahrhundert, ließ ein Nachfahre auf den ererbten Ländereien seines Onkels errichten. Um 1900 wurde an dieses ein großes Wohnhaus angefügt. Das Ensemble war bis 1984 im Besitz des Earl of Mansfield, dann wurde es veräußert und zum Hotel umgebaut. Auch hier geistert ein ruheloses Gespenst umher: Die unglückliche Lady Marion Carruthers stürzte sich 1570 vom Aussichtsturm des Anwesens hinunter.

Drumlanrig Castle

Die wuchtige Burg aus rotem Sandstein wirkt nahezu furchteinflößend, wenn man am Fuß der sanften Erhebung steht, auf der sie thront. Für einen Besuch des Stammsitzes des Douglas-Clans sollte man einen ganzen Tag einplanen, um nichts zu verpassen. Da ist zum einen eine beachtliche Gemäldesammlung mit Schätzen wie etwa einem Rembrandt von 1655. Ebenfalls beeindruckend ist die Menge herrlicher antiker Möbel, darunter Schränke aus dem 17. Jahrhundert. Mindestens ebenso lohnend wie eine Besichtigung der Räume ist ein Spaziergang durch die Landschaftsgärten. Im Zweiten Weltkrieg hatten sie starken Schaden genommen, inzwischen sind sie aber vollständig restauriert und erblühen in neuer Pracht. Auch die viktorianischen Gewächshäuser wurden liebevoll wieder errichtet.

Comlongon Castle besteht aus dem spätmittelalterlichen Tower House und einem stilistisch an dieses angepassten und Jahrhunderte später angebauten Wohngebäude.

Ruthwell Cross

So unscheinbar das Kirchlein von Ruthwell auch wirken mag – in seinem Inneren birgt es ein Kleinod frühmittelalterlicher Kunst und Kultur. Das Ruthwell Cross, ein etwa 5,5 Meter hohes Steinkreuz, war vermutlich um das Jahr 750 für eine örtliche Klostergemeinde angefertigt worden, Jahrhunderte später wurde es im englischen Bürgerkrieg (17. Jahrhundert) in mehrere Teile zerschlagen und geriet in Vergessenheit. Erst im Jahr 1887 stellte man das Ruthwell Cross wieder auf, beließ es jedoch in seinem stark

beschädigten Originalzustand. Auf allen vier Seiten des Kreuzes sind Inschriften und Skulpturarbeiten erhalten. Die Nord- und Südseiten zeigen Bibelszenen, auf denen unter anderem »Johannes der Täufer«, »Jesu Salbung durch die Sünderin« oder »Jesus auf dem Thron« zu sehen sind. Die Bildtafeln sind je von einem Text in lateinischer Schrift (meist das passende Bibelzitat) eingerahmt. Auf der Ost- und Westseite winden sich riesige von Tieren und Vögeln bewohnte Weinranken von unten nach oben. Am äußeren Rand dieser Tafeln steht ein in altenglischen Runen – dem Schriftsystem der Angelsachsen zwischen 450 und 1100 n. Chr. – in den Sandstein geritztes Gedicht, das die Kreuzigung Jesu aus der Sicht des Kreuzes schildert. Eindrucksvoll berichtet das Kreuz, wie es »den Großen König / den Herrn des Himmels / trug«. Das Ruthwell Cross ist nicht nur ein einzigartiges christliches Monument, sondern auch eines der wichtigsten Zeugnisse der englischen Sprache des frühen Mittelalters.

Der Tail Burn entspringt dem Loch Skeen, schlängelt sich durch das Grey Mare's Tail, ein Hängetal, und mündet in den Fluss Moffat Water.

*** Grey Mare's Tail Nature Reserve

Ziemlich genau in der Mitte der Southern Uplands liegt dieses atemberaubende Naturschutzgebiet. Otter, wilde Ziegen, Schafe und Schneehasen haben in der reichen Landschaft seit jeher eine Heimat. In der Luft kreisen Seeadler, Raben und Wanderfalken. Noch bedeutsamer als die Tierwelt ist das Reich der Pflanzen. Hier gedeihen seltene Arten, welche die speziellen Bedingungen des Hochlands benötigen. Im Besucherzentrum, oder noch besser während einer geführten Wanderung mit einem Naturwissenschaftler, kann man sie näher kennenlernen. Oder man nimmt sich eine der etwas schwierigeren Strecken vor, die zum Teil steil und felsig sein können und manchmal durch sumpfige Passagen führen. Der Blick auf die ruhig daliegenden Seen und auf die beeindruckenden Hänge entschädigt für die Mühen und lässt jeden den Zauber dieses über 900 Hektar großen Naturschutzgebietes erleben.

Wilde Wasserspiele.

Gretna Green

Der legendäre Old Blacksmith's Shop mit dem »Anvil Priest« (»Amboss-Priester«) und das nette Museum von Gretna Green sind weltbekannt. In dieses relativ kleine Dorf im Süden Schottlands, nahe der Grenze zu England, zog und zieht es immer noch jährlich bis zu 5000 junge Paare, die sich hier trauen lassen. Gretna Green erhielt diesen enormen Zulauf, da in England, aufgrund eines Gesetzes aus dem Jahr 1753, erst mit 21 Jahren eine Heirat ohne Zustimmung der Eltern möglich war. In Schottland galt dieses Gesetz jedoch nicht, Jungen durften hier bereits mit 14 und Mädchen mit 12 Jahren heiraten. Sie ließen sich vom Schmied trauen, der dafür amtlich anerkannt war. Für viele Verliebte aus aller Welt wurde Gretna Green daher zum Traumort ihrer Hochzeitssehnsüchte.

Mit 61 Metern ist der Grey Mare's Tail der fünfthöchste Wasserfall Großbritanniens.

Unterwegs in den Scottish Borders

»Vergessenes Land«: So nennt sich die dünn besiedelte Grenzegion selbst. Aber sie hält traumhafte Landschaften bereit und zeugt mit unzähligen Burgruinen von den Konflikten mit dem Nachbarn England. Mehr als nur einen Zwischenstopp wert auf dem Weg nach Edinburgh!

Im Kielder Water & Forest Park liegt der größte künstliche See Nordeuropas.

Obwohl von Menschenhand künstlich geschaffen, wirkt der Wald naturbelassen.

***** Kielder Water & Forest Park** Von Menschenhand gemacht sind sowohl der See als auch der ihn umgebende Wald in Northumberland im Nordosten Englands. Sie bilden ein Paradies für Familien wie auch für Sportler, die die freie Natur, alle erdenklichen Arten von Wassersport, ausgiebiges Wandern und abenteuerliches Fahren mit dem Mountainbike lieben. Der 40 Kilometer lange Weg um den See herum ist sogar für Rollstuhlfahrer ausgelegt. Die Queen weihte im Jahr 1982 Kielder Water, diesen größten Stausee Großbritanniens, nach einer Bauzeit von sechs Jahren ein – 200 Millionen Liter Fassungsvermögen, durch die der Fluss North Tyne fließt. Beschauliche Ruhe und Entspannung bietet ebenso Kielder Forest, der Heimat für viele Wildtiere wie den sehr seltenen Fischadler ist. Wissenswertes darüber erfährt man in den drei Besucherzentren des Parks.

Die Bellingham Bridge stammt aus dem Jahr 1834 und überspannt den North Tyne.

Kraftvolle Ruhe verströmt das Traquair House mit seinem riesigen, seit 1642 beinahe unverändert gebliebenen Tower House.

***** Neidpath Castle** Von der A72 kommend, erblickt man unmittelbar westlich des Ortes Peebles – spektakulär auf einem steilen Felsvorsprung über dem River Tweed gelegen – das L-förmige Tower House aus dem 14. Jahrhundert. Ein typisches, schnörkelloses Gebäude dieser Zeit in den Scottish Borders. Wenige (vergitterte) Fenster, überdachte Wehrgänge, ein Postengang auf einem Balkon: Das hoch aufragende Castle besaß alle Voraussetzungen, den Feind abzuwehren. Heute bieten nur die seltenen »Open Days« die Möglichkeit zur touristischen Eroberung – außer man hat das Schloss für private Events wie Hochzeiten gebucht.

**** Traquair House** Das Anwesen aus dem 12. Jahrhundert ist vor allem als ältestes dauerhaft bewohntes Herrenhaus Schottlands bekannt geworden. Es liegt nur knapp 2 Kilometer von Selkirk entfernt. Nach seiner Zeit als Jagdschloss des schottischen Königs zog 1633 der Earl of Traquair ein. Dessen Nachkommen bewohnen es noch heute. Besucher sind willkommen, um in eine schillernde Vergangenheit einzutauchen. Eine Kapelle ist ebenso zu besichtigen wie ein Raum der Bediensteten. Im ersten Stock wartet ein Höhepunkt: das Schlafgemach des Königs und der Königin. Maria Stuart höchstpersönlich soll in dem (recht kleinen) Bett unter prunkvollem Baldachin geruht haben. In der Küche des Hauses wurde übrigens schon immer Bier hergestellt, seit dem frühen 17. Jahrhundert gibt es eine Brauerei. Ihr bekömmliches Ale ist beliebt bei dem Ende Mai stattfindenden Beer Festival. Auch interessant ist die Traquair Fair, ein Volksfest, das immer am ersten Augustwochenende gefeiert wird.

Das trutzige Neidpath Castle diente schon als Filmkulisse.

Einst Domizil von Sir Walter Scott: Abbotsford House.

Wie ein Gemälde aus der Romantik-Epoche wirkt die Ruine von Melrose Abbey.

Selkirk

Über dem Tal zweier Flüsse hat Selkirk bereits seit dem 6. Jahrhundert seinen Platz gefunden. Der Beginn der Besiedlung war eine Königsburg. Der Ort mauserte sich zu einem wichtigen Wirtschaftsflecken, wobei die Textilindustrie im 19. Jahrhundert ein wichtiger Motor für die Entwicklung war. Aber die Kleinstadt ist auch für ihre Glaserzeugnisse bekannt. Und für »Bannock«, ein Hefegebäck mit Rosinen, Orangeat und Zitronat. Kulturell hat Selkirk auch einiges zu bieten: Der Nationaldichter Sir Walter Scott war hier Amtsrichter. Der Gerichtssaal, in dem er seine Urteile verkündete, ist zu besichtigen. Das Old Gala House bietet einen ersten Überblick über die Stadtgeschichte und im Halliwell's House kann man tief in die Textilherstellung eintauchen. Der viktorianische Landsitz Bowhill House beheimatet kostbare Gemälde und ist in einen herrlichen Park eingebettet.

**** Abbotsford House** 1824 wurde das Anwesen des berühmten Dichters Sir Walter Scott am Ufer des Tweed fertiggestellt. Keine zehn Jahre konnte sich der Literat daran erfreuen – er starb 1832. Ein Jahr später wurde das Herrenhaus, 3,2 Kilometer westlich von Melrose, zur Touristenattraktion. Nicht nur die Spuren seines ehemaligen Bewohners locken Menschen an, auch das Anwesen selbst mit seinem von Scott angelegten Garten ist bis heute ein Besuchermagnet. Wen wundert es, gibt es doch unendlich viel zu entdecken, etwa Skulptursteine, alte Türen und sogar Folterinstrumente, die in den Bau integriert wurden. Ob getäfelte Decke oder Kreuzgang – fast jedes Detail hat ein berühmtes Vorbild. Die Bibliothek mit mehr als 9000 Bänden verschlägt den Atem, alte Waffen, darunter die von Nationalheld Rob Roy, und Sir Walter Scotts Totenmaske sind zu bestaunen. Bis zum Jahr 2004 wohnte übrigens eine Nachfahrin des Dichters, die Dame Jean Maxwell-Scott, noch in Abbotsford House.

***** Melrose Abbey** David I. gründete 1136 diese Zisterzienserabtei. Ein Wagnis, denn die Grenze zum verfeindeten England war nah. Und so kam es, wie es wohl kommen musste: Im 14. Jahrhundert fiel Melrose Abbey Edward II. und seinen Truppen zum Opfer. Die Klosteranlage wurde wieder aufgebaut, erneut niedergebrannt und abermals errichtet. 1544 war ihr Schicksal dann aber besiegelt. Zwar gab es bis 1590 noch Mönche, doch zu einem erneuten Wiederaufbau kam es nicht mehr. Was geblieben isz zieht dennoch jedes Jahr Besucherscharen an. Das liegt zum einen an der Handwerkskunst der Steinmetze, die an den gotischen Kapitellen und Skulpturen noch zu bewundern ist und an der Atmosphäre. Außerdem soll hier 1996 das Herz des Nationalhelden Robert the Bruce (König Robert I. von Schottland, 1274–1329) in einer Bleikiste gefunden worden sein.

***** Dryburgh Abbey** Das Kloster liegt 8 Kilometer südöstlich vom recht neuen Rugby Heritage Centre in Hawick entfernt und ist eine der am besten erhaltenen Abteien der Region und mit Kelso und Melrose Abbey eine ihrer jüngsten. Sie stammt aus der Zeit des Königs David I. und wurde um 1150 vom Constable of Scotland gegründet. Die Ruine beeindruckt durch ihre verwunschene Atmosphäre. Sie liegt landschaftlich reizvoll am River Tweed in einem Park und gilt als das erste schottische Prämonstratenserkloster, das für die Mönche aus Alnwick in Northumberland errichtet wurde. Sir Walter Scott war von der romantischen

Stimmung, die die Abtei damals schon umgab, so angetan, dass er sie als seine Grabstätte auswählte.

***** Jedburgh Abbey** Anfang des 12. Jahrhunderts wurde mit dem Bau einer Abbey in Jedburgh begonnen. Über 70 Jahre sollte es dauern, bis der Lebensmittelpunkt zahlreicher Augustinermönche fertiggestellt war. Der Sandsteinbau der Kirche vereint romanische mit frühen gotischen Elementen. 1544 zerstörten die Engländer Jedburgh Abbey. Von den ersten Gebäuden zeugen noch Artefakte und Ausgrabungsstücke. Auch die neu aufgebaute Kirche sowie Nebenbauten wurden im Laufe der Jahrhunderte beschädigt. Glücklicherweise ist viel davon erhalten, so zum Beispiel das berühmte zwölfblättrige Rosenfenster. Besucher finden hier ein Freilichtmuseum vor, das das Leben der Augustiner mit verschiedenen Audio- und Videoclips vergegenwärtigt. Die Schlafräume, die imposante Küche oder auch der Keller werden so vor Augen geführt, als seien sie noch in Gebrauch. Sogar einen Kräutergarten gibt es, wie er auch im Mittelalter ausgesehen mag.

Auch heute noch ein ergreifender Anblick: Innenraum der einstigen Kapelle von Dryburgh Abbey.

Auch wenn von der Augustinerabtei Jedburgh Abbey nur noch Ruinen übrig sind, macht sie tiefen Eindruck – vor allem die drei Stockwerke hohen Arkaden mit ihren für die Frühgotik typischen, leicht zugespitzten Rundbögen, die das Mittelschiff bilden.

Waterloo Monument

Das knapp 46 Meter hohe Denkmal bei Ancrum wurde zwischen 1817 und 1824 fertiggestellt. Es soll an die Schlacht bei Waterloo 1815 und die mitlitärischen Erfolge des Duke of Wellington über die Franzosen während der Napoleonischen Kriege erinnern. Wer das Monument besichtigen will, muss sich allerdings erst im Lothian Estates Office in Bonjedward gegen eine geringe Gebühr den Schlüssel ausleihen.

Floors Castle am Nordwestrand von Kelso ist das größte bewohnte Herrenhaus Schottlands.

***** Kelso** Zweifellos gehört Kelso zu den hübschesten Ortschaften der Scottish Borders. Am Zusammenfluss von Tweed und Teviot gelegen, dazu fruchtbares Land haben schon früh für Wohlstand gesorgt, der noch gut zu erkennen ist. Georgianische Sandsteinhäuser prägen das Bild. Modernes Leben wird ebenso gefördert, wie die Vergangenheit gepflegt wird. So gibt es mit Springwood Park ein Ausstellungsgelände unmittelbar vor der Stadt.

Scott's View

Diese Plattform, zu der es viele Touristen zieht, einfach als Aussichtspunkt zu bezeichnen, wäre viel zu wenig. Vielmehr handelt es sich um eine Hügelkuppe auf der Strecke zwischen Dryburgh und Earlston, von der aus man eine faszinierende Sicht genießen kann. Benannt ist der Punkt nach Sir Walter Scott, der nämlich oft genau hier saß und seinen Bick in die Weite schweifen ließ. Zu sehen gibt es das Tal des Flusses Tweed mit seinen saftig grünen Hängen und die Eildon Hills. Diese vulkanischen Erhebungen werden »Berge der Elfen« genannt und gelten seit jeher als magisch. Der Anblick ist es mit Sicherheit – vor allem im Frühling, wenn der Ginster blüht, den es hier massenweise gibt. Zahllose Legenden ranken sich um die Landschaft. Betrachtet man sie von Scott's View, möchte man jede einzelne glauben.

***** Kelso Abbey** 1128 begann der Bau der ersten der vier Borders-Abteien. 15 Jahre später war der prachtvolle Komplex im spätromanischen Stil fertiggestellt. Hier prägte man Silbermünzen, die zu den ersten Zahlungsmitteln Schottlands gehörten. Plünderungen englischer Soldaten und schottischer Reformatoren haben große Teile der Abtei zerstört, später holten Bewohner aus der Gegend sich hier ihr Baumaterial. Mächtige Ruinen blieben.

**** Floors Castle** Am linken Ufer des River Tweed liegt malerisch in einem weitläufigen Park Floors Castle. 1721 nach Entwürfen von William Adam begonnen und im 19. Jahrhundert mehrfach erweitert und umgebaut lassen die auf jeder Ecke der zahlreichen mächtigen Türme hockenden verspielte Türmchen staunen. Es gibt eine Plantage, eine großzügige Gartenanlage und einen Wald mit Kastanien, Eichen, Buchen und Linden. Das Besondere: Das für den ersten Herzog von Roxburghe erbaute Schloss wird auch heute noch von einem Nachfahren und dessen Familie bewohnt. Ein Teil der hohen und geradezu verschwenderisch gestalteten Innenräume kann im Rahmen einer Führung besichtigt werden. Wer mag und es sich leisten kann, wohnt im Schlosshotel, das mit Einrichtungsgegenständen des adligen Besitzers ausgestattet ist. Auch ein Golfplatz gehört zum Anwesen.

Der Turm auf der Westseite von Kelso Abbey konnte den Belagerungen beinahe trotzen.

Rathaus von Kelso mit dem »Kelsae Stane« (2014) von Jake Harvey. Einheimische haben ihre Namen auf dem 33-Tonnen-Block verewigt.

Wie ein Wüstenschloss ragt die trutzige Ruine von Hume Castle in den Himmel.

*** Hume Castle** Das mittelalterliche Schloss, oder besser das, was von ihm übrig ist, liegt auf der höchsten Erhebung des gesamten Umlandes. Da erstaunt es nicht, dass die einstigen Wehranlagen vor allem einem dienten: der Beobachtung und frühen Warnung vor Feinden. Das war bereits zu Zeiten der schottisch-englischen Kriege so und blieb es bis zum Zweiten Weltkrieg. Aufgrund der Lage war es natürlich schwer, die Festung einzunehmen. Die Engländer benutzten einen Trick, bauten einen Galgen in Sichtweite auf, an dem ein Sohn des Hauses gehenkt werden sollte. Das führte dazu, dass die Schlossherren dem Druck der Engländer nachgaben. Heute sind von Hume Castle nur noch Mauerfragmente erhalten, die über eine steinerne Treppe erreicht werden können. Unterhalb der Ruine liegt das kleine Dorf Hume. Schon im 6. Jahrhundert soll hier eine Kirche gestanden haben.

***** Thirlstane Castle** Das Schloss ist eines der schönsten und am besten erhaltenen von ganz Schottland. Obwohl es zeitweise Verteidigungszwecken diente, ist es schweren Zerstörungen entgangen. Viele Jahre befand es sich im Besitz der wichtigen und einflussreichen

River Tweed

156 Kilometer lang ist der Tweed, einer der wichtigsten Flüsse Schottlands. Seine Bedeutung mag mit seiner Lage zusammenhängen. Seine letzten knapp 27 Kilometer, die er zurücklegt, ehe er in die Nordsee fließt, bilden die natürliche Grenze zu England. Der Verwaltungsbezirk heißt Scottish Borders, kurz »The Borders« genannt. Für manche hat das Gewässer eine andere Bedeutung: Mit seinem Tal ist es nämlich ein Dorado für Wanderer, Mountainbiker und Angler, die mit Leichtigkeit Lachse fangen werden. Auch Golfspieler finden malerisch angelegte Plätze. Der Nationaldichter Sir Walter Scott liebte den Tweed und sein Umland vermutlich eher wegen der alten Burgen und der hübschen Brücken. Erwähnenswert ist das Venlaw Castle aus dem 18. Jahrhundert, in dem heute ein Hotel untergebracht ist.

Auch ein Besuch der Rückseite von Manderston House mit Gärten und Terrassen ist lohnenswert.

schottischen Lauderdale-Familie. In der zweiten Hälfte des 16. Jahrhunderts ging es über an die Familie Maitland, Nachfahren von Wilhelm dem Eroberer, und wurde erweitert und umgebaut. Bis 1984 gehörte Thirlstane den Maitlands. Im Sommer kann das bezaubernde Anwesen besichtigt werden. Neben einer historischen Spielzeugsammlung gibt es Sammlungen von Porzellan, Malerei und Einrichtungsgegenständen, die das Leben früherer Jahre bildhaft vorstellbar machen. Wie es sich für ein schottisches Schloss gehört, gibt es auch eine Sage: In dem alten Gemäuer soll es angeblich einen Gang geben, den niemand je wieder verlassen kann.

**** Manderston House** So kann ein herrschaftliches Gebäude aussehen, wenn dem Architekten seitens des Auftraggebers keinerlei finanzielle Grenzen auferlegt werden: 1905 erhielt John Kinross den Auftrag von Sir James Miller, den ererbten Besitz umzubauen, sodass es seitdem in den Details und aufgrund der handwerklichen Qualitäten in Großbritannien wohl einzigartig ist. Heute ist das im Stil eines prunkvollen Edwardian Country House errichtete Herrenhaus Heimat von Lord und Lady Palmer. Es liegt etwa 18 Kilometer westlich von Berwick-upon-Tweed, nahe der Stadt Duns, umgeben von zauberhaft angelegten Gärten und Baumgruppen. Das Herrenhaus beeindruckt mit wertvoll ausgestatteten Innenräumen und kann für Festivitäten gebucht werden.

Eingebettet in die Landschaft der Scottish Borders liegt Thirlstane Castle in einem herrlichen Park.

Von den Restaurantterrassen der Hotels oberhalb der Bucht von St Abbs kann man vor Wind und Wellen geschützten die Aussicht genießen.

***** St Abbs** Das kleine Fischerdorf St Abbs liegt an der Nordseeküste von Berwickshire, ein gutes Stück südlich von der Einfahrt in den Firth of Forth. Und es liegt am Fuße des St Abb's Head, eines felsigen Naturschutzgebiets. Rote Sandsteinklippen, weiß getünchte Mauern, ein kleines Leuchtfeuer, auf dem Wasser hüpfende Boote – die Bucht sieht genau so aus, wie man sich schottische Küstenregionen vorstellt. Das Dorf wurde in der ersten Hälfte des 19. Jahrhunderts gegründet. Aus dem einst betriebsamen kommerziellen Fischereihafen ist ein malerischer Touristenort geworden, mit rot-weißem Rettungsring an der Kaimauer und bunten Fischernetzen vor niedlichen Holzhütten. Reger Betrieb herrscht meist nur noch, wenn Tauchergruppen von hier aus starten, um die reiche Unterwasserwelt zu erkunden.

***** St Abbs and Eyemouth Voluntary Marine Reserve** Die Küstengewässer vor St Abb's Head, bestimmt durch die Tide, das Kommen und Gehen des Meeres, sind Heimat eines erstaunlichen Artenreichtums. Um diesen zu bewahren und den schwierigen Spagat zwischen Fischerei und Freizeitaktivitäten im und am Wasser auf der einen Seite sowie dem aktiven Meeresschutz auf der anderen zu schaffen, wurde das St Abbs and Eyemouth Voluntary Marine Reserve im Jahr 1984 ins Leben gerufen. Es umfasst ein Gebiet von mehr als 1000 Hektar. Auf den Klippen findet man eines der größten europäischen Brutgebiete von Meeresvögeln wie Dreizehenmöwe oder Eissturmvogel. Unter Wasser sind beispielsweise Seesterne und Hummer zu Hause. Sie lassen sich bei einem Tauchgang durch Höhlen und Felstunnel beobachten. Für Taucher interessant ist auch der Kelpwald: Bis zu 8 Meter lang werden hier die senkrecht wachsenden Braunalgen.

Relativ warmes Wasser und der deutlich kühlere Zustrom aus der Arktis sorgen im Zusammenspiel für eine einzigartige Unterwasserwelt.

Auch Kegelrobben fühlen sich im St Abbs and Eyemouth Voluntary Marine Reserve wohl.

Sein Leuchtfeuer hat eine Reichweite von 18 Seemeilen: der Leuchtturm am St Abb's Head.

Central Lowlands

Zwischen den Highlands im Norden und den Southern Uplands im Süden liegt das bevölkerungsreiche Herz Schottlands. Glasgow, die größte Stadt der Region, kommt dennoch gerade mal auf gut 600 000 Einwohner. Die Umgebung der Hafen- und »Arbeiterstadt« besticht mit viel Grün. Landwirtschaft hat in dem sanft hügeligen Tiefland einen hohen Stellenwert. Neben Grün ist Blau die dominierende Farbe, denn das Land ist durchzogen von Flüssen wie dem Clyde und zahlreichen Lochs. Dazwischen reihen sich historische Burgen und malerische kleine Fischerdörfer.

Unterwegs am Firth of Clyde

Die Region an den Ufern des Firth of Clyde geizt nicht mit landschaftlichen Reizen, Sehenswürdigkeiten und Ortschaften wie aus dem Bilderbuch. Jede Menge Schottland-Typisches gibt es hier im Südwesten zu entdecken – ohne großen Touristenrummel und bezaubernd bodenständig.

***** Arran Island** Nur knapp 430 Quadratkilometer groß ist die Insel in der Mündung des River Clyde in den Atlantik. Dennoch kann man auf ihr sehr gut längere Zeit verbringen, denn die Vielfalt des kleinen Eilands ist erstaunlich. Die Glasgower schätzen sie als Kurzurlaubsziel. Zum einen liegt das an der Landschaft: Eine Verwerfung in der Mitte teilt Arran in High-land mit rauer Bergwelt und Lowland mit sanften Erhebungen und viel landwirtschaftlicher Nutzfläche. Zum anderen sorgen Freizeitmöglichkeiten und regionale Erzeugnisse dafür, dass nie Eintönigkeit aufkommt. An der Spitze der Produkte steht der Arran Whisky. Doch auch die Schokolade, die berühmten Haferkekse oder auch den Käse sollte man sich nicht entgehen lassen! Schluchten und zerklüftete Felsen laden zum Klettern ein, Zeugen der Bronzezeit und das Brodick Castle warten darauf, erkundet zu werden.

Die Klippen von Drumadoon im stimmungsvollen Licht eines Sonnenuntergangs.

Lamlash: die größte Gemeinde auf Arran Island.

Beachtliche 5 Meter hoch ragen die drei eleganten Sandsteinsäulen im Machrie Moor empor.

**** Glen Sannox** Im Norden der Insel Arran liegt die wildromantische Schlucht von Glen Sannox – einst ein Gletschertal. Sie ist paradiesisch für Wanderer. Je nach Jahreszeit leuchtet das Tal um Fluss und Bach rot oder grün. Eichhörnchen huschen über den Weg, hier und da wird man Rehe und Hirsche in der Ferne sehen können, am Himmel kreisen Steinadler. Das Gebiet ist gut erschlossen, die meist komfortablen Wege führen immer wieder an Farmen vorbei, die von moosbewachsenen Mauern eingefasst sind. Dann geht es über kleine Holzbrücken oder man muss kristallklare, leise murmelnde Bäche queren. Auch alte, verlassene Minen liegen auf der Strecke, in denen zum Teil bis in die erste Hälfte des 20. Jahrhunderts Baryt, auch bekannt als Bariumsulfat, abgebaut wurde. Wer einen Abstecher in die Berge macht, die das Tal umschließen, sollte auf jeden Fall trittsicher sein, denn es geht teilweise steil nach oben.

***** Brodick Castle** Die Touristen, die von Ardrossan aus in Brodick, dem Hauptort im Osten der Insel ankommen, werden das sehenswerte Brodick Castle sicherlich nicht auslassen. Die rote Sandsteinburg war einst Sitz des Duke of Hamilton, geht aber bis auf die Wikingerzeit zurück. Typisch für eine schottische Burg: Sie wechselte im Laufe der Jahrhunderte immer wieder ihre Besitzer und damit ihr Aussehen. Heute ist sie sogar auf der Rückseite des schottischen 20-Pfund-Scheins zu sehen. Der Besuch des Gartens lohnt sich nicht nur für Pflanzenliebhaber. Den prächtig ausgestatteten Räumen der Burg und der Gemäldesammlung sollte man ausreichend Zeit widmen. Kuriosskuril ist das »Bayerische Sommerhaus« im Burgpark, das der Duke of Hamilton 1848 für seine Frau errichten ließ.

***** Cliffs of Drumadoon** Wie die Pfeifen einer Kirchenorgel scheinen sich die rötlichen Basaltfelsen direkt aus dem Wasser zu erheben. Die Klippen im Westen der Insel Arran sind sowohl Naturschönheit als auch geschichtlich von Bedeutung. Kein Geringerer als Robert the Bruce soll sich in einer der Höhlen versteckt gehalten und auf eine entscheidende Schlacht vorbereitet haben. Die Höhle trägt, nicht überraschend, den Namen King's Cave. Sie ist nicht zu übersehen, denn man hat ein Metalltor vor den Ein-

Wenn man es auf Anhieb auch nicht glauben mag, ist Glen Sannox doch das wildeste Tal seiner Art auf der Insel Arran. Auch ein Fort aus der Eisenzeit ist hier zu entdecken.

gang gestellt, dessen Form an eine kleine Kirche erinnert. Nicht nur in dieser Höhle, in der der König der Legende nach eine Spinne beobachtet haben soll, die unermüdlich immer wieder ein neues Netz baute, sondern auch in anderen Höhlen sind frühzeitliche Zeichnungen zu entdecken: Pferde, Kreise, menschliche Gestalten. Von Blackwaterfoot aus wandert man am besten in Richtung Drumadoon Point.

*** **Machrie Moor** Sandstrände sind auf Arran Island eher Mangelware. Stattdessen bieten sechs geheimnisvolle Steinkreise ein Highlight der besonderen Art. Vom Parkplatz aus führt ein 2 Kilometer langer, gut ausgebauter Weg durch die flache Landschaft. Nicht nur für Archäologieliebhaber sind sie eine mystische Erscheinung. In dieser Ebene im Westen der Insel scheint eine einst blühende Kultur untergegangen zu sein, von deren Existenz heute nur noch diese wundersam aufragenden Relikte Zeugnis ablegen. Vermutlich wurden die Steine und Steinplatten aus rotem Sandstein bzw. Granit zwischen 1800 und 1600 v. Chr. errichtet.

Goatfell

Der Goatfell, der »Berg der Ziegen«, ist mit 874 Metern die höchste Erhebung der Insel Arran. Von vielen Orten aus kann man sehen, wie er sich majestätisch in den Himmel streckt. Natürlich ist es ein Vergnügen, ihm ganz nah zu kommen. Von Brodick aus sind es knapp 11 Kilometer, von denen der größte Teil über gute Sandwege verläuft. Das letzte Stück hat es allerdings in sich: Sehr steil windet sich der Pfad zwischen den Granitfelsen nach oben. Zunächst führt er durch lichte Birkenwälder, die immer wieder den Blick auf den Goatfell in seiner ganzen Schönheit freigeben. Nicht selten passiert man einen Wildzaun, denn das Massiv ist Heimat von Rehen und natürlich Ziegen. Oben angekommen, kann man nur auf eine klare Sicht hoffen: In dem Fall soll man nämlich bis nach Irland schauen können.

Von Lamlash aus hat man einen direkten Blick auf Holy Island.

*** Holy Island** Die unspektakulär erscheinende Insel Holy Island, oder auch kurz Holy Isle genannt, trägt ihren Namen zu Recht: Seit dem 6. Jahrhundert ist sie ein Ort der Spiritualität. Damals lebte der Mönch St. Molaise dort als Eremit in einer Höhle. Schnitzereien deuten darauf hin, dass sie schon von den Wikingern als Pilgerort genutzt wurde. Hunderte Jahre nach dem Einsiedler hat es hier ein christliches Kloster gegeben, von dem aber keine Spuren erhalten sind. Noch sehr viel später geriet die Insel in Privatbesitz und wurde 1990 dem buddhistischen Mönch Lama Yeshe angeboten. Seither ist auf der Insel das Zentrum für Weltfrieden und Gesundheit in Betrieb. Naturfreunde werden von den Eriskay-Ponys begeistert sein. Sie sind die letzten ihrer Art und stammen ursprünglich von der gleichnamigen Hebriden-Insel. Außerdem gibt es wilde Schafe und Ziegen.

**** West Kilbride und Seamill** Das Örtchen Seamill liegt direkt am Firth of Clyde, also an der Einmündung des River Clyde in den Atlantik. Entsprechend maritim ist seine Atmosphäre. Vom Strand aus hat man nicht nur einen freien Blick auf die Mündung, sondern auch auf die Insel Arran. Seamill verdankt seinen Namen einer Mühle, die noch erhalten ist. Hier wurde einstmals die Getreideernte des Umlandes verarbeitet, etwa aus West Kilbride. Dass diese Kleinstadt hauptsächlich von der Landwirtschaft lebt,

Largs

Jede Menge viktorianisches Flair bietet diese am Meeresarm des Firth of Clyde gelegene Küstenstadt mit ihren Shops, Cafés und Eisdielen entlang der Uferpromenade. Unweit von Largs kann die Isle of Cumbrae über eine Fährverbindung erreicht werden, die in den Sommermonaten mit den berühmten Waverley-Raddampfern betrieben wird. Unbedingt anheuern! »Largs« bedeutet soviel wie »die Hänge« und diese verlaufen sanft hinter der Küstenlinie bis hinunter zum südlichen Teil der Stadt, mit schönem Blick auf die Küste und zum markanten Pencil Monument. Das Denkmal ebenso wie das jährliche Largs Viking Festival erinnern an die Seeschlacht von 1263 zwischen Wikingern und Schotten. Largs Yachthafen ist ein beliebter und hervorragend angelegter Anlaufpunkt für Anreisen mit Segelbooten. Landratten können Largs aber auch von Glasgow aus bequem mit dem Zug erreichen.

sieht man auf den ersten Blick: Weit sind die Weiden, auf denen das Vieh gemächlich grast. Der Ort, der sich mit seinen Ateliers und Galerien als Kunsthandwerkerstadt einen Namen gemacht hat, kann auch interessante historische Bauten aufweisen, wie etwa die St.-Andrews-Kirche oder das Law Castle, ein Turmhaus aus dem 15. Jahrhundert, in dem heute Feriengäste wohnen können.

**** Portencross Castle** Die Ruine der Burg aus dem 14. Jahrhundert gehört zum Weiler Portencross. Nicht nur die L-förmige Architektur und die Tatsache, dass das Schloss einst über zwei Küchen verfügt hat, sind erwähnenswert, auch die Lage ist es. Der stolze Steinbau steht unmittelbar am Südufer des Firth of Clyde. Von hier, so erzählt es eine Legende, sollen die Leichname bedeutender schottischer Könige zur Beisetzung auf der Insel Iona gebracht worden sein. Ein Besuch der Burgüberreste lohnt sich unbedingt. Zum einen erzählt das alte Gemäuer selbst eine Geschichte, so ist etwa der Zugang zu einem Verlies zu sehen. Zum anderen wurden moderne Wendeltreppen eingebaut, die ein Betreten des Dachs ermöglichen. Große Tafeln informieren über die Geschichte und die Restaurierung von Portencross Castle.

Farbenspektakel auf altem Gemäuer: Kelburn Castle ist ein echter Hingucker – nicht nur für Graffitti-Fans. Und das bei freiem Eintritt.

*** Kelburn Castle** Wie ein Graf Zeitgeist beweisen und zugleich hohe Kosten für den Denkmalschutz geschickt umgehen kann, zeigte fantasievoll Patrick Robin Archibald Boyle, 10. Earl of Glasgow, und aktueller Besitzer von Kelburn Castle. Als er 2007 aufgefordert wurde, die Fassaden seiner im 12. Jahrhundert zwischen Fairlie und Largs erbauten Burg erneuern zu lassen, griff er zur preiswerten Lösung: Er überließ vier Graffiti-Künstlern die Flächen, auf denen diese bunte Arbeit leisteten. Seitdem befinden sich auch die Graffities unter Denkmalschutz.

Abendfriede bei Portencross in North Ayrshire. Neben der Kuh- und Schafzucht verdienen die Landwirte hier vor allem mit Gemüse ihr Geld.

Millport als einziger Ort der kleinen Insel ist gewissermaßen die Hauptstadt von Great Cumbrae.

Sand und Felsen so weit das Auge reicht: Isle of Great Cumbrae im Firth of Clyde.

**** Great Cumbrae und Millport** Zwischen dem Festland und der Insel Bute liegen zwei weitere Inseln. Obwohl die Fläche nicht einmal 12 Quadratkilometer umfasst, heißt das größere der beiden Great Cumbrae. Als im 20. Jahrhundert Dampfer Sommerfrischler brachten, erlebte das Inselchen einen Aufschwung. Die hübschen kleinen Häuser scheinen aus dem gleichen Stein zu sein wie die felsige Küste. Sandstrand und flaches Wasser sind ideal für Kinder. Wer die ganze Insel kennenlernen möchte, braucht nur der Küstenstraße zu folgen. Die nicht einmal 20 Kilometer sind gut mit dem Rad zu bewältigen – es gibt rund 1000 Leihfahrräder bei gerade mal 2000 Einwohnern! Wer ein paar Tage im Hauptort Millport bleibt, kann surfen oder Golf spielen. Oder

die Felsen erkunden, etwa den bemalten Crocodile Rock oder den über 65 Millionen Jahre alten Lion Rock. An der Südseite von Great Cumbrae gelegen, wird Millport im Sommer täglich von Hunderten Gästen besucht. Sie besichtigen Europas kleinste Kathedrale, die Cathedral of the Isles, oder nutzen die zahlreichen Wassersportmöglichkeiten.

*** Little Cumbrae** Die kleine Schwester der Great Cumbrae liegt nur 800 Meter südlich von ihr und 2 Kilometer vom schottischen Festland entfernt. Auf gerade einmal 3,13 Quadratkilometern Fläche breitet sich eine eher sumpfige Landschaft aus. Seit 2008 befindet sich die Insel in Besitz eines indischen Yogalehrers.

Vom Hafen von Millport kann man mit Motorboot, Kajak oder Segelschiff starten und so die Insel vom Meer aus betrachten Der Crocodile Rock grüßt bei der Abfahrt.

Hier gibt es keinen Leuchtturmwärter mehr: Das Cloch Lighthouse wird heute automatisch betrieben.

Greenock

Der wohl berühmteste Sohn Greenocks in der Council Area Inverclyde ist James Watt, ein schottischer Ingenieur und Maschinenbauer, der 1736 hier geboren wurde und dem mit der Erfindung des Kondensators eine wesentliche Verbesserung der Dampfmaschine gelang. Eine Statue im Ort erinnert an ihn. Greenock selbst wurde im 17. Jahrhundert durch seine Schiffsbauer reich und berühmt – die Stadt entwickelte sich zum Haupthafen an der Westküste Schottlands insbesondere für den Verkehr mit Amerika und den Import von Zucker aus der Karibik. An Sehenswürdigkeiten kann der Ort neben einem Museum und einer Kunstgalerie eine Reihe von Kirchen aufbieten. Auf der breit angelegten »Esplanade« lässt es sich gemütlich promenieren und den Blick auf den Firth of Clyde genießen.

**** Cloch Lighthouse** Am Cloch Point – einige Kilometer südwestlich der Stadt Gourock – steht ein kleines Wunderwerk: Der Leuchtturm sieht erstaunlich jugendlich aus, dabei sendet er sein Lichtsignal bereits seit seiner Erbauung im Jahr 1797. Erst wer näherkommt, erkennt sein Alter. Er warnt vor den Gantocks, einer kleinen Felsformation vor der gegenüberliegenden Küste bei Dunoon. Selbst von diesem Ort aus kann man das 23 Meter hohe, markant weiße Gebäude noch gut erkennen. Konstruiert wurde Cloch Lighthouse von Thomas Smith, einem schottischen Leuchtturmingenieur, der für den Bau von Seezeichen im ganzen Land verantwortlich war, von North Ronaldsay im Norden bis zum Mull of Kintyre im Süden.

**** Gourock** Der charmante Badeort liegt nur rund 40 Kilometer von Glasgow entfernt. Kein Wunder, dass sich wohlhabende Städter hier schon immer gerne erholt haben und den Sommer auch heute noch genießen wollen. Das Städtchen ist dank seiner Lage an der Küste und eingebettet in eine liebliche hügelige Landschaft ein lohnendes Ausflugsziel. Per Auto oder Bahn ist man von Glasgow in kürzester Zeit dort und kann mit der Fähre unkompliziert die Inseln Bute, Helens, die Cowal-Halbinsel oder das Mull of Kintyre erreichen. Hinter der kleinen Einkaufsstraße des Ortes findet man einen Monolithen, dessen Besuch Frischvermählten Glück bringen soll. Leven Castle ist ein typisches sogenanntes Tower House aus dem 14. Jahrhundert, das, zur Ruine zerfallen, in den 1980er-Jahre wiederaufgebaut wurde und heute ein Bed & Breakfast beherbergt. Und natürlich ziehen die Gourock Highland Games jährlich Scharen von Touristen an: Seit 1956 treten hier im Frühjahr in guter schottischer Tradition Dudelsackspieler, Tänzer, Baumstammwerfer und Läufer im Wettkampf gegeneinander an.

**** Dumbarton Castle** Bereits im 6. Jahrhundert wurde an dem Punkt, an dem River Clyde und River Leven aufeinandertreffen, mit dem Bau einer Burg begonnen. Dumbarton war damals Hauptstadt des Königreichs Strathclyde und die Festung Sitz des herrschenden Monarchen. Über 500 Stufen muss man bewältigen (festes Schuhwerk ist von Vorteil!), ehe man oben angekommen bei klarer Sicht einen atemberaubenden Ausblick bis zum Gipfel des Ben Lomond genießen kann. Unglaublich, dass hier, keine 20 Kilometer flussabwärts, einst die Grenze zu Norwegen verlief. Der norwegische König herrschte nämlich einst über einen Teil der Hebriden sowie über die Inseln im Clyde. Eine Besichtigung von Dumbarton Castle sowie des ehemaligen Gefängnisses und der militärischen Anlagen rundet einen Besuch hier ab – alle Informationen zur Historie der Festung sind interaktiv aufbereitet und höchst spannend erzählt.

Wuchtig überragen die beiden Basaltkuppen des Dumbarton Rock die Festungsanlage Dumbarton Castle.

»White Stars« im Firth of Clyde

Zwei Jahre nachdem die erste Reederei mit dem Namen »White Star Line« Konkurs angemeldet hatte, ging 1869 ein neues Unternehmen unter dieser Bezeichnung ins Rennen. Der Gründer hatte Namen und Wappen, einen weißen Stern auf rotem Grund, gekauft. Die Firma, die regelmäßig Dampfer von Liverpool nach New York schickte, hatte ein weiteres Markenzeichen: Die Namen der Schiffe – der größten ihrer Zeit – endeten alle auf »ic«, wie bei der »Oceanic«, »Britannic« oder der berühmten »Ti-

tanic«. 1934 schloss sich die »White Star Line« mit dem Konkurrenten Cunard zusammen, dessen Gründer Samuel Cunard in Wymess Bay am Firth of Clyde zu Hause war. Die »Cunard-White Star Line« war geboren. So kamen auch die Schiffe mit dem weißen Stern in den Meeresarm vor Glasgow. Eines der berühmtesten war die »Queen Elizabeth«, Schwesterschiff der »Queen Mary«. Die ältere Schwester »Elizabeth« wurde in Clydebank im Firth of Clyde gebaut und lief 1938 vom Stapel. Auf seine streng geheim gehaltene Jungfernfahrt musste das mit 83 637 Bruttoregistertonnen damals größte Passagierschiff allerdings noch anderthalb Jahre warten, da der Zweite Weltkrieg ausgebrochen war. Auch die »Runic« war im Firth of Clyde unterwegs – mit bösen Folgen. Sie stieß dort mit dem Schweren Kreuzer »London« zusammen, der sich auf Probefahrt befand. Apropos Probefahrt: Diese absolvierte die »Aquitania«, die Cunard als Konkurrenz hatte bauen lassen, bereits 1914 im Firth of Clyde.

Unterwegs in und um Glasgow City

Exklusive Geschäfte, imposante Fassaden, eine rekordverdächtige Zahl an Theatern, eine Live-Musikszene, die zu den besten Großbritanniens gehört, Museen von Weltrang sowie über 70 Grünareale: Glasgow, die einstmals graue »Arbeiterstadt«, ist heute »Trendmetropole« mit Flair.

Mit vielen Läden, Cafés und Pubs ist Merchant City ein perfekter Ort für Modenschauen, Festivals und Designmärkte.

Trongate und Tolbooth Steeple

Als eine der ältesten Straßen von Glasgow ist sie die Hauptroute im Bereich der Merchant City, die auch als Old Glasgow bezeichnet wird. Trongate beginnt im ursprünglichen Zentrum des mittelalterlichen Stadtkerns am Glasgow Cross, der Hauptstraße im Zentrum. Markanter Punkt ist der Uhrenturm Tolbooth Steeple, dessen Original 1926 bei einem verheerenden Brand vernichtet wurde. In westlicher Richtung wird Trongate zur Argyle Street, eine der beliebtesten Einkaufsstraßen in Glasgow. Trongate führt auch in den zentralen Bereich des East End. Der erste Namensteil »Tron« ist die schottische Bezeichnung für die Waage, die Mitte des 16. Jahrhunderts hier errichtet wurde, um alle vom River Clyde angelieferten Waren zu wiegen und zu besteuern.

1 * Merchant City** Die »Kaufmannsstadt« ist viel mehr als ein Konsumviertel. Schon Mitte des 18. Jahrhunderts hatten hier Geschäftsleute ihren Sitz, die mit Tabak oder Baumwolle ein Vermögen gemacht hatten. Auch Zucker und Tee stapelten sich in den Lagerhäusern. Rund 100 Jahre später bezog Glasgows Obst-, Gemüse- und Käsemarkt hier sein Domizil. Bis heute wird in dem Viertel noch Handel getrieben. Doch längst nicht nur: Zu den Geschäften und Boutiquen haben sich Galerien, Clubs, Bars und Restaurants gesellt. Das Beer Café ist eines der bekanntesten Lokale. Im Arisaig wird echte schottische Küche serviert. Und in der Mercado Tapas Bar gibt es einmal im Monat ein Menü mit Weinprobe. Auf dem Merchant Square und den Straßen darum herum lässt es sich herrlich bummeln. Das entspannte Beobachten von Einheimischen und von Touristen aus aller Welt gehört einfach dazu.

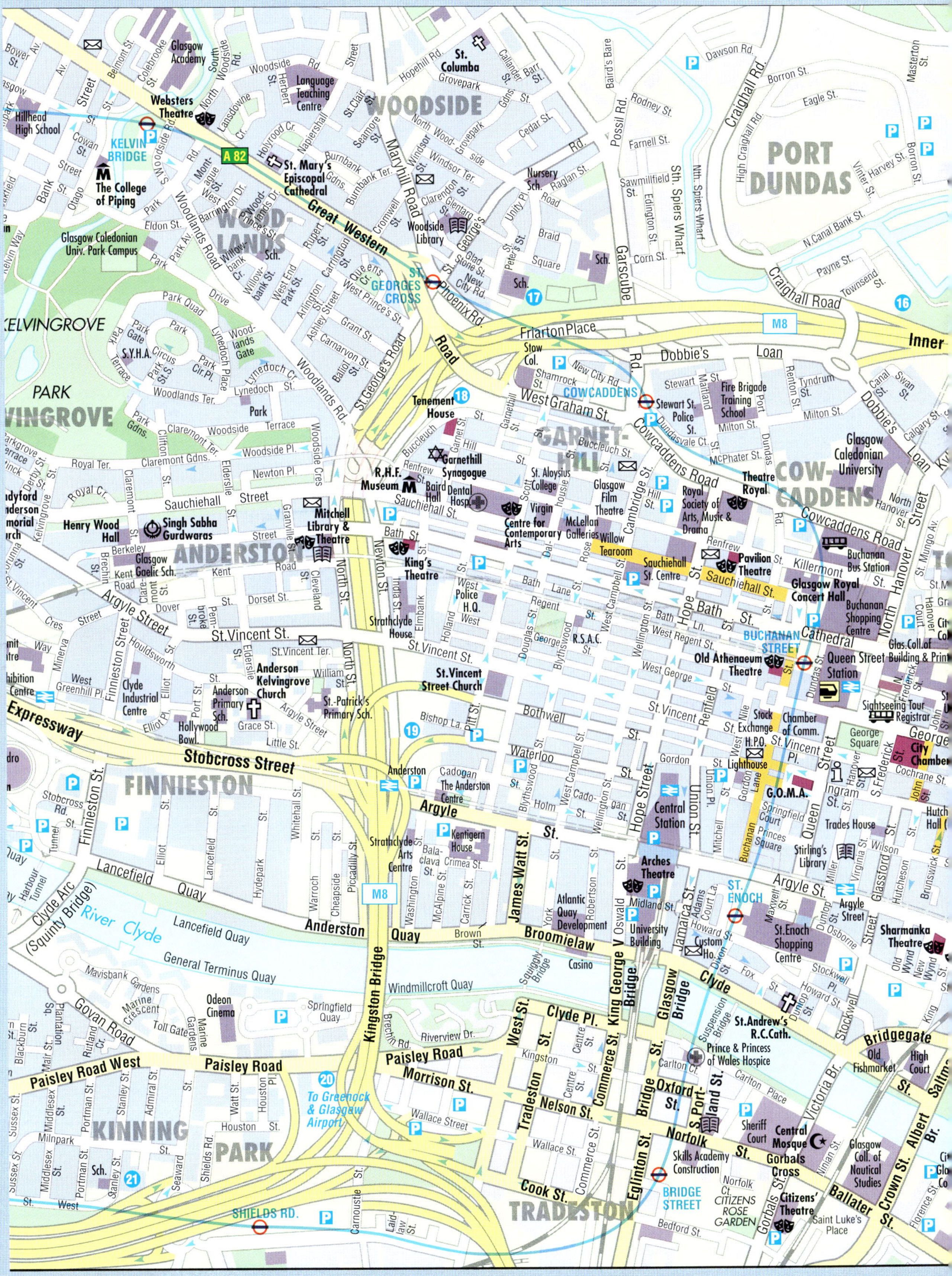
WOODSIDE
PORT DUNDAS
WOODLANDS
KELVINGROVE PARK
GARNETHILL
COWCADDENS
ANDERSTON
FINNIESTON
KINNING PARK
TRADESTON
Glasgow Academy
Websters Theatre
Hillhead High School
Kelvin Bridge
The College of Piping
Glasgow Caledonian Univ. Park Campus
Language Teaching Centre
St. Columba
St. Mary's Episcopal Cathedral
Great Western Road
Woodside Library
St. Georges Cross
Maryhill Road
Garscube Road
Craighall Road
Dobbie's Loan
Inner
M8
A 82
S.Y.H.A.
Tenement House
Garnethill Synagogue
R.H.F. Museum
Baird Hall
Dental Hosp.
St. Aloysius College
Glasgow Film Theatre
Centre for Contemporary Arts
McLellan Galleries
Willow Tearoom
King's Theatre
Mitchell Library & Theatre
Henry Wood Hall
Singh Sabha Gurdwaras
Glasgow Gaelic Sch.
Fire Brigade Training School
Glasgow Caledonian University
Theatre Royal
Royal Society of Arts, Music & Drama
Pavilion Theatre
Buchanan Bus Station
Glasgow Royal Concert Hall
Buchanan Shopping Centre
Sauchiehall Street
Sauchiehall St. Centre
Cowcaddens Road
Stewart St. Police St.
Buchanan Street
Old Athenaeum Theatre
Queen Street Station
Glas. Coll. of Building & Printing
City Chambers
George Square
Sightseeing Tour
Registrar
Stock Exchange
Chamber of Comm.
Lighthouse
G.O.M.A.
Trades House
Stirling's Library
St. Vincent Street Church
West Police H.Q.
Strathclyde House
R.S.A.C.
Anderson Kelvingrove Church
St. Patrick's Primary Sch.
Clyde Industrial Centre
Hollywood Bowl
Expressway
Stobcross Street
Argyle St.
Anderston
The Anderston Centre
Cadogan
Kentigern House
Strathclyde Arts Centre
Central Station
Arches Theatre
Atlantic Quay Development
University Building
Custom Ho.
St. Enoch
St. Enoch Shopping Centre
Argyle Street
Sharmanka Theatre
Broomielaw
Casino
Anderston Quay
Lancefield Quay
General Terminus Quay
River Clyde
Clyde Arc (Squinty Bridge)
Kingston Bridge
Windmillcroft Quay
Springfield Quay
Odeon Cinema
Glasgow Bridge
King George V Bridge
St. Andrew's R.C.Cath.
Prince & Princess of Wales Hospice
Bridgegate
Old Fishmarket
High Court
Sheriff Court
Central Mosque
Gorbals Cross
Glasgow Coll. of Nautical Studies
Citizens' Theatre
Saint Luke's Place
Skills Academy Construction
Bridge Street
Norfolk Ct. Citizens Rose Garden
Paisley Road West
Paisley Road
To Greenock & Glasgow Airport
Shields Rd.
Morrison St.
Clyde Pl.
Eglinton St.
Ballater St.
Crown St.
Victoria Br.
Govan Road

Shoppingparadies Glasgow

Als Glasgow noch eine graue Industriestadt war, flüchteten diejenigen, die sich überhaupt ausgedehnte Einkaufsausflüge leisten konnten, in die Hauptstadt des Königreichs oder gleich nach Mailand oder Paris. Heute, so sagt man, kommen modebewusste Europäer zum Einkaufen hierher. Zum Beispiel in die Buchanan Street, die vom Ufer des Clyde bis hinauf zur Glasgow Royal Concert Hall reicht. Dort mündet sie in die Sauchiehall Street, in der

moderne Marken zu kleinen Preisen zu haben sind. Lust auf Vintage und Ausgefallenes? Dann ab ins West End, wo es in schicker Sandsteinarchitektur junge Designer zu entdecken gibt. In der Byres Road und ihren zum Teil von morbidem Charme geprägten Seitenstraßen kann man sich in Bars und Restaurants ausruhen, ehe es beispielsweise in die Argyll Arcade geht. Schottlands erste überdachte Einkaufspassage und eine der ältesten ihrer Art in Europa verbindet die Argyle mit der Buchanan Street. Wer hier einkaufen möchte, sollte ein gut gefülltes Konto sein Eigen nennen, denn die Mall ist auf Juwelen, Uhren und Antiquitäten spezialisiert. Natürlich darf beim Einkaufsbummel durch Glasgow ein Besuch bei Robert Graham nicht fehlen, der auf eine über 140 Jahre alte Tradition zurückblickt. Er bietet eigenen Whisky und Verkostungen an sowie über 1700 Sorten Zigarren.

Pompöses Entree mit Anleihen an die italienische Renaissance: das Treppenhaus im Rathaus von Glasgow.

Ein Besichtigungsmuss: der George Square mit seinen viktorianischen Prachtbauten wie den City Chambers und den zwölf Statuen schottischer Berühmtheiten.

2 * George Square und City Chambers** Das 1888 eröffnete Rathaus am George Square ist nicht nur eines der schönsten Bauwerke Glasgows, es gehört definitiv zu den sehenswertesten des Vereinigten Königreichs. Auch der Platz selbst, das Zentrum Glasgows in unmittelbarer Nähe von Queen Street und Central Station, lässt staunen. Von einer 23 Meter hohen dorischen Säule blickt Sir Walter Scott (1771–1832) herab, einer der meistgelesenen Autoren seiner Zeit. Unter ihm thront der zweite schottische Nationaldichter Robert Burns (1759–1796). Weitere VIPs am Platz: der Vater der industriellen Revolution James Watt (1736–1819) und Queen Victoria (1819–1901). Ein Mahnmal erinnert an die Toten von Nagasaki und Hiroshima. Im Rathaus können einige Bereiche besichtigt werden. Das sollte man auch unbedingt tun, denn sonst verpasst man eines der prachtvollsten Treppenhäuser Europas in einer Sinfonie aus Carrara-Marmor, Alabaster und Mahagoni sowie den Festsaal.

3 * Royal Exchange Square und Gallery of Modern Art** Nur einen Steinwurf vom George Square entfernt findet man den Börsenplatz. Einem griechischen Tempel gleich dominiert diesen ein Bauwerk, das 1817 in den Besitz der Royal Bank of Scotland ging. Davor war es das luxuriöse Stadthaus eines Tabakbarons. Zum Ende des Jahrhunderts wurde hier die erste Telefonzentrale Glasgows eingerichtet. Der immer wieder erweiterte georgianische Prachtbau mit seinen schlanken korinthischen Säulen bot dann ab 1954 der Stirling's Library Herberge. Die Bibliothek ist heute Bestandteil der Gallery of Modern Art, kurz GoMA genannt, die 1996 das einstige Handelshaus bezogen hat und seitdem hier wechselnde Ausstellungen zeitgenössischer Kunst zeigt. Vor dem Eingangsportal des Museums – der Eintritt ist frei – steht ein Reiterdenkmal des Herzogs von Wellington. Fast immer trägt der Adlige ein Verkehrshütchen auf dem Kopf: Zeichen für Humor und Respektlosigkeit in der Kunst?

Der Royal Exchange Square hat sich in den letzten Jahren zum Treffpunkt der Jugend entwickelt. Vom Skater bis zum Punk tummelt man sich hier gerne.

Wer sich Zeit nimmt, um über das 15 Hektar große Gelände von Necropolis zu bummeln, wird unzählige erstaunliche Details entdecken.

Necropolis bietet rund 3500 Grabmälern Platz, die sich wohlhabende Bürger der Stadt hier als letztes Statement haben errichten lassen.

4 ** St Mungo's Cathedral Die Glasgow Cathedral, wie sie offiziell heißt, ist die einzige Kathedrale auf schottischem Festland, die die Zeitläufe vom Mittelalter bis in unsere Tage überdauert hat. Geweiht wurde sie dem Schutzpatron der Stadt, St. Kentigern, auch bekannt als der heilige Mungo, der hier seine letzte Ruhestätte fand. Der Turm des Gebäudes, das als eines der wenigen sogar die Reformation in Schottland unbeschadet überstanden hat, stammt aus dem 13. Jahrhundert. Damit zählt er zu einem der letzten noch erhaltenen Kirchtürme aus dem Hochmittelalter. Heute gehört die Kathedrale zur Church of Scotland. Sie wird als ein besonders schönes Beispiel gotischer Architektur angesehen.

5 * Necropolis** Eine ganze Stadt der Toten erhebt sich östlich neben der Kathedrale St Mungo's auf einem Hügel. 50 000 Einwohner hat sie, wenn man von solchen auf einem Friedhof sprechen mag. Vom Haupteingang führt die »Seufzerbrücke« mitten hinein in ein stilles und wunderschönes Reich. Das Gelände war ursprünglich nicht für die Toten bestimmt, sondern für den Ackerbau. Im 18. Jahrhundert wurde hier dann aber ein Park für die lebenden Bürger angelegt. Einige Jahrzehnte später entschied man sich diesen in einen Gartenfriedhof nach dem Vorbild des berühmten Pariser »Père Lachaise« umzuwandeln. Gut zu wissen: Bei Dunkelheit ist Necropolis gesperrt, also am besten vormittags hingehen!

Der Schutzpatron der St Mungo's Cathedral liegt in der Krypta begraben.

Das 1902 eröffnete Kelvingrove Art Gallery and Museum zeigt seine Ausstellungsstücke in prächtigem Ambiente.

Geniale Symbiose von Alt und Neu: Das zur Glasgow School of Art gehörende Seona Reid Building mit Ateliers.

Italienischer Barock war das Vorbild für das Museumsentrée.

Der heutige monumentale Eingang des Art Gallery and Museum am Kelvingrove Park war ursprünglich als bescheidener Lieferanteneingang geplant.

6 ** Kelvingrove Art Gallery and Museum Der viktorianische Kulturtempel ist das größte Museum der Stadt und zieht jährlich bis zu 1,8 Millionen Besucherinnen und Besucher an. Die Menge und Bandbreite seiner Exponate ist enorm: Da staunt man gerade noch über die Spitfire LA198, die in einem prachtvollen Saal von der Decke hängt, dann steht man schon Werkzeug aus der Bronzezeit gegenüber. Es gibt schottische Waffen und Rüstungen, ebenso zu sehen sind Schmuck, Glas und Keramik aus Glasgow. Liebhaber internationaler Malerei kommen bei Werken von Monet, Rembrandt, Picasso, van Gogh und Dalí auf ihre Kosten. Gerade Touristen sollten die naturgeschichtliche Ausstellung nicht verpassen, die sich mit der Region um Glasgow befasst. Auch über die Seefahrt und den Schiffbau auf und am River Clyde, unverzichtbar für die Entwicklung von Glasgow, erfährt man viel. Unglaublich: Wie in allen städtischen Museen ist auch hier der Eintritt frei.

7 * Glasgow School of Art** Die Kunsthochschule in der Renfrew Street gehörte zu den interessantesten Gebäuden im alten Kern der Stadt. Durch für damalige Verhältnisse riesig konzipierte Fenster drang viel Licht in die Ateliers, überhaupt folgte bei diesem Bau die Form deutlich der Funktion – Ende des 19., Anfang des 20. Jahrhunderts eine Architekturrevolution. Kein Geringerer als Charles Rennie Mackintosh, der Architekt, Designer und Maler, schuf 1909 dieses Meisterwerk im schottischen Jugendstil. 2014 wurde die Bibliothek durch einen Brand zerstört und vier Jahre später, kurz bevor die Renovierungsarbeiten daran abgeschlossen waren, vernichtete ein zweites Feuer das Schulgebäude nahezu vollständig. Experten fürchten, dass die Ruine ganz abgerissen werden muss. Gegenüber dem Mackintosh-Hauptgebäude entstand 2009 im korrespondierenden Kontrast zu diesem das Seona Reid Building nach Plänen von Steven Holl. 800 Studierende der Design-Fakultät dürfen seitdem hier in lichtdurchfluteten Räumen ihre Kreativität unter Beweis stellen.

Imposante Eisen-Glas-Konstruktion: Kibble Palace im Botanischen Garten von Glasgow.

Durch den McLennan Arch geht es hinein in die Naturoase des Glasgow-Green-Parks.

Pollok House, Kunsttempel im gleichnamigen Park.

8 * Glasgow Botanic Gardens** Wer Ruhe und Erholung nach dem Trubel der quirligen Stadt sucht, wird hier im Botanischen Garten an der Great Western Road fündig. Der Park mitten im Herzen des westlichen Teils von Glasgow wurde 1817 erbaut und besteht aus einigen Gewächshäusern und Glaswintergärten. Als das prächtigste von allen gilt der Kibble Palace, der eine renommierte Sammlung an Baumfarnen beherbergt. Das Glashaus hat eine Fläche von über 2000 Quadratmetern. John Kibble entwarf es um 1860 ursprünglich für seine Heimat in Coulport, es erhielt dann aber 1873 seinen heutigen Platz im Park. In der Nähe gibt es neuerdings auch ein Teehaus.

9 ** Victoria Park Zum Goldenen Jubiläum von Queen Victoria im Jahr 1887 wurde der Park ihr zu Ehren benannt. Die gern frequentierte 20 Hektar große Grünanlage im westlichen Teil von Glasgow kann von drei verschiedenen Eingängen aus betreten werden. Besonderheit: Das Fossil Grove Museum mit seinen prähistorischen Exponaten.

10 ** Kelvingrove Park Zwischen Innenstadt und Westend gelegen, übt der Park mit seine anmutigen Landschaft einen besonderen Zauber aus. Den Fluss Kelvin kann man an zwei Stellen über Brücken queren. Denkmäler, Statuen und Brunnen fügen sich harmonisch in das Grün. Bei schönem Wetter tummeln sich hier auch gerne die Studierenden der nahen Universität von Glasgow.

Glasgow Green

Am Nordufer des River Clyde im östlichen Teil der Stadt gelegen, ist Glasgow Green der älteste Stadtpark. Er war ein Geschenk König James' II. im Jahr 1450 an die Bürger von Glasgow. Das 55 Hektar große Gelände, auf dem früher auch das Vieh graste, musste aber erst kultiviert werden. Im Laufe der Zeit wurden zahlreiche Monumente errichtet wie 1806 der Nelson-Obelisk. Der McLennan Arch kam hinzu und fand zuletzt am Westende seinen Platz. Der Doulton Fountain steht vor dem Eingang des People's Palace, 1898 für die Ärmsten der Stadt vom Earl of Rosebery errichtet, um Bildung und Erholung für alle zu ermöglichen. Heute ist hier das Museum für Stadtgeschichte untergebracht und ein spektakulär angebauter, lichtdurchfluteter Wintergarten mit einem Café ist das Highlight jeden Besuchs.

11 * Queen's Park Nicht zu verwechseln mit dem gleichnamigen traditionsreichen Fußballclub Glasgows wurde die Anlage im 19. Jahrhundert von Landschaftsarchitekt Joseph Paxton entworfen. Das 60 Hektar große Gebiet im Süden Glasgows ist Mary, Queen of Scots, gewidmet. Ehedem für die ständig wachsende Zahl der Anwohner in den umliegenden Bezirken gedacht, erfreut sich der Park großer Beliebtheit bei Einheimischen und Touristen.

12 * Pollok Country Park und Cuningar Loop Dieser einzigartige Landschaftspark im Südwesten Glasgows ist der größte der Stadt und nur 5 Kilometer vom Zentrum entfernt. In diesem extensiv bewaldeten Gebiet gibt es einige Rundkurse für Touren mit dem Mountainbike. Neben Hochlandrindern und Clydesdale-Pferden ist auch exklusive Kunst zu bestaunen: Für die 8500 Exponate der Burrell Collection wurde im Park sogar ein eigenes Museum errichtet. 2022, nach umfangreichen Renovierungen und Umbauten, hat es König Charles III. feierlich wiedereröffnet. In Cuningar Loop, einem Waldpark am östlichen Ende Glasgows, können Kinder die Grundlagen des Radfahrens erlernen. Ein Abenteuerspielplatz und der erste Outdoor-Bouldering-Park Schottlands locken ebenfalls.

13 * Seven Lochs Wetland Park** Sieben Seen, fünf Naturschutzgebiete, ein Landschaftspark und das älteste Gebäude von Glasgow in der Provan Hall werden zu diesem Stadtpark zusammengefasst. Das 20 Hektar umfassende Terrain bietet viele Kilometer an Spazier- und Radwegen.

Bells Bridge

Elegantes Konferenzzentrum: das Clyde Auditorium (rechts im Bild) von Sir Norman Foster am gleichnamigen Fluss in Glasgow. Den Beinamen »Armadillo« (Gürteltier) verdankt es seiner schuppenartigen Bauweise. Zu ihm führt die Bells Bridge, 1988 entworfen vom Büro Sir William Arrol & Co.

Extravagante Gebäude am River Clyde: Das Glasgow Science Cente hat mehrere Architekturpreise gewonnen.

Architekturgiganten mit Finnieston-Kran in bengalischer Beleuchtung am River Clyde.

14 ** Clyde Waterfront Der River Clyde war schon Lebensader und Schandfleck Glasgows. Hier gründete sich früher Reichtum durch den Bau legendärer Luxusschiffe, es zeigten sich aber auch die Folgen katastrophaler Hungersnöte. Noch in der ersten Hälfte des 20. Jahrhunderts zeugten verlassene Industrieanlagen und verfallene Slums von schweren Zeiten. Diese Spuren wurden mit viel Engagement und mindestens ebenso viel Geld beseitigt. Jetzt säumen auf einer Länge von 20 Kilometern, von Glasgow Green bis Dumbarton am Firth of Clyde, Grünflächen, hübsche Stadthäuser und imposante Bauwerke das Flussufer. Mit über 200 Projekten auf beiden Seiten des Flusses ist Clyde Waterfront eines der größten Stadterneuerungskonzepte Großbritanniens. Besonders herausragend: das Riverside Museum mit seiner markant gezackten Form und viel Glas. Davor liegt der Weltumsegler »Glenlee«, der kostenfrei besichtigt werden kann. Bei Hop-on-Hop-off-Touren auf einem Ausflugsschiff lässt sich der Clyde mit seinen Attraktionen, Restaurants und Einkaufszentren am besten erkunden.

15 * Glasgow Science Centre** Es gibt viel Traditionelles, aber Glasgow zeigt sich auch futuristisch: Mit seiner silbrig schimmernden

Fassade wirkt das Glasgow Science Centre wie ein auf dem Wasser gestrandetes Ufo. Oder ähnelt der Titanpanzer von Schottlands Vorzeige-Millenium-Projekt eher einer riesigen Raupe? Seitdem Glasgow 1990 europäische Kulturhauptstadt war, hat hier am River Clyde ein weltweit Maßstäbe setzender Aufbruch der Architektur in die Moderne stattgefunden. Die neuen Kathedralen wenden sich der Zukunft zu. Nicht nur das Äußere des Publikumsmagneten am Pacific Quay fasziniert: Das 2001 eröffnete Zentrum multimedialer und interaktiver Ausstellungen, Workshops, Shows mit einem Planetarium und einem 3D-Effekt-Kino gibt alles, um nicht nur kleinen Besucherinnen und Besuchern Wissenschaft und neue Technologien auf unterhaltsame Weise näherzubringen.

16 * Scottish Event Campus (SEC)** Glasgow, das sich immer wieder und besonders seit den 1980er-Jahren neu erfindet, beauftragt auch schon mal weltweit bekannte Architekten wie den Briten Norman Foster. Als neuestes Highlight entstand 2013 nach seinen Entwürfen am Nordufer des Clyde auf dem Gelände des ehemaligen Queen's Dock ein großes Ausstellungs- und Kongresszentrum – diverse Hallen mit verschiedenen Funktionen und Besucherkapazitäten machen von sich reden. Der SSE Hydro stand 2017 an zweiter Stelle der weltweit am meisten besuchten Veranstaltungshallen.

17 * SEC Armadillo** Einen besonderen Stempel drückte 2013 der Architekt Norman Foster dem Komplex der neuen Sport- und Eventhallen mit der zusätzlich entstandenen Konzerthalle auf: Das Clyde Auditorium (oder SEC Armadillo) mit seiner markanten, schuppenartig geformten Fassade nennen die Glasgower liebevoll »Armadillo«, also »Gürteltier«.

18 * Finnieston Crane Entlang des Clyde stehen heute nur noch vier dieser Auslegerkräne aus Stahl. Der Finnieston ist der größte mit 53 Metern Höhe, einem Ausleger von 46 Metern Länge und einer Traglastkapazität von bis zu 175 Tonnen. Er ist ein Symbol für die Schwerindustrie, die hier bis in die 1950er-Jahre hinein an der Waterfront Arbeit für viele bedeutete.

19 * Clyde Arc Bridge Seit 2006 führt die elegante Brücke vierspurig über den Clyde und verbindet die Finnieston Street am Nordufer des Flusses mit der Govan Road am Südufer.

Über die Clyde Arc Bridge können auch Fußgänger und Radfahrer bequem ans andere Ufer.

Glenlee

Der beeindruckende Großsegler aus dem Jahr 1896, der als stählernes Hochseefrachtschiff für die Reederei Glen Line erbaut wurde, liegt nach einer bewegten Historie heutzutage vollständig restauriert im Glasgow Harbour vor Anker. Die Glenlee hat seinerzeit die Meere der Welt befahren und sie mehrfach umrundet. Das Schiff in Form einer »bark«, also eines Dreimasters, wurde im Laufe der Zeit schwer beschädigt und zuletzt vom Ausland aufgekauft. Ab 1993 wurde sie restauriert und nach sechs Jahren Arbeit gleicht sie nun wieder komplett dem Original. Seitdem begeistert sie als Museumsschiff am Yorkhill-Kai ihre Besucher. Festgezurrt liegt sie da, auf der Rückseite der neuesten Attraktion am Ufer des Clyde, dem Riverside Museum: Historie und Moderne, Rücken an Rücken vereint und hautnah zu erleben.

Im Riverside Museum werden nicht nur Kinderspielzeuge ...

... sondern auch echte historische Transportmittel gezeigt.

20 ** Riverside Museum Das durch die Stararchitektin Zaha Hadid gestaltete Riverside Museum begeistert nicht nur durch seine exzeptionelle auffällige Zackensilhouette. Fans schneller Autos oder schnaufender Loks kommen hier ebenfalls voll auf ihre Kosten. Am Nordufer des Clyde ist 2011 ein Museum nach topaktuellen pädagogischen Leitlinien entstanden. Man kann Straßen mit öffentlichen Verkehrsmitteln befahren, in Lokomotiven klettern und natürlich ist dem River Clyde ein spezieller Abschnitt gewidmet. Weltumrundungen, Modeerscheinungen im Bereich des Verkehrswesens, historische Entwicklungen, Unfälle und Katastrophen: Das Thema Verkehr wird umfassend aufbereitet, zum Teil über 100 Displays mit Audio- und Videomaterial. Nicht zuletzt kommt man im Riverside Museum Menschen näher, die Mobilität auf ihre ganz eigene Weise zum Teil ihres Lebens gemacht haben – etwa bei einer Radreise von Schottland nach Anchorage in Alaska.

2013 mit dem Prädikat »Europäisches Museum des Jahres« ausgezeichnet: das Riverside Museum im Boom-Viertel Glasgow Harbour.

Großartige Symbiose: historische Exponate treffen auf moderne Architektur.

Paisley Abbey: im 14. Jahrhundert zerstört und mühevoll wiederaufgebaut.

Farben- und Formenpracht: das berühmte Paisley-Muster.

21 ** Paisley und Paisley Abbey

Wer den Namen Paisley hört, hat sofort ein Muster vor Augen. Traditionell in verschiedenen Rottönen ausgeführt kommen seine floral geschwungenen Formen heute auf Tüchern, Kissen oder Krawatten in allen Farben vor. Tatsächlich wurde das Muster nach der Stadt benannt, die für ihre Textilindustrie berühmt war. Findige Produzenten kopierten dort das ursprünglich aus Persien stammende Design. Im Paisley Museum und seiner Art Gallery sind herrliche Beispiele ebenso zu sehen wie alte Webstühle. Außerdem gibt es in Paisley eine Abtei aus dem 12. Jahrhundert mit prächtiger Ausstattung. Von ihr aus hat man einen Blick auf den Hammills-Wasserfall, der mitten durch das Stadtzentrum fließt. Zu einem Ausflug in die Vergangenheit laden die Sma Shot Cottages ein, eine Art Museumsdorf, das das Leben der Mühlenarbeiter um 1840 auferstehen lässt.

Campsie Fells

Nördlich der Metropole Glasgow erstrecken sich die Erhebungen der Campsie Fells, gern »Campsies« genannt. Nur von Weitem wirken sie weich und lieblich. Wer sich ihnen nähert, entdeckt raue Felswände, die sich gut zum Klettern eignen. Zum Beispiel der 578 Meter hohe Earl's Seat, der höchste Punkt der Gebirgskette, den man am besten von Dumgoyne im Osten in Angriff nimmt. Nicht nur Wanderer und Kletterer kommen auf ihre Kosten, auch Radbegeisterte. Für Mountainbiker gibt es Strecken aller Schwierigkeitsgrade. Dazu römische Stätten, die aus der frühen Geschichte erzählen. Auch die jüngere Zeit lässt sich ergründen: Schmuggler waren in den Campsie Fells unterwegs und haben ihre Spuren hinterlassen, Schlösser erinnern an die ehemaligen Landherren und urige Hütten an die Arbeiter der Mühlen.

Unterwegs in South Lanarkshire

Es ist eine Region der Kontraste: zum einen die stark urbanisierte Gegend südlich von Glasgow, zum anderen die waldreiche Landschaft um den Falls of Clyde und das UNESCO-Weltkulturerbe der Werksanlage von New Lanark. Hier kommen Natur- und Wanderfreunde auf ihre Kosten.

**** Craignethan Castle** Als ein versteckt liegendes Juwel in der Landschaft unweit der Ortschaft Lanark wird die Burg zur Besichtigung angepriesen. Sie wurde Anfang des 16. Jahrhunderts als Artilleriefort zur Verteidigung errichtet. Eine ausgeklügelte Architektur mit innerem und äußerem Burghof sowie geschützt liegenden Wohnräumen entsprang dem Wissen des vielgereisten James Hamilton of Finnart. Auch Sir Walter Scott imponierte 1799 die Kombination aus Wohnhäusern und Militäranlagen. Deren Untergang ließ sich im Laufe der Jahrhunderte dennoch nicht verhindern. Heute erfreut sich die Burgruine über dem Fluss Nethan, einem Nebenfluss des River Clyde, großer touristischer Beliebtheit.

Craignethan Castle bei Lanark entstand um das Jahr 1530.

**** New Lanark** In einem Tal, rund 40 Kilometer von Glasgow entfernt, errichteten Richard Arkwright und der walisische Unternehmer David Dale nach 1783 eine Baumwollfabrik. Es herrschten die üblichen Arbeitsbedingungen der industriellen Revolution, Kinderarbeit und sonstige Missstände galten als normal. Das sollte sich ändern, als Robert Owen 1799 Dales Schwiegersohn wurde und in die Geschäftsführung des Unternehmens einstieg: Er reduzierte die Arbeitszeit, sanierte die Wohnstätten der 2500 Arbeiter, richtete einen kostenlosen Gesundheitsdienst ein, schuf Kinderkrippen, Freizeiteinrichtungen sowie die erste Schule für Arbeiterkinder in Großbritannien. Die in den 1980er-Jahren restaurierte Mustersiedlung gilt wegen ihrer Architektur und ihrer Sozialeinrichtungen als Meilenstein in der Sozial- und Industriegeschichte des Landes und ist seit 2001 UNESCO-Weltkulturerbe. Ein Besucherzentrum gibt Einblick in die Geschichte des Dorfs.

Vier spektakuläre »Linns« (schottisch für Wasserfall) hält der River Clyde bereit. Der höchste von ihnen, der Corra Linn, stürzt 26 Meter in die Tiefe.

***** Falls of Clyde Nature Reserve** Nach einem Besuch von New Lanark sollte man noch zum Naturreservat um die Wasserfälle des River Clyde wandern. Es ist von einem guten Wegenetz durchzogen, sodass man die Wälder wunderbar zu Fuß erkunden kann. Hier leben Dachse, Füchse, Fischotter und Rotwild. Durch die Lüfte schweben Falken, Habichte und verschiedene Arten von Eulen, in den Tümpeln tummeln sich Wasseramseln und Gänsesäger. Sie alle finden hier optimale Brutbedingungen vor. Bei geführten Wanderungen kann man den Spuren der Tiere folgen, Igel und Schmetterlinge beobachten oder die Welten der Pflanzen und der Pilze, näher kennenlernen. Doch das idyllische Gebiet hält nicht nur Natur bereit: Die ungeheure Gewalt des River Clyde wird genutzt. An den Fällen steht das erste Wasserkraftwerk Großbritanniens. Es wurde 1926 am Bonnington Linn in Betrieb genommen und produziert bis heute Strom. Ein sehenswertes Industriedenkmal im schlichten klassizistischen Stil.

River Clyde

Bei Greenrock mündet der River Clyde in den Meeresarm des Firth of Clyde. Dort beendet er nach 176 Kilometern seine Reise – und auch seine Arbeit hat er dann verrichtet, die er bereits zu Zeiten der industriellen Revolution vornehmlich im Hafengebiet von Glasgow als Transportweg bis nach Nordamerika begonnen hat. Für das Vereinigte Königreich ist er schon lange für die Schifffahrt und den Schiffsbau von großer Bedeutung. Der River Clyde entspringt als Zusammenfluss von Portrail Water und Daer Water bei Lowther Hills und bildet beim Corra Linn am Oberlauf einen mächtigen Wasserfall. Seine Bedeutung als Werft für den Schiffsbau verlor der drittlängste Fluss Schottlands und zehntlängste Großbritanniens nach dem Zweiten Weltkrieg, als die Werften schwer beschädigt worden waren.

In New Lanark setzte der walisische Unternehmer und Sozialist Robert Owen seine Theorien vorbildlich in die Praxis um.

Unterwegs in Clackmannanshire und Fife

Ein UNESCO-Weltkulturerbe und die Heimat des Golfsports – obwohl beide nur sehr kleine Verwaltungsbezirke sind, haben Clackmannanshire und Fife einiges zu bieten. Landwirtschaft, Bierbrauerei und Kohlebergbau sind die Hauptwirtschaftszweige.

Castle Campbell thront stolz auf den Ochil Hills.

Firth of Forth

Der Meeresarm Firth of Forth bei Edinburgh trennt das Königreich Fife im Norden vom County Lothian im Süden. Zwischen den Orten North Queensferry und South Queensferry wird er von zwei Brücken überspannt, der Forth Rail Bridge und der Forth Road Bridge. Wo früher jahrhundertelang eine Fähre die Reisenden über den Fluss setzte, entstand Ende des 19. Jahrhunderts ein technisches Wunderwerk: 1890 weihte man hier die 2523 Meter lange Eisenbahnbrücke ein. Mit ihrer kühn geschwungenen Stahlkonstruktion in leuchtendem Rot gilt sie seitdem als ein Wahrzeichen Schottlands und war einst die größte Brücke der Welt. 1964 entstand in der Nachbarschaft dieses damals mutigen Bauwerks auch eine mautpflichtige Autostraßenbrücke, erst jüngst kam die Brücke Queensferry Crossing hinzu.

**** Castle Campbell** Unweit der Stadt Dollar steht die Burg, die bis Ende des 15. Jahrhunderts Castle Glume hieß. Das änderte sich, als sie in den Besitz des Campbell-Clans kam, der aus den Highlands stammte. Während ihrer bewegten Geschichte hat die Festung berühmte Persönlichkeiten beherbergt, darunter den bekannten Reformator John Knox, der dort predigte, oder auch die schottische Königin Maria Stuart höchstpersönlich, die sich fürstlich bewirten ließ. Seit Mitte des 20. Jahrhunderts kann das mittelalterliche Schloss besichtigt werden. Der älteste Teil ist ein Turm aus dem 15. Jahrhundert. Einer der Höhepunkte ist sicher der terrassenförmig angelegte Garten, von dem aus die Campbells die traumhafte Umgebung des Forth Valley bewundern konnten. Die Burg inmitten von Wald, Weiden und Hügeln gilt als eine der am schönsten gelegenen des Landes.

**** Dunfermline Abbey** Um 1070 wurde Dunfermline bekannt, da Königin Margaret hier lebte. Sie begründete auch den Bau der Abtei. Ausgrabungen belegen, dass Dunfermline eine der ältesten Siedlungen Schottlands ist. Erste Erwähnung fand der Ort durch die Ansiedlung des Mönchsordens der Culdees. Immerhin 22 schottische Könige sowie ihre Gemahlinnen fanden hier ihre letzte Ruhestätte, auch der legendäre König Robert the Bruce liegt hier begraben. Beim Kloster befindet sich auch das älteste Gebäude der Stadt, das Abbot House. Ebenso ist das Heritage Centre hier untergebracht. An der Abtei ist die Ruine der Kapelle zu sehen, gegenüber gibt es Reste des Königspalastes zu besichtigen, in dem König Karl I., der letzte aus Schottland stammende britische Monarch, geboren wurde. Margarets Gebetsraum liegt hier ebenfalls.

*** Forth (Rail) Bridge** Seit 2015 ist sie UNESCO-Weltkulturerbe: Die Eisenbahnbrücke über den Mündungstrichter des River Forth wird bis heute als Wunderwerk der Technik und der Architektur gerühmt. Mit einer Gesamtlänge von 2,5 Kilometern war sie bei ihrer Eröffnung 1890 die längste Brücke der Welt und die erste, bei deren Bau der Siemens-Martin-Stahl verwendet wurde. Die Brücke verbindet Edinburgh mit der Halbinsel Fife und sollte dabei

Die zweigleisige Eisenbahnbrücke führt über den Firth of Forth; zum Zeitpunkt ihrer Eröffnung hatte sie mit 521 Metern die größte Spannweite aller Brücken – ein Rekord, den sie allerdings 30 Jahre später an die kanadische Québec-Brücke verlor.

helfen, den Norden Schottlands zu erschließen. Ihre Planung und ihr Bau wurden von einer kritischen Öffentlichkeit verfolgt. 1879 war die erst zwei Jahre zuvor fertiggestellte Brücke über den Tay in der Nähe von Dundee während eines Orkans zusammengestürzt und hatte 75 Insassen eines Personenzuges in den Tod gerissen. Stabilität und Sicherheit waren deshalb für die Auftraggeber wie für die Planer und Erbauer der neuen Forth Bridge von oberster Priorität. Die Brücke wurde als Auslegerbrücke errichtet. Ihre Träger sind drei Stützpfeiler aus je vier Stahlrohren, die auf Granitsockeln ruhen und durch diagonale Streben sowie Fachwerkträger versteift sind. Mittlerweile gibt es noch zwei weitere Brücken: die Forth Road Bridge (1964) und die 2017 eingeweihte Queensferry Crossing. Letztere ist die höchste und längste Schrägseilbrücke dieser Art auf der Welt.

Die Dunfermline Abbey ist eine der ältesten Abteien Schottlands.

Die Kathedrale St Andrews legt Zeugnis ab, von der bedeutenden Position der Stadt als ältestem Bischofssitz des Landes.

Bunte Blickfänger: Das Dörfchen Culross ist die perfekte Kulisse für eine Zeitreise.

**** Kingdom of Fife** Von der Stadt Edinburgh durch den breiten Meeresarm Firth of Forth getrennt, liegt in einer weiten Bucht im mittelschottischen Kernland die Council Area Fife. Der Name geht auf die Zeit der Pikten zurück, als sie ein unabhängiges Königreich war. Hügeliges Farmland und kleine Fischerorte geben dieser Region ihren besonderen Reiz. Größte Stadt auf der Halbinsel ist Kirkcaldy; Verwaltungssitz ist seit 1975 Glenrothes, das mit dem Elektronikboom zum Anziehungspunkt für junge, aufstrebende Computerfirmen wurde – »Silicon Glen« wird die umliegende Region deshalb auch genannt. Doch die Vergangenheit ist hier nach wie vor gegenwärtig und wird liebe-

St Andrews Golf Club

Die Golfmetropole an der Ostküste Schottlands beherbergt den legendärsten Golfclub der Welt. Vermutlich wurden dort schon lange vor dem Jahr 1553, dem Datum der ersten schriftlichen Aufzeichnung über diesen Sport in St Andrews, Bälle geschlagen. 1754 gründeten 22 »Noblemen und Gentlemen« die Society of St Andrews Golfers, 1834 erhielt der Club das Prädikat »königlich«, 1854 entstand das erhaben über dem Platz thronende Clubhaus. Zu den British Open treffen sich alle fünf Jahre Spieler aus der ganzen Welt in dem 10 000-Einwohner-Ort St Andrews, in dem Bischof Henry Wardlaw im Jahr 1410 die erste Hochschule Schottlands gegründet hatte. Das British Golf Museum gegenüber dem Clubhaus bietet eine unterhaltsame Lehrstunde für alle, die sich für die Geschichte des Golfsports interessieren.

Kirche und Friedhof über St Monans.

Fischerboote in Pittenweem.

Crail: einer der schönsten Häfen der Region.

voll bewahrt: In Culross, einem Museumsdorf direkt am Firth of Forth, kann man den Alltag in einer Handelsstadt des 17. und 18. Jahrhunderts nachvollziehen.

*** St Andrews** Das Städtchen im Südosten der Halbinsel Fife ist die unangefochtene Heimat des Golfsports. Bereits seit dem 16. Jahrhundert haben Eisen und Bälle hier Tradition. Es gibt wohl kaum einen Golfer, der nicht davon träumt, einmal auf dem legendären Old Course mit Blick auf die Küste abzuschlagen. Doch St Andrews ist selbstverständlich weit mehr als ein Golf-Mekka. Neben der Kathedrale St Andrews gibt es beispielsweise die Überreste eines mittelalterlichen Schlosses, das mal als Palast, mal als Gefängnis genutzt wurde. Das Märtyrerdenkmal gleich hinter dem Old Course erinnert an Protestanten, die in der Stadt hingerichtet wurden. Unweit lohnt das Scottish Fisheries Museum einen Besuch. Kurios: Wenige Kilometer südlich der Stadt ist ein einfaches Cottage zur Touristenattraktion avanciert. Hier befindet sich nämlich ein zweistöckiger Bunker, der für den Fall eines Atomkriegs gebaut wurde.

*** St Monans** Im Norden des Firth of Forth liegen wie an einer Perlenschnur aufgereiht malerische Fischerorte, in denen die Zeit stehengeblieben zu sein scheint. Man nennt sie East Neuk of Fife (»Östlicher Winkel von Fife«). St Monans ist einer davon: Weiß, gelb und rosa getünchte Häuschen säumen den kleinen Hafen. Eine Mühle steht an einem Wall, der sanft zum Meer abfällt. Oft liegt die Nordsee ruhig da, Sonne fällt auf die adrett gepflegten Gärten, doch ebenso häufig tost das Meer und schickt salzige Gischtwolken über das Dorf. An solchen Tagen wirken die schmalen Straßen, die Häuschen mit ihren Schieferdächern und natürlich die Ruinen von Newark und Ardross Castle mystisch und geheimnisvoll. Dann kann man sich schwer vorstellen, dass hier einst eine florierende Salzindustrie – Meersalz wurde mithilfe von in der Region abgebauter Kohle verdampft – und ein florierender Schiffbau existiert haben.

**** Pittenweem** Auch Pittenweem gehört zu den East Neuk of Fife, den Fischerdörfern in der Largo Bay. Seit 1982 strömen jedes Jahr im August Kunstliebhaber von weither zum berühmten Pittenweem Arts Festival, zu dem hochdekorierte Maler und Bildhauer geladen werden. Sie präsentieren ihre Werke in Ateliers, Galerien, aber auch in Privathäusern und an öffentlichen Plätzen unter freiem Himmel. Trotzdem: Der Ort ist sich auch treu geblieben. Jeden Morgen, wenn der Fang eingeholt ist, findet im Hafen der Fischmarkt statt. Auch die alten Hafenkneipen werden ganz und gar nicht nur von Touristen und Künstlern besucht. Heiligtum des Dorfs ist eine Höhle, die ihm auch seinen Namen gegeben hat. Darin soll der heilige Fillan Messen gefeiert haben, nachdem er bei absoluter Dunkelheit seine Predigten geschrieben hatte. Außerdem sehenswert ist die kleine Pfarrkirche.

***** Crail** Nirgendwo entsteht der Eindruck, die Zeit sei in den Dörfern der East Neuk stehengeblieben, so klar wie in Crail. Auch hier weiße Häuser mit Treppengiebeln und rote Dachpfannen. Doch Crail ist anders als Pittenweem oder seine Nachbarn. Da ist zum Beispiel die königliche Burg aus dem 12. Jahrhundert, aus der der Ort herauszuwachsen scheint. Oder die Kirche aus derselben Zeit, die seit ihrer Erbauung durchgehend genutzt wurde. Nur einen Steinwurf davon, auf dem Friedhof, liegt ein Felsblock, um dessen Herkunft sich Legenden ranken. Nicht zu vergessen: der Taubenturm, vermutlich aus dem 16. Jahrhundert, seit 1972 ein Denkmal der höchsten Kategorie. Am besten lernt man das Örtchen wohl bei einem Besuch im Crail Museum and Heritage Centre kennen, das in einem zauberhaften Cottage untergebracht ist. Es erinnert an frühere Schlachten und stellt altes Handwerk vor, wie das der Weber oder Schreiner, das in der Region stets seinen festen Platz hatte.

Unterwegs in Dundee City und Angus

Schottlands viertgrößte Stadt, ein historisch bedeutendes Forschungsschiff, Macbeths Schloss, berühmte Rinder und die Keimzelle schottischer Unabhängigkeitsbestrebungen – in der Stadt Dundee und der Region Angus ist viel geboten. Reizvoll!

Die McManus Galleries & Museum von Dundee sind in einem neogotischen Bau aus dem Jahr 1887 untergebracht.

*** **Dundee** Es gibt viel, was man über die viertgrößte Stadt Schottlands sagen kann. Zum Beispiel, dass sie das Zentrum der Marmeladenproduktion ist oder dass sie einst eine Hochburg des Journalismus war. Auch Webereien gab es, um Jute herzustellen, und der Schiffsbau verschaffte vielen Einwohnern Arbeit. All diese Zeiten sind vorbei, allein einige Konfitüremacher haben sich erhalten. Ein wenig versprüht Dundee den Charme einer Industriestadt, die ihre Industrie verloren hat. Doch sie hat Schönes zu bieten wie etwa Teile der historischen Stadtmauer oder natürlich das älteste Bauwerk der Stadt, den St Mary's Tower aus dem 15. Jahrhundert. Auch die Lage am River Tay verleiht ihr einiges an Atmosphäre. Von dem Fußgängerweg an der Eisenbahnbrücke aus hat man einen guten Blick auf die Silhouette der Stadt. Die Tay Rail Bridge erlangte durch einen tragischen Eisenbahnunfall im Jahr 1879 Berühmtheit. Das Dundee Contemporary Arts (DCA), ein Museum für zeitgenössische Kunst, bietet verschiedene Ausstellungen und sogar zwei Kinos.

*** **Glamis Castle** Nördlich von Dundee liegt ein Kleinod schottischer Burgen- und Schlösserromantik: Die Türmchen, Zinnen und Erker von Glamis Castle sind typisch für den schottischen Baroniestil. Dieser ist unter anderem dadurch gekennzeichnet, dass einst rein funktionale Bauelemente, die etwa zur Verteidigung einer Anlage notwendig waren, nun dekorativen Zwecken dienten. William Shakespeare wählte, angeblich um König James I. von England (VI. von Schottland) zu schmeicheln, Glamis Castle als Schauplatz für seine Tragödie »Macbeth«. Tatsächlich ermordete der historische Macbeth den schottischen König Duncan I. in der Schlacht bei Elgin und wurde 1040 König. Den herrlichen Schlosspark legte der englische Gartenarchitekt Lancelot »Capability« Brown 1770 an. Im Schlafgemach von »Queen Mum« wurde 1930 Prinzessin Margaret geboren, die Schwester von Königin Elizabeth II.

RRS Discovery

Designt für Abenteuer. Erbaut in Dundee. Mit Stolz wird darauf hingewiesen, dass das Expeditionsschiff »RRS Discovery« 1901 hier vom Stapel gelaufen ist, mit dem Robert Falcon Scott dann seine aufsehenerregenden Reisen zur Antarktis unternommen hat – und nun liegt es wieder in Dundee, allerdings als Museumsschiff am Discovery Point. Die Abkürzung steht RRS im Namen steht für »Royal Research Ship« (»Königliches Forschungsschiff«). Nach verschiedenen Arbeits- und Forschungseinsätzen in der ganzen Welt kam das Schiff 1979 zurück in seinen Heimathafen. Der letzte in England gebaute hölzerne Dreimaster steht nach aufwendiger und kostenintensiver Restaurierung zur Besichtigung zur Verfügung, um die Geschichte der Helden des Eises nacherzählen zu können.

Seinem Besitzer, dem Earl of Strathmore, ist es zu verdanken, dass Glamis Castle der Öffentlichkeit zugänglich gemacht wurde.

Arbroath

Fährt man knapp 30 Kilometer von Dundee aus an der Küste entlang nach Norden, erreicht man Arbroath. Im Hafen liegt ein Fischerboot, ein Stück weiter sind Motorboote und Jachten vertäut. Auf den ersten Blick ahnt man nicht, dass die Stadt in der ersten Hälfte des 19. Jahrhunderts ein bedeutender Standort der Fischindustrie war. Davon ist nichts mehr übrig. Lediglich eine schottische Spezialität gibt es hier, die weiter für Umsatz sorgt: »Arbroath Smokie« ist gesalzener, in einem Holzfass geräucherter Schellfisch. Eine Touristenattraktion ist die älteste Schmalspurbahn des Landes, die noch zum Einsatz kommt. Bedeutend ist Arbroath aus historischer Sicht: Hier wurde am 6. April 1320 die Unabhängigkeitserklärung Schottlands von 51 Männern unterzeichnet und an den Papst geschickt – sie kam aber nie an.

***** Arbroath Abbey** Wandelt man bei Sonnenschein – oder noch besser bei untergehender Sonne – zwischen den Mauern von Arbroath Abbey, glaubt man gern, dass sie zu den reichsten und wichtigsten Klöstern des Landes gehört hat. Denn dann strahlt der Sandstein in sattem Rot, die Steine scheinen von innen zu leuchten. In solch einem Moment muss man sich vorstellen, wie an diesem besonderen Ort einflussreiche Persönlichkeiten zusammenkamen und im Jahr 1320 eine Erklärung, die »Declaration of Arbroath«, unterzeichneten, in der sie auf die Unabhängigkeit Schottlands pochten. Der Jahrestag wird traditionell mit einer Prozession und historischen Aufführungen gefeiert. Noch sehr gut erhalten sind die beiden Kirchtürme. Auch ein Bildnis aus Marmor, das William I., genannt der Löwe, zeigt, kann besichtigt werden. William war es, der das Kloster 1178 gründete. Er gestattete den Mönchen, Handel zu treiben und auch einen Hafen zu bauen, was den wachsenden Reichtum von Arbroath Abbey möglich machte.

Selbst als Ruine zeugt die einstige Benediktinerabtei von Arbroath noch von ihrer historischen Bedeutsamkeit.

Der Standort des Leuchtturms auf dem Bell Rock – isoliert in den Wellen der Nordsee – brachte von jeher besondere Anforderungen mit sich. Beispielsweise konnte die Familie des Wärters nicht etwa in einem Häuschen direkt neben dem Arbeitsplatz leben, wie es sonst oft der Fall ist.

**** Bell Rock Signal Tower und Bell Rock Lighthouse** Es scheint, als würde der Leuchtturm, der etwa 16 Kilometer vor der Küste mitten in der Nordsee steht, aus dem Meeresboden wachsen. In Wirklichkeit ist sein Fundament im Bell Rock verankert, einem Felsen, der meistens überspült ist. 1811 war das Leuchtfeuer des 35 Meter hohen Bell Rock Lighthouse erstmals zu sehen. Und zwar stolze 60 Kilometer weit! Über 200 Jahre später brennt es noch immer und ist das älteste seiner Art im ganzen Land. Im Bell Rock Signal Tower im Hafen von Arbroath machen zahlreiche Exponate deutlich, wie gefährlich die Arbeit des Leuchtturmwärters damals war. Um zu zeigen, dass bei ihm alles in Ordnung war, musste er allmorgendlich einen Ball an einer Leine nach oben ziehen. Zur verabredeten Zeit war das Teleskop des Signal Tower stets besetzt. Wurde der Ball nicht hochgezogen, schickte man augenblicklich ein Boot mit Helfern los.

1813 wurde im Hafen von Arbroath der Bell Rock Signal Tower gebaut. Er diente der Kommunikation zum Wächter im Bell Rock Lighthouse. Inzwischen ist Ersterer ein Museum.

Diese Lokomotive der Klasse 812 wurde 1899 erbaut und weist den typischen »Caledonian«-Schornstein mit einer Krempe am Rand auf.

*** Edzell Castle** Hölzerne Überreste der ursprünglichen Burg (Castle Hillock) aus dem 12. Jahrhundert finden sich etwa 300 Meter entfernt von dieser Ruine im gleichnamigen Ort. Beliebtes Ausflugsziel ist aber weniger die Burgruine mit Tower House, Kapelle und Friedhof, als vielmehr der im 17. Jahrhundert von Lord Edzell angelegte, Renaissance-Ziergarten »The Pleasance«, der sogar ein Bade - und ein Sommerhaus erhielt. Umschlossen wird das botanische Kleinod, das direkt an das Haupthaus angrenzt, an drei Seiten von einer über 3 Meter hohen Steinmauer. Diese war einst mit Halbsäulen verziert, in Nischen standen Statuen. Den Auftraggeber kostete die Anlage sein ganzes Vermögen.

Angus Glens Walking Festival

Reizvolle Landschaften, die – je höher hinauf – immer noch an Dramatik zunehmen, offenbaren den Wanderern grandiose Weitblicke in dieser Region mit fruchtbaren Tälern, saftigen Wiesen und bunten Heidelandschaften, die wiederum über einsame Wege und vorbei an wilden Wasserfällen führen. Wo Angus in die Grampians und Cairngorms übergeht, befinden sich die bekannteen Five Glens of Angus, zauberhafte Täler, die alle ihre eigenen Vorzüge haben: Glen Isla, Glen Prosen, Glen Clova, Glen Lethnot und Glen Esk. Alle Jahre wieder findet hier das Angus Glens Walking Festival statt. Die Veranstaltung bietet an vier Tagen 20 geführte Wanderungen mit verschiedenen Ansprüchen durch alle Variationen dieser atemberaubenden Landschaften. Obendrein gibt es Erklärungen der ortsansässigen Bergführer zu Flora, Fauna und Historie.

Geometrische Gärtnerkunst: Die einzigartige Anlage von Edzell Castle.

**** Caledonian Railway** Die historische Dampflok in der für die Caledonian Railway (CR) markanten blauen Farbe »Caledonian Blue« fährt 6,4 Kilometer zwischen Brechin und Bridge of Dun am South Esk in Angus – ein toller Ausflug für die ganze Familie! Die 1845 gegründete britische (!) Eisenbahngesellschaft, bediente ein Streckennetz von 1800 Kilometern und war damit das zweitgrößte in Schottland. Auch für die erste direkte Verbindung von Glasgow nach Edinburgh zwar sie zuständig. 1923 ging die CR in der London, Midland and Scottish Railway auf. Schon immer präsentierte sich die CR stolz als schottische Nationaleisenbahn: Wappen und Wappenspruch demonstrieren es bis heute.

Unterwegs in der City of Edinburgh

Die schottische Hauptstadt ist seit mehr als einem halben Jahrtausend der kulturelle Mittelpunkt des Landes. Neben einer Vielzahl geschichtsträchtiger Highlights zeigt sie sich aber auch als moderne, selbstbewusste Stadt voll pulsierender Lebensfreude.

Markanter Punkt der Silhouette der schottischen Hauptstadt ist neben dem Glockenturm des Balmoral Hotel das Edinburgh Castle.

***** Edinburgh** Seit 1995 gehört Edinburgh zum Weltkulturerbe der UNESCO. Besonders auffällig ist der architektonische Kontrast zwischen der mittelalterlichen Altstadt und der gegen Ende des 18. Jahrhunderts umsichtig geplanten Neustadt im georgianischen Stil. Edinburgh Castle, eine gewaltige Festung, geht in seinen ältesten Teilen auf das 11. Jahrhundert zurück. St Margaret's Chapel, auch auf dem Schlossberg gelegen, wurde 1090 geweiht und ist damit das älteste erhaltene Gebäude der Stadt. Den Castle Rock hinab bilden die Straßenzüge Lawnmarket, High Street und Canongate die Royal Mile, die Hauptader der mit Durchgängen und Hinterhöfen durchsetzten Altstadt. Hier reihen sich Häuser von Adligen wie Gladstone's Land an Gotteshäuser wie die Kathedrale von St Giles. Am Ostende der Royal Mile steht der 1128 als Augustinerabtei errichtete Holyrood Palace, später eine Residenz der schottischen Könige.

1 * Edinburgh Castle** Die auf dem Castle Rock 100 Meter über der Stadt thronende Trutzburg ist zweifellos die touristische Attraktion Edinburghs. Als Residenz schottischer Könige blickt sie auf eine bewegte Geschichte zurück. Das älteste erhaltene Gebäude, die St Margaret's Chapel, stammt aus dem ausgehenden 11. Jahrhundert. Bis zur Vereinigung Schottlands mit England, nach der Schlacht von Culloden 1746, wurde Edinburgh Castle immer wieder belagert, zerstört und neu aufgebaut. Die Festung umfasst daher Gebäudekomplexe aus fast allen Epochen der schottischen Geschichte. Vor allem die Gemächer im Royal Palace lohnen einen Besuch: Hier sind die schottischen Reichsinsignien ausgestellt und hier befindet sich die Kammer, in der Maria Stuart 1566 ihren einzigen Sohn gebar: König Jakob VI. von Schottland (später als Jakob I. auch König von England und König von Irland).

2 * National War Museum Viel Zeit mitbringen ist Pflicht, will man die Zeit Revue passieren lassen, die hier im National War Museum hinter den massiven Mauern des Edinburgh Castle facettenreich dargestellt wird: über 400 Jahre Militärgeschichte, versinnbildlicht durch Uniformen, Abzeichen und Waffen. Von Briefen an die ferne Heimat, von der Front aus geschrieben, über Breitschwerter aus den Highlands bis hin zu Schutzanzügen gegen chemische Waffen dokumentieren die Exponate eine kriegerische Zeitreise ab dem 17. Jahrhundert. Ehedem ein Lager für Artillerieausrüstung aus dieser Zeit, wurde es später als Militärhospital genutzt. 1933 eröffnet, wird es heute vom National Museum of Scotland geführt. Es liegt am Hospital Square und kann vom Redcoat Café aus sowie durch den Archway betreten werden. Das Museum bietet auch eine Sammlung von Gemälden, die die Schrecken des Ersten und Zweiten Weltkriegs darstellen.

250 m
820 ft
NEW TOWN
OLD TOWN
CALTON
TOLLCROSS
SOUTHSIDE
HOLYROOD PARK
THE MEADOWS
BRUNTSFIELD LINKS
ROYAL TERRACE GARDENS
REGENT GARDENS
KING GEORGE V PARK
WEST PRINCES STREET GARDENS
EAST PRINCES STREET GARDENS
Calton Hill
326 m
400 m
Cat's Nick
Glenogle Road
Henderson Row
Eyre Place
Rodney St.
Bellevue Chapel
Drummond Community High School
Anwar E-Madina
Nursery School
McDonald Road Library
Leith Walk School
Leith Walk
A900
London Road
Royal Terrace
Drummond Place
Broughton St.
St. Mary's RC Prim. School
St. Paul's & St. George's Church
St. Stephen's Church
Great King Street
Heriot Row
Queen Street
Abercromby Place
York Place
National Portrait Gallery
St. Mary's Cathedral
New St. Andrews House
St. James Centre
Playhouse Theatre
Greenside Parish Church
Calton Gallery
City Observatory
National Monument
Nelson's Monument
Leith Street
St. Andrew Square
Royal Bank of Scotland
Register House
Waterloo Place
A1
Regent Road
St. Andrew's House (Scottish Government)
the Old Royal High School
Old Gymnazium
CALTON NEW BURIAL GROUND
R.L. Stevenson House
Sir W. Scott House
George Street
Rose Street
Thistle St.
Music Hall
Freemasons' Hall
Royal Scott. Academy
Princes Street
Princes Mall
Scott Monument
Waverley Station
Airport
Edinburgh Bus Tours
Edinburgh Dungeon
North Bridge
A7
Old St. Paul's
Waverley Court
Calton Road
Canongate Tolbooth
Canongate Church
People's Story
Scottish Parliament Visitor Centre
Scottish Parliament
Royal Mile School
Our Dynamic Earth
Museum of Edinburgh
Charlotte Baptist Chap.
St. John's
Ross Theatre
Nat. Gallery
The Mound
Camera Obscura & World of Illusions
Mary King's Close
City Chambers
Fringe Office
Festival Office
High St. (Royal Mile)
St. Giles Cathedral
J. Knox's House
Canongate
Mus. of Childhood
Holyrood Road
St. Leonard's Land
Holyrood Park House
Holyrood Court
Lochview Court
Rockstar North
St. Cuthbert
Edinburgh Castle
St. Margaret's Chapel
Nat'l War Museum
Nat'l War Memorial
Royal Palace
Esplanade
Castlehill
Scotch Whisky Experience
The Hub Festival Centre
Central Library
Assembly Hall
Parliament House
National Library
Tron Square
Cowgate
St. Cecilia's Hall
Adam House
Old College
High School Yards
Pleasance
Pleasance Sports Centre
Traverse Theatre
Royal Lyceum Theatre
Argyle House
Grassmarket
West Port
West Port House
Greyfriars Kirk
Nat'l Museum of Scotland
Heriot-Watt University-Mountbatten Building
George Heriot's School
Festival Theatre
Edinb. University
Central Mosque
Nicolson Street
South Bridge
George IV Bridge
Candlemaker Row
Edinburgh Coll. of Art
Blood Transfusion Centre
Lauriston Place
McEwan Hall
Chalmers Hospital
Church of the Sacred Heart of Jesus
Quartermile Development
Chapel of St. Albert the Great
George Sq.
University Library
Appleton Tower
David Hume Tower
Univ. Theatre
Buccleuch Place
Kirk O'Field
Crags Sports Centre
St. Patrick Sq.
Clerk Street
Police
St. Michael
King's Theatre
Bardlay Church
Melville Drive
A700
Brougham Pl.
Home St.
Leven St.
Bruntsfield Pl.
Meadow Walk
Jawbone Walk
Middle Meadow Walk
Boy's Brigade Walk
Tennis
Hope Park Terr.
Summerhall Courtyard
Summerhall
South Clerk St.
Bernard Terr.
St. Leonard's Street
St. Margaret's & St. Leonard's
Scottish Widows
Preston Street Primary Sch.
East Preston St.
St. Peter's
Queen's Drive
Warrender Park Terrace
Melville Terrace
Rillbank Cres.

The Royal Edinburgh Military Tattoo

Mit Tätowieren hat das Ganze nichts zu tun. Der Begriff »Tattoo« geht auf das holländische »doe den tap toe« (»Mach den Hahn zu«) zurück, womit man im 18. Jahrhundert die in Flandern stationierten britischen Truppen auf die Sperrstunde hinwies. 1950 fand der erste große »Zapfenstreich« statt, bei dem auf der Esplanade direkt vor Edinburghs Schloss ausschließ-

lich Militärmusik präsentiert wurde. Inzwischen ist dieses jährliche Spektakel im Rahmen des Edinburgh Festival im August stets ausverkauft. An die 1000 Musiker, Sänger, Trommler und Dudelsackspieler treten bis auf Sonntag jeden Abend bei jedem Wetter auf, aber auch Tanz, Theater und Akrobatik stehen auf dem Programm. Präsentiert wird das alles von Schotten und in erster Linie von Angehörigen der Streitkräfte, doch auch von internationalen Künstlern. Am Ende der gigantischen Show kullern oft sogar ein paar Tränchen. Dann nämlich spielt traditionell ein einzelner Musiker auf dem Dudelsack, ehe ein Kirchenchor einstimmt und schließlich über den Köpfen des Publikums Militärjets eine Parade fliegen.

Die Great Hall im Edinburgh Castle wurde 1511 errichtet.

3 *** **Old Town** Die Altstadt Edinburghs wird durch die Princes Street von der Neustadt getrennt. Winzige mittelalterliche Sträßchen verlieren sich hier inmitten der ungewöhnlich hohen, teils noch mittelalterlichen Häuser. Steile, enge und düstere Gassen mit grobem Kopfsteinpflaster verbergen verschachtelte Hinterhöfe. Bei einem Spaziergang stößt man oft zufällig auf urige Pubs und gemütliche Restaurants, die sich in irgendeinem zuvor unentdeckten Winkel befinden. Dass die Altstadt nach wie vor Anlass zu gruseligen und aufregenden Geschichten gibt, wird vor allem bei einem nächtlichen Stadtbummel verständlich. Literarische Inspiration bot die Old Town Edinburghs unter anderem für Arthur Conan Doyles »Sherlock Holmes«, Robert Louis Stevensons »Dr Jekyll and Mr Hyde« sowie J. K. Rowlings »Harry Potter«-Reihe.

4 *** **Royal Mile** Hauptschlagader der Altstadt von Edinburgh ist die Royal Mile. 1,6 Kilometer – also etwa 1 schottische Meile – lang, wird sie von steil abfallenden und ansteigenden engen Gassen, Hinterhöfen und Durchgängen, den »Closes«, gekreuzt. Einst galten diese als schmuddelige, gefährliche Orte und waren als Rückzugsgebiet von Kleinkriminellen verschrien. Heute sind die alten Gemäuer sorgfäl-

Eine Atmosphäre wie bei »Dr Jekyll and Mr Hyde« verbreitet die Cockburn Street in der Nähe der Royal Mile – vor allem nach Sonnenuntergang.

Mittelalterlicher Charme der Old Town: Die Straße Castlehill bildet den oberen Teil der Royal Mile, die zum Edinburgh Castle führt.

tig restauriert und ein Touristenmagnet. Besonders sehenswert sind der Old Fishmarket Close und der Advocate's Close. Der Real Mary King's Close verschwand 1753 durch Überbauung im Untergrund und wurde dadurch zum Gegenstand von Gerüchten, Mythen und Gruselgeschichten. Im Lady Stair's Close befindet sich das Writers' Museum, das schottischen Schriftstellern gewidmet ist. In einer Druckerei am Anchor Close wurde 1768 bis 1771 die erste Auflage der »Encyclopædia Britannica« gedruckt.

Lawnmarket Der frühere Leinenmarkt zählt als eine von fünf Straßen zur Royal Mile und wird heutzutage vor allem von touristischen Läden gesäumt. Besonders sehenswert: das alte Townhouse Gladstone's Land.

High Street Auf das »Who's Who« der Edinburgher Sehenswürdigkeiten trifft man in der High Street, dem wohl wichtigsten Teil der Royal Mile. Literaturfreunde finden im Scottish Storytelling Centre ihre Erfüllung. Klassische Gebäude wie der High Court of Justiciary (Schottlands höchster Gerichtshof), das Parliament House und die St Giles' Cathedral beeindrucken ebenso wie das Old College der University of Edinburgh.

The Scotch Whisky Experience

Das gälische »Uisge Beatha« gab einst dem Whisky seinen Namen, denn es bedeutet so viel wie »Lebenswasser«. Wer die Geschichte des Scotch Whisky erleben möchte, bevor das flüssige Gold ins Glas zu fließen vermag, nimmt Platz im Fass und lässt sich in Edinburghs »Whisky Experience« durch die Welt des Whiskys fahren. An dessen Ende findet natürlich auch ein Tasting statt. Das Glas darf sogar als Andenken mit nach Hause genommen werden. Eigentlich für Touristen inszeniert, kommen dennoch auch echte Kenner hierher in den bestens sortierten Laden der Erlebniswelt am Calton Hill. Die hauseigene Amber Bar genießt einen exzellenten Ruf und ist für ihre große Auswahl bei guten Preisen bekannt – und bietet obendrein einen tollen Blick mit Ambiente.

Canongate Der Name stammt von der Burg Canongate, die David I. von Schottland (1124–1153) gründete und die seit 1636 zu Edinburgh zählt. An historisch sehenswerten Bauwerken bieten sich das Canongate Tolbooth (jetzt The People's Story Museum), das Huntly House (heute das Museum von Edinburgh), Moray House, Kirk of the Canongate, New Scottish Parliament Buildung im Holyrood Palace und Holyrood Abbey an.

Abbey Strand Diese nur etwa 100 Meter kurze Straße am Ende der Royal Mile eröffnet den Blick auf das kunstvolle schmiedeeiserne Tor von Holyrood Palace. Davor befindet sich zur rechten Seite The Queen's Gallery, die seit dem Jahr 2002 zum Anlass des Goldenen Thronjubiläums von Elizabeth II. als Ausstellung der Königlichen Sammlung dient.

Farbenfroher Grassmarket.

Rückgrat der Old Town und Edinburghs beliebteste Flaniermeile: Die Royal Mile führt vom Edinburgh Castle zum Holyrood Palace hinunter.

Edinburgh Festival

Treffpunkt für Künstler aus aller Welt ist Edinburgh im Grunde das ganze Jahr über, weil Kultur hier einen Nährboden findet wie kaum anderswo. Im August vereinen sich Künstler und Stadt aber zum Superlativ: Das berühmte Edinburgh Festival ist eine Ansammlung diverser Festspiele, die Jahr für Jahr rund zwei Millionen Besucher anlocken. In dieser Zeit erobern Gaukler die Gassen, Theatergruppen funktionieren auch noch den letzten Hinterhof zur Bühne um, Musikstars treten auf, Kabarett, Zirkus, Oper, Film und Ballett werden geboten. Und natürlich ertönen überall Dudelsackweisen. Start des legendären Kultursommers ist Ende Juli, wenn das »Blues and Jazz Festival« beginnt, dann folgt das »Fringe Festival«, das sich zur Alternativveranstaltung vor dem eigentlichen »International Festival« entwickelt hat.

Stolze Handelshäuser am Lawnmarket.

Greyfriars Bobby's Pub in der Candlemaker Row: Denkmal für bedingungslose Hundetreue.

Pubs und Tavernen

Eine Pause in einer der ungezählten Kneipen Edinburghs ist nicht nur erholsam, sondern vermittelt auch einen Eindruck schottischer Gastfreundschaft und Geselligkeit. In der Regel wird man hier nicht bedient, sondern geht an die Theke und bezahlt dort auch gleich; es gibt aber auch Pubs mit Restaurant oder Biergarten. Vom Sandwich bis zum traditionellen Angus-Steak

oder einem gefüllten Schafsmagen (»Haggis«) gibt es für jeden Geschmack etwas. Der Pub (Kurzform für »Public House«) ist eine Erfindung der viktorianischen Zeit: 1915 wurde die Sperrstunde auf 23 Uhr gesetzlich festgelegt, um so zu verhindern, dass die Arbeiter bis tief in die Nacht tranken und morgens verkatert in den Fabriken standen. Eine Viertelstunde vorher hatte mit dem Ausruf »Last Order!« die letzte Bestellung zu erfolgen; dazu läutete der Wirt eine Glocke. Mit der Aufforderung »Drink up, please!« schütteten die Gäste daraufhin schnell die Alkoholika in sich hinein – oftmals in exzessartigen Gelagen. Um dies zu vermeiden, wurden die Vorschriften gelockert: Edinburgher Pubs haben in der Regel bis 1 Uhr nachts geöffnet.

Statue von Walter Francis Montagu Douglas Scott, fifth Duke of Buccleuch, vor der St Giles' Cathedral.

5 *** **St Giles' Cathedral** Mitten auf der Royal Mile, zwischen viktorianischen Häusern, steht die St Giles' Cathedral, die Mutterkirche des schottischen Presbyterianismus – gedrungen und ohne richtigen Kirchturm, dafür aber fällt ihre offene Steinkrone schon von Weitem auf. Giles (im deutschen Sprachgebrauch: Ägidius von St. Gilles) ist der Schutzpatron der Aussätzigen und Krüppel. Vielleicht ist die Bezeichnung »Kathedrale« etwas übertrieben, denn nur für wenige Jahre befand sich hier der anglikanische Bischofssitz. Zwar stand dort schon im Jahr 854 eine Kirche, doch bauliche Andenken gibt es keine mehr, die ältesten Relikte stammen von 1120 – eine Kirche im normannischen Stil, die die Engländer niederbrannten. Der nüchterne Neubau im Stil der Gotik dürfte dem Reformator John Knox gefallen haben, der von der Kanzel gegen Lebenslust und Hedonie wetterte.

Eine eigene Kapelle für den Distelorden: Thistle Chapel in der St Giles' Cathedral.

Die St Giles' Cathedral wurde ab 1120 auf einer Kapelle aus dem 9. Jahrhundert errichtet.

*** Thistle Chapel** Löwe, Labrador, geflügeltes Fabeltier, geballte Faust oder gleich die ganze Welt unter einem Regenbogen – die Vielfalt der Wappen in der Thistle Chapel ist groß. Wessen Wappen dort hängt, der ist amtierender Ritter vom Distelorden, Schottlands höchstem Ritterorden. Neben dem König und den Prinzen zählt der noble Club – das schottische Pendant zum englischen Hosenbandorden –, nur 16 Ritter und Nobeldamen sowie einige ausländische Monarchen. Jedes Mitglied verfügt über einen mit Schnitzereien verzierten Kirchenstuhl, den die eigene Wappenfigur krönt. Wer kein Wappen hat, muss sich eines ausdenken oder kopieren, wie den springenden Jaguar, der die Lieblingsautomarke eines Ritters symbolisieren soll. Der schottische Architekt Robert Lorimer entwarf die Pläne für die 1911 fertiggestellte Kapelle, in der sogar mit einem Kilt bekleidete Engel Dudelsack spielen.

Florales Meisterwerk aus Stein und Holz: Thistle Chapel im Stil der Arts-and-Crafts Bewegung.

Im Grün der Princes Street Gardens gibt es Statuen bedeutender Männer zu bestaunen, so etwa Sir Walter Scott und David Livingstone.

Hinter dem verspielten Ross Fountain erhebt sich mächtig das Edinburgh Castle.

The Ross Theatre

Die Open-Air-Konzertarena der West Princes Street Gardens in der New Town bietet bis zu 2000 Besuchern Platz. Der Veranstaltungsort beeindruckt durch seine Lage mit dem Edinburgh Castle als imposanter Kulisse und den grünen und sanften Hügeln des Edinburgh Castle Garden. Die Tribünen und der terrassierte Bereich wurden 1935 entworfen. Ausgangsbasis war der Konzertpavillon, der bereits 1877 erbaut wurde und ein Geschenk von William Henry Ross, dem Vorsitzenden der Distillers Company, an die Stadt war. Das Ross Theatre ist berühmt für sein jährlich im September stattfindendes Edinburgh International Festival Fireworks Concert. Ebenso gibt es hier typisch schottische Unterhaltungsabende mit Musik und Dichterlesungen und das Edinburgh Jazz Festival sowie viele weitere Events.

6 *** **Princes Street Gardens** Im Sommer werden die Princes Street Gardens zum Freiluftwohnzimmer der Edinburgher. Zahlreichen Stände bieten kühle Getränke, Eis und heiße Würstchen an, Dudelsackspieler unterhalten Sonnenanbeter und die Konzerte und Aufführungen unter freiem Himmel im Ross Theatre sind schnell ausverkauft. Malerisch liegen die Gärten mit ihren Denkmälern und Brunnen zu Füßen der Altstadt und von Edinburgh Castle. Um die Nordseite der Festung zu schützen, ließ König James III. einen See anlegen. Später verkam Nor'Loch zu einer Abwassergrube der Old Town. Das Schlammloch stank nicht nur gewaltig, sondern stand auch dem Bau der New Town im Weg, weshalb man es trockenlegte. Nur einen Steinwurf entfernt tobt das Leben – Edinburghs Haupteinkaufsstraße, die Princes Street, verläuft parallel zum Park.

7 ** **Ross Fountain** Der vor Ort ansässige Waffenbauer Daniel Ross entdeckte die Brunnenskulptur aus Gusseisen 1862 auf einer Messe in London, kaufte sie und vermachte sie der Stadt Edinburgh. Der aus 122 Einzelteilen bestehende Brunnen stellt an der Basis Nixen und Löwenköpfe dar. An der Spitze prangen vier weibliche Figuren, die Wissenschaft, Kunst, Poesie und Industrie symbolisieren.

Naturidylle: Flanierwege und Bänke laden in den Princes Street Gardens zum Verweilen ein.

Princes Street Gardens: The Mound

Zu jeder Jahreszeit prächtig: Die Princes Street Gardens erstrecken sich entlang der südlichen Seite der Princes Street und werden durch einen künstlichen Hügel (The Mound) in einen Ost- und einen größeren Westteil geteilt. Insgesamt 154 000 Quadratmeter schönste Natur zum Erholen, Spaziergehen oder Genießen von zahlreichen Freiluft-Events. Eine Oase mitten im Herzen der Stadt.

St Andrew Square ehrt mit einer Säule den Politiker Henry Dundas, erster Viscount Melville.

An der Ecke George/Hanover Street wacht König George IV., der 1822 Schottland besuchte.

8 *** **New Town** Trotz sinkender politischer Bedeutung nach der Union mit England im Jahr 1707 blieb Edinburgh ein wichtiges kulturelles Zentrum. Gegen Ende des 18. Jahrhunderts wurde die georgianische Neustadt mit den rechtwinklig angelegten Straßen gen Norden errichtet. Entlang der Princes Street reihen sich einige sehenswerte Denkmäler und Monumente aneinander; sie trennt Edinburghs Altstadt von der Neustadt. Als sie in der zweiten Hälfte des 18. Jahrhunderts angelegt wurde, waren die Häuser als Wohnraum gedacht. Dies mag heute erstaunen, denn die Straße hat sich zur wichtigsten Einkaufsmeile der Stadt entwickelt. Doch wer sich von Konsumtempeln nicht vollständig ablenken lässt, findet auch viel Interessantes und Sehenswertes, etwa die Royal Scottish Academy und die National Gallery of Scotland sowie das Balmoral Hotel.

9 *** **Princes Street** Sie ist wohl eine der bekanntesten Straßen in Edinburgh und bietet die spektakulärsten Ausblicke über die Princes Street Gardens hinweg zum Castle. An ihrem Ostende liegt der Calton Hill. Entlang der Straße locken etliche Shops mit ganz unterschiedlichen Preissegmenten. Dazwischen lässt sich in zahlreichen Cafés und Restaurants pausieren. Das Princes Mall Shopping Centre steht am Bahnhof.

10 * **Balmoral Hotel** Bis 1980 gehörte das Balmoral der North British Railway, die es unter dem Namen North British Hotel als Eisenbahn-

Hier werden junge schottische Künstler gefördert: Eingang der Royal Scottish Academy of Art an der Princes Street

Die auf der Turmuhr des Balmoral Hotel angezeigte Zeit stimmt nicht exakt. Schon seit 1902 sorgt man dafür, dass die Zeiger etwas zu schnell laufen. Schließlich war die Edelherberge einmal ein Eisenbahnhotel und man wollte, dass Passagiere pünktlich am Zug waren.

hotel erbaute. Nachdem eine Hotelgruppe das Gebäude 1983 aufkaufte, ging es als Balmoral Hotel in Betrieb. Es zählt zu den luxuriösesten Hotels in Schottland. Heutzutage ist der Zugang nicht mehr vom Bahnhof, sondern von der Princes Street aus.

11 * St Andrew Square Zunächst als reines Wohngebiet mit Platz und Parkanlage in der ab 1772 neu gebauten New Town konzipiert, wandelte sich der St Andrew Square mit der noblen George Street im östlichen Teil zum Finanzviertel. Das Melville Monument in den St Andrew's Gardens ist das weithin sichtbare Wahrzeichen.

12 * Scott Monument Das begehbare und zu Ehren von Sir Walter Scott 1846 eingeweihte Monument steht zentral an der Princes Street in der Nähe der Waverley Station. Unübersehbar überragt es mit seinen 61 Metern die Princes Street Gardens. Gegen ein geringes Entgelt kann man über 287 Stufen bis zur höchsten Aussichtsplattform gelangen.

Waverly Station

Der Hauptbahnhof von Edinburgh ist nach Walter Scotts Novelle »Waverley« (1814) benannt. Flächenmäßig ist er der zweitgrößte englische Bahnhof nach London Waterloo. Waverley hat das zweitgrößte Passagieraufkommen Schottlands, nach Glasgow Central. Direkt im Zentrum der schottischen Hauptstadt gelegen, befindet sich der Bahnhof in einem Talkessel zwischen der Old Town und der New Town und bildet die Verlängerung der Princes Street Gardens. Zuvor befand sich hier ein See, das Nor'Loch. Ab 1820 begann man mit der Trockenlegung des Talkessels. Ab dem Jahr 1854 legte man die drei am Ende des Parks entstandenen Bahnhöfe zusammen und gründete Waverley. Im viktorianischen Stil erbaut, wurde die Station im späten 19. Jahrhundert erweitert.

Edinburghs Kunstmuseen

Ein Kultururlaub in Edinburgh kann sehr lange dauern, weist die Stadt doch eine stattliche Anzahl an Museen auf. Da ist natürlich die schottische Nationalgalerie, die Werke vom 18. Jahrhundert bis in die Gegenwart zeigt. Oder die Talbot Rice Gallery für moderne Kunst, die als Teil der Universität im Old College untergebracht ist. Schon die Gänge und

Höfe, von Säulen flankiert, sind ein Erlebnis. Die Scottish Gallery konzentriert sich auf zeitgenössische Kunst Schottlands, die Dean Gallery gegenüber der Nationalgalerie auf surrealistische und dadaistische Werke. Nicht zu vergessen das Royal Museum. Die weiße Haupthalle mit gläsernem Dach gehört zu den schönsten Plätzen in der Stadt. Eine Abteilung beschäftigt sich mit Mode und Kunstdesign, eine andere mit den Kulturen verschiedener Völker. St Cecilia's Hall Museum of Instruments, eine Ausstellung alter Tasteninstrumente, das City Art Centre oder das Writers' Museum, das den schottischen Schriftstellern Sir Walter Scott, Robert Burns und Robert Louis Stevenson gewidmet ist, runden das Angebot ab.

Klein-Athen auf dem Calton Hill: Das National Monument of Scotland ist bis heute eine Bauruine.

Die Portugiesische Kanone auf dem Calton Hill – ein Geschenk an die Stadt Edinburgh 1886.

13 *** **Calton Hill** Von ihm aus genießt man zuerst die »Kronen« der Stadt: Edinburgh Castle auf seinem Fels, die Spitze des Scott Monument und links daneben den Turm des Balmoral Hotel. Als Aussichtspunkt bei den Besuchern besonders beliebt, reicht von hier aus der Blick über die ganze Stadt und noch viel weiter: Richtung Westen schaut man über Corstorphine Hill bis zum Cairnpapple Hill. Bei gutem Wetter reicht die Sicht bis North Berwick und dem Bass Rock, ebenso zum Hafen von Leith und der Insel Inchkeith, bis hin zur Küstenlinie von Fife. Mit seiner Höhe von 103 Metern bildet Calton Hill (auch Caltoun oder Caldoun genannt) neben Arthur's Seat und dem Castle Rock die markanteste Erhebung der Stadt Edinburgh. Am östlichen Ende der Princes Street gelegen, bietet der Hügel auch eine ganze Reihe von bedeutsamen Bauwerken.

14 * **St Andrew's House** Einst war es der Sitz der schottischen Regierung. Das Parlament zog aber nach Fertigstellung in das neue Gebäude beim Holyrood Palace ein. Unterhalb des St Andrew's House befinden sich die Glasdächer der Waverley Station, dahinter liegt die North Bridge, und darüber wacht das Edinburgh Castle.

Calton Hill: St Andrew's House mit Nelson Monument im Hintergrund. Links das markante, 27 Meter hohe Political Martyrs' Monument.

15 ** **National Monument** Die seit 1829 unvollendet gebliebene Säulenhalle war dem Parthenon in Athen nachempfunden und sollte zur Ehrung der Gefallenen der Napoleonischen Kriege dienen. Höchst umstritten bleibt, dass das Ehrenmal aus Geldmangel nicht beendet wurde. Seitdem bezeichnet es die Bevölkerung Edinburghs auch ironisch als Schottlands »folly« (Narrheit).

16 *** **Nelson Monument** Das sogar vom Firth of Forth aus sichtbare Monument auf dem Calton Hill wurde 1807 zu Ehren von Admiral Horatio Nelson als Nachbildung seines Teleskops erbaut. Nelson starb 1805 in der Trafalgar-Schlacht und wurde zum Nationalhelden. Bewältigt man die 143 Treppenstufen hinauf, eröffnet sich ein spektakuläres Panorama über ganz Edinburgh.

17 *** **Old Observatory** Zur Zeitmessung erbaut, wurde es 1852 mit dem Nelson Monument verbunden. Das Zeitzeichen ist ein Ball, der täglich um 12 Uhr niedersaust, im Sommer gleichzeitig mit der One O'Clock Gun am Edinburgh Castle. Es diente ehedem der Synchronisation der Chronometer und der Navigation der in Leith Harbour ankernden Schiffe. Der »Time Ball« hat das immense Gewicht von 762 Kilogramm.

Das Dugald Stewart Monument gedenkt des schottischen Philosophen und thront seit 1831 auf dem Calton Hill über der Stadt.

An einem klaren Tag breitet sich die ganze Schönheit Edinburghs zu Füßen von Arthur's Seat aus. Der Berg – Luftlinie etwa 2,5 Kilometer von Edinburgh Castle entfernt – ist der Rest eines 350 Millionen Jahre alten Vulkansystems, dass durch die Gletscher der Eiszeit geformt wurde.

Von der mittelalterlichen Holyrood Abbey sind heute nur noch Ruinen erhalten.

18 * Holyrood Palace** Die offizielle Residenz der britischen Königsfamilie in Schottland steht in Abwesenheit der Royals für Besichtigungen offen. Die meisten Besucher interessieren sich aber nicht für diese, sondern eher für eine andere Bewohnerin des Palastes: In Holyrood House residierte zwischen 1561 und 1567 Maria Stuart. Hier heiratete sie in zweiter Ehe Lord Darnley, hier musste sie mit ansehen, wie ihr Privatsekretär und vermutlicher Liebhaber David Rizzio hinterrücks erstochen wurde. Im Nordwestturm des Palastes sind einige Erinnerungsstücke ausgestellt. Der größte Teil des Schlosses wurde erst rund 100 Jahre nach dem Tod der berühmten Königin errichtet. Die Räumlichkeiten sind mit kostbaren Möbeln, Teppichen und Gemälden ausgestattet. Das Schloss ging aus

Der Holyrood Palace am östlichen Ende der Royal Mile ist die Residenz des britischen Königs in Schottland.

dem Gästehaus einer Abtei, der Holyrood Abbey, aus dem 12. Jahrhundert hervor, deren Ruinen zu besichtigen sind.

19 ** **Holyrood Abbey** wurde der Legende nach im Jahr 1128 von König David I. erbaut: Als ein Hirsch den König angreifen wollte, blitzte am Himmel plötzlich ein Kreuz auf, blendete das Tier und schlug es in die Flucht. Dies nahm der König zum Anlass, hier die Holyrood Abbey zu erbauen. Ihr Name bedeutet »Heiliges Kreuz«. Die Abtei wurde zunächst vom Augustinerorden geführt. Auch das schottische Parlament tagte hier. Um 1500 ließ James IV. das Gästehaus der Abbey umbauen. Daraus entstand die Residenz der schottischen Könige. Die Ruine der Abteikirche ist seit 1768 dem Zerfall preisgegeben.

1768 brachte ein Orkan das Dach der Holyrood Abbey zum Einsturz, seitdem verfällt sie.

Dynamic Earth

Am Fuß der Holyrood Road und in der Nähe des Parlaments sowie des Holyrood Palace gelegen, fallen als Erstes die riesigen weißen Stoffdächer der von den Architekten Michael Hopkins and Partners entworfenen Besucherattraktion auf, die in imposantem Kontrast zum gleich dahinter aufragenden Arthur's Seat stehen. Seit 1999 werden hier geowissenschaftliche Zusammenhänge interaktiv und in leicht verständlicher Weise für alle Altersgruppen dargestellt. Vom Urknall über die Entstehung von Planeten, die Entwicklung der Erde, den Zusammenhang von geologischen Kräften bis hin zu den Auswirkungen von Umwelteinflüssen auf das Klima, auch im Hinblick auf die Zukunft – hier können Sie sich umfassend informieren, unter anderem mithilfe digitaler 360-Grad-Kuppeltechnologie.

Das größte seiner Art in Großbritannien: das Temperate Palm House im Royal Botanic Garden, errichtet 1858.

Unter der Glaskuppel des Palmenhauses sind zahlreiche Farne und meterhohe Pflanzen zu bewundern.

20 * Royal Botanic Garden** Von den Einheimischen kurz »The Botanics« genannt, hat der botanische Garten neben dem Erholungswert für seine Besucher auch einen hohen Stellenwert in wissenschaftlicher Hinsicht. Edinburgh ist beim Thema Botanik führend vor drei weiteren Royal Botanic Gardens in anderen Städten und »The Botanics« gilt sogar als eines der wichtigsten botanischen Zentren weltweit. Seit 1820 befindet sich der Garten an diesem Platz – knapp 1,5 Kilometer außerhalb des Stadtzentrums –, nachdem 1670 die erste Anlage dieser Art nahe des Holyrood Palace begründet wurde. 35 000 Pflanzenarten wachsen hier. Das Herbarium hat eine für die Wissenschaft wertvolle Sammlung von 2 Millionen Proben an Pflanzenarten. Die Bücherei ist eine Referenzbibliothek rund um Botanik und Gartenbau. Der Eintritt ist frei, nur der Besuch des Palmenhauses ist kostenpflichtig.

Das Inverleith House im Royal Botanic Garden war einmal eine Kunstgalerie.

21 ** Queen Street Gardens Entlang des nördlichen Teils der Queen Street, im Herzen der New Town, liegen sie, die insgesamt drei Parks, die im frühen 19. Jahrhundert als öffentliche Anlagen konzipiert wurden. Fast so groß wie die Princes Street Gardens sind die entlang der Queen Street allerdings privat und nur den Anliegern vorbehalten. Für Geduldige gibt es aber einmal im Jahr die Möglichkeit, hinter die schmiedeeisernen Geländer der Queen Street Gardens zu gelangen. Am Doors Open Day im September kann dann auch die Öffentlichkeit solche Schönheiten wie einen im östlichen Teil der Gardens errichteten griechischen Tempel aus der Nähe bewundern, der landschaftlich eindrucksvoll mit Alleen von alten Bäumen gestaltet ist, oder den Teich, an dem Robert Louis Stevenson, Schöpfer der »Schatzinsel«, als Junge spielte.

Ein weiterer Ruheort in Edinburghs zahlreichen Parklandschaften: der Royal Botanic Garden.

Der Hafen in Leith: Hier liegt auch die königliche Yacht »Britannia« als Museumsschiff vor Anker.

22 *** **Dean Village** Eine Städtereise ist eher aufregend als entspannend. Wer in Edinburgh genug vom Trubel hat, muss nur wenige Schritte von der Princes Street nach Nordwesten gehen, dann erreicht er eine Oase dörflich-ruhigen Lebens: Dean Village. Die Ansiedlung entstand bereits im Mittelalter, als hier in der Senke mehr als zehn Mühlen standen, die vom Wasser des Flüsschens Leith angetrieben wurden. Einige Mühlsteine sind noch hier und da zu sehen. Nicht die einzige Sehenswürdigkeit: Auch die vierbogige Brücke gehört dazu, die seit 1912 mit einer besonders hohen Brüstung versehen wurde, um Selbstmorde zu verhindern, und natürlich die Dean Gallery in ihrem klassizistischen Prachtbau, das schottische Nationalmuseum, der Friedhof oder die Daniel Stewart School locken Besucher an. Malerisch ist auch das einstige Arbeiterwohnhaus Well Court, das 2007 detailgetreu restauriert wurde.

Linlithgow Palace

Rund 25 Kilometer vor den Toren Edinburghs liegt der Ort Linlithgow. Neben modernen Wohnanlagen stehen hier Häuser aus dem 16. Jahrhundert. Kein Wunder, handelt es sich doch um einen alten Königssitz. Augenfälligster Zeuge dieser Epoche ist die Ruine von Linlithgow Palace, dem einstigen »Versailles« der Könige Schottlands. Keine Geringere als Mary Queen of Scots wurde hier geboren, besser bekannt als Maria Stuart. Die Vier-Flügel-Anlage mit ihren Türmen liegt eingebettet in den Peel Park oberhalb von Linlithgow Loch. Bei einer Besichtigung ist noch viel von dem Sandsteinbau zu sehen, etwa Tore mit bunten Wappen, Höfe, Brunnen, Reste königlicher Gemächer mit Kaminen und Sitzbänken in den Fensternischen. Das denkmalgeschützte Schloss wird nicht nur sorgsam instandgehalten, sondern auch Stück für Stück restauriert.

23 ** **Leith** Dieser Stadtteil von Edinburgh, im 13. Jahrhundert selbstständig und von großer wirtschaftlicher Bedeutung, hat etwas mit Lübeck gemein: Nicht nur einen Fluss, der zu einigem Wohlstand beigetragen hat, sondern auch französischen Wein, den man in Kellern unter der Stadt lagerte und, zu ganz neuer Qualität gereift, verkaufte. Es erstaunt nicht, dass sich der Hafen rasch entwickelte, dass Werften entstanden und sich Industrie ansiedelte. Der Fluss Leith, der in den Pentland Hills, einer Hügelkette, entspringt und in den Firth of Forth mündet, ist allerdings nicht ausschließlich der Wirtschaft vorbehalten. Auch als Naturparadies, in dem Reiher und Eisvogel zu Hause sind, hat er große Bedeutung. Wanderer erkunden ihn auf dem rund 20 Kilometer langen Water of Leith Walkway, der direkt am Edinburgh Castle vorbeiführt und ein eigenes Besucherzentrum besitzt.

Hinterhofidylle in Dean Village.

Heute begehrtes Wohnviertel der gehobenen Kategorie für ruhesuchende Städter: Dean Village.

Einige der malerischsten Häuser Edinburghs sind am Water of Leith zu besichtigen, so etwa der 1886 errichtete Well Court.

Unterwegs in Midlothian und East Lothian

Die Lothians könnte man als »das schottische Flachland« bezeichnen. Im Norden wird diese Region vom Meeresarm Firth of Forth, der wirtschaftlich wichtigsten Bucht an der schottischen Ostküste, begrenzt, im Süden von den Pentland Hills.

Eine der schönsten und ältesten erhaltenen Kirchen Schottlands: die gotische Rosslyn Chapel.

**** Pentland Hills** Hügel, die sich weit über 500 Meter hoch in den schottischen Himmel recken, weite Täler und immer wieder Wasser – das sind die Pentland Hills, kurz »Pentlands« genannt. Die Bergkette, die aus vulkanischem Material und überwiegend aus Sandstein besteht, erstreckt sich von den Central Lowlands in die Southern Uplands südlich von Glasgow und Edinburgh. Die höchste Erhebung ist der 579 Meter hohe Scald Law im Westen von Midlothian. Der niedrigste Gipfel des Left Law bringt es nur auf 360 Meter. Wanderer mit den unterschiedlichsten Ansprüchen und Voraussetzungen kommen also auf ihre Kosten. Das Wegenetz des Pentland Hill Regional Park umfasst rund 100 Kilometer. Auch Angler, Reiter und Radfahrer finden allerbeste Bedingungen vor. Schafe und Rinder leben artgerecht auf den Weiden. Ihr Fleisch wird von den Landwirten direkt vor Ort vermarktet.

***** Rosslyn Chapel** Südlich von Edinburgh hütet Roslin, eine ehemalige Bergarbeitersiedlung, einen weltberühmten Schatz, der durch den Bestsellerautor Dan Brown und seinen (unter dem Titel »The Da Vinci Code« auch verfilmten) Bestseller »Sakrileg« neue Aufmerksamkeit erlangte: die Rosslyn Chapel, eine der mythenumwobensten Kirchen Europas. Im Jahr 1450 stiftete der dritte Graf von Orkney, William Sinclair, die Kapelle, deren Bauarbeiten aber nur bis zu seinem Tod 1484 andauerten; sie blieb unvollendet. In der nur 21 Meter langen Kirche schufen Baumeister und Steinmetze

Das zwischen 1820 und 1824 aufgestaute Glencorse Reservoir diente auch der Wasserversorgung von Edinburgh.

Die Ruine von Crichton Castle: geschätztes Motiv des berühmten Malers William Turner im 19. Jahrhundert.

ein aufwendiges Dekor und allegorische Skulpturen, die bis heute allerlei Rätsel aufgeben. Zu den eher harmlosen unter den vielen Legenden, die sich um diesen Ort ranken, gehört auch, dass die spätgotische »Prentice Pillar«, eine besonders reich verzierte Säule, von einem Lehrling geschaffen worden sei.

**** Crichton Castle** Italienische Kunst mitten in Schottland? Allerdings! Die Burg von Crichton schaut auf eine bewegte Vergangenheit zurück, in der die Besitzer immer wieder wechselten. Bereits im 14. Jahrhundert wurde sie erbaut, dann aber komplett zerstört. Nach dem Wiederaufbau wurden einige Teile hinzugefügt, Ende des 16. Jahrhunderts kam ein Nordflügel hinzu. Dieser wurde nach den Plänen des Earl of Bothwell, des damaligen Besitzers, im Stil der italienischen Renaissance gestaltet. Überreste, wie etwa rautenförmige Verzierungen der Fassade, sind noch heute gut zu erkennen. Wie so häufig in alten schottischen Schlössern, soll es auch in Crichton Castle einen Geist geben, der regelmäßig umgeht. Es soll William Crichton (gest. um 1454), der einstige Kanzler von Schottland, sein, der die Burg erneut errichten ließ, nachdem sie als Akt grausamer Rache völlig zerstört worden war.

Wandern in den Pentlands

Für die Pentlands werden Wanderrouten nach verschiedenen Vorlieben empfohlen, allein vier davon sind geeignet für Familien oder Wanderer, die kürzere Wege bevorzugen. Der Harlaw Woodland Walk geht über etwas mehr als 3 Kilometer und ist besonders für Kinder geeignet, die dabei etwas über die Biodiversität des Gebiets erfahren können. Weitere Themenrouten sind beispielsweise die geführten Wilfred Owen Walks, die den Fußstapfen des Dichters von vor über 100 Jahren folgen. Dabei gibt es sogar die Möglichkeit, an einem Schreib-Workshop teilzunehmen. Alle Wanderungen, auch der moderat über 4 Kilometer zu begehende Weg zum Glencorse View, sind auf detaillierten Plänen festgehalten. Es gibt auch Karten für Reiter und Fahrradfahrer.

Spektakuläre Lage: Bass Rock und Tantallon Castle an der Küste von East Lothian.

Altehrwürdig: Die ältesten Teile von Direlton Castle schützten ihre Bewohner schon um 1240.

Ein keltisches Kreuz und eine Tafel erinnern in North Berwick an die Rettungstat einer Frau 1889.

**** Dirleton Castle** Der älteste Teil der Burg wurde im 13. Jahrhundert von John de Vaux auf den schon vorhandenen Resten einer noch älteren Anlage errichtet. Ein noch erhaltener zylinderförmiger Turm mit drei Stockwerken enthielt die Privaträume und eine große Halle. Typisch für die Historie Schottlands: Auch diese Burg wurde häufig angegriffen und wechselte des Öfteren ihre Besitzer. Ebenso ist über die Jahrhunderte eine Reihe von An- und Umbauten verzeichnet. Nach dem Tod de Vaux' ging der Besitz durch Heirat an die Halyburton-Familie über. Die Burgruine nahe der Ortschaft Dirleton wurde 1971 in die schottische Denkmalliste in die höchste Kategorie aufgenommen. Die einzigartigen Staudenrabatten, die als weitere Sehenswürdigkeit im Bereich des südlichen Innenhofes die Besichtigung hier zusätzlich bereichern, sind als ausgezeichnete Landschaftsgärten registriert.

**** North Berwick** Am südlichen Ufer des Firth of Forth bietet diese schmucke Stadt im Gebiet von East Lothian neben ihren herrlichen Sandstränden in zwei Buchten eine typische Küstenszenerie. Bereits seit dem 19. Jahrhundert ist der nur 40 Kilometer von Edinburgh entfernte Ort daher ein beliebtes Ferienziel. Nur 30 Minuten benötigt man mit dem Zug von Edinburgh nach North Berwick und kann dabei die Aussicht auf den Firth of Forth und den Bass Rock mit seiner größten nördlich gelegenen Basstölpelkolonie genießen, die dieser Insel auch ihren Namen gab. Eine weitere Attraktion für Vogelliebhaber ist das Scottish Seabird Centre. Zudem gewann North Berwick eine Reihe von Preisen für seine blühenden Parkanlagen. Typisch sind die Fish-and-Chips-Shops neben all den netten Cafés und kleinen Läden.

*** Tantallon Castle** Über einen Ringgraben hinweg erreicht man die Burg, die, auf einer hohen Klippe am Firth of Forth gelegen, einen spektakulären Ausblick auf den Bass Rock mit seinen Vogelkolonien bietet. Wahrscheinlich wurde die Anlage von William, dem esten Earl of Douglas, um 1350 errichtet. Infolge jahrhundertelanger Fehden zwischen Schottland und England entstanden immer wieder große Schäden an diesem Bauwerk. Die letzte Belagerung während eines Bürgerkriegs brachte 1650 die Zerstörung von Tantallon Castle, das bis zum heutigen Tag als Ruine zurückblieb. Aber immer noch beeindruckend ist die 15 Meter hohe und 3,5 Meter dicke Ringmauer mit ihren auffallend roten Steinen, die den Eindruck von Unbesiegbarkeit vermittelt. Der Mittelturm mit seinem Torhaus gehört zu den am besten erhaltenen Teilen der einst mächtigen Burg.

East Lothian

East Lothian ist Grafschaft und Verwaltungsbezirk und grenzt an Edinburgh. Die Gegend rühmt sich, Fremden wie auch Einwohnern eine große Vielfalt bieten zu können. Das ist wahr, denn es gehört sowohl der Küstenstreifen am Firth of Forth dazu wie auch ländliche Bereiche mit verträumten Dörfern. Und sie kann auf eine lange Historie verweisen: Bei Ausgrabungen hat man Spuren hier lebender Menschen entdeckt, die auf die Zeit 8300 v. Chr. datieren. Auch in Dirleton Castle trifft man auf bemerkenswerte Spuren schottischer Geschichte: Im Garten dieser Burg, die zu den ältesten des Landes zählt, findet man das größte Staudenbeet der Welt. Oder in Preston Mill: Eine bestens erhaltene Mühle aus dem 18. Jahrhundert erstaunt hier durch ein ungewöhnlich spitzes Runddach – abgesehen davon, dass ihre Lage an einem Mühlteich mehr als romantisch ist.

Highlands

Wohl kaum ein Landstrich ist für Schottland so charakteristisch wie das dünn besiedelte Hochland: Weit weniger dem englischen Einfluss ausgesetzt als der flachere Süden, wurde die naturgewaltige Region über Jahrhunderte von den schottischen Clans bestimmt. Ihre Kultur blieb bis heute erhalten. Die grandiose Landschaft aus Bergen, Tälern und Seen sowie entlang der Küste ist ein Paradies für Wanderer, die die Tier- und Pflanzenwelt hier nahezu ungestört entdecken können, denn nur rund vier Prozent der Schotten leben in den Highlands.

Unterwegs in Argyll and Bute

Die Council Area bietet den meisten Meerzugang – sie reicht mit ihren Inseln weit in die Irische See hinaus. Das Erscheinungsbild ist keltisch geprägt: Irische Mönche begannen von hier aus zu missionieren.

Islay hat alles, was eine schottische Urlaubsinsel ausmacht: schroffe Küsten, geheimnisvolle Burgruinen selbstverständlich inklusive Geisterlegenden, eine intakte Natur, gemütliche Pubs und Whiskydestillerien.

***** Islay** Als südlichste der Inneren Hebriden hat Islay von allen Inseln dieser Gruppe die kürzeste Entfernung zu Irland. Sie ist fruchtbar und das Klima dank des Golfstroms von gemäßigter Natur. Frost im Winter kommt selten vor. Das ermöglicht, dass überall auf der Insel Landwirtschaft betrieben wird. Auch Schafe sind hier allgegenwärtig. Islay ist allerdings weniger für seine Feldfrüchte oder für das Lammfleisch berühmt als vielmehr für seinen Whisky. Acht Brennereien produzieren die wahrscheinlich kostbarsten Tropfen von ganz Schottland, so sagt man. Islays Erfolgsrezept liegt wohl in seiner Vielfalt. Es gibt das Loch Gruinart Nature Reserve – Brutplatz vieler Vogelarten –, das weltweit älteste Wellenkraftwerk, Steinkreise, Menhire und Keltenkreuze, dazu Dunyvaig Castle und Finnlagan Castle sowie einen lohnenden Golfplatz. Nette, lebendige Ortschaften und ruhige, idyllische Seen runden das Bild ab.

***** Kildalton Cross** Das Meisterwerk unter den Keltenkreuzen auf Islay barg bis 1862 ein grausiges Geheimnis: Man fand unter ihm ein weiteres, kleineres Kreuz und zwei Skelette. Stoff für einige Legenden ...

***** Isle of Jura** 100 Menschen, 5500 Rothirsche, ein einziges Hotel, eine Whiskybrennerei – so kann man die Insel Jura beschreiben, die nordöstlich von Islay vor Schottlands Küste liegt. Wer absolute Ruhe sucht, findet sie genau hier. Und natürlich Natur, davon gibt es mehr als genug. Der Aufstieg auf die Paps of Jura, drei Quarzitgipfel im südlichen Teil der Insel, ist nicht nur atemberaubend, sondern auch äußerst anstrengend. Doch er lohnt sich. Bei guter Sicht kann man bis nach Kintyre, Knapdale und manchmal sogar nach Mull schauen. Aber so weit muss man seinen Blick gar nicht schweifen lassen, denn auf Jura selbst findet man mit Loch Tarbert eine Seenlandschaft inklusive Wasserfall, die von einem fernen Planeten stammen könnte. Der Schriftsteller George Orwell nutzte die Ruhe und Inspiration der einzigartigen Insel, um hier seinen Roman »1984« zu verfassen.

***** Isle of Colonsay** Zwischen Mull im Norden und Islay im Süden liegt das kleine Colonsay. Noch kleiner ist das südlich anschließende Oronsay, das mit Colonsay durch einen Damm

Liebliche Heidelandschaft prägt Teile der Isle of Jura.

Aus einem Stück Stein gefertigt: Kildalton Cross.

Georgianisches Kleinod: das Colonsay House mit seinem Rhododendron- und Waldgarten.

verbunden ist. Von Oban und von Kintyre geht die Fähre in den Hauptort Scalassaig an der Ostküste. Selten sind viele Passagiere an Bord, denn Colonsay hat es geschafft, ein Geheimtipp zu bleiben. Das könnte an der geringen Bettenanzahl liegen, die verhindert, dass sich viele Gäste gleichzeitig für längere Zeit einnisten. Wer eine der raren Übernachtungsmöglichkeiten nutzt, findet sich in einem Paradies wieder: ein wenig Heide, ein paar Erhebungen, die nie den Blick versperren, Vogelkolonien, die sich von Menschen kaum stören lassen, traumhafte Sonnenuntergänge – das alles kann man auf Colonsay noch nahezu allein genießen.

*** Colonsay House** Der zentrale Teil des schmucken Landhauses im georgianischen Stil datiert auf das Jahr 1722, als es auf Colonsay errichten wurde. Es wird derzeit vom 5. Baron Strathcona and Mount Royal bewohnt, aber der als einer der schönsten Rhododendrongärten Schottlands geltende Park kann besucht werden.

Corryvreckan-Strudel

Die Meerenge im Westen Schottlands zwischen den Inseln Scarba und Jura ist berühmt-berüchtigt wegen ihrer weltweit mit am stärksten und gefährlichsten Turbulenzen: Die Strömung bei Flut im engen Jura-Sund kann sogar bis zu 9 Meter hohe Wellen aufwerfen. Kein Seefahrer sollte diese Passage ohne Kenntnisse befahren, zu groß sollen die teils gewaltigen Strudel und deren Kräfte sein. Während der Zeit des Neumondes, wenn die Gezeitenströme bekanntlich besonders stark sind, wird die Gefahr noch erhöht. Der Reiz des »Kessels des gefleckten Meeres«, wie die Straße von Corryvreckan aus dem Gälischen übersetzt heißt, kann aber auch für Nervenkitzel und ein besonderes Abenteuer genutzt werden: Von Islay aus geht es mit Spezialbooten in den gurgelnden Mega-Whirlpool.

In der Bucht von Lagavulin, auf der Inneren Hebrideninsel Islay, ist neben den Ruinen von Dunyvaig Castle auch die Destillerie Lagavulin zu finden. Wie bei den direkten Nachbarn Laphroaig und Ardbeg werden hier die weltberühmten Islay-Whiskys mit der torfigen Note gebrannt.

»My desire is always to be here« – so besang Ex-Beatle Paul McCartney 1977 die Landschaft bei Skipness in seinem Top-Hit »Mull of Kintyre«.

***** Kintyre Peninsula** Diese Halbinsel ist wohl vielen ein Begriff, wurde sie doch von Paul McCartney mit einem Song geehrt, der ein Stück Popgeschichte schrieb. Genauer gesagt das »Mull of Kintyre«, jenes Südkap der Landzunge, das die geringste Entfernung zu Nordirland hat. Darüber hinaus zucken die meisten jedoch ein wenig hilflos mit den Schultern, dabei lohnt es sich, die längste Halbinsel Schottlands zu bereisen, die nur durch eine schmale Verbindung an Knapdale festhält. Steinkreise erzählen von erster Besiedlung, Burgen und Schlösser sind sehenswerte Zeugen schottischer Geschichte. Auf sanft hügeligem Weideland grasen Rinder und Schafe. Produkte aus ihrer Milch, vor allem der kräftige Campbeltown-Käse, werden ebenso geschätzt wie das Fleisch. An der Küste findet man verträumte Buchten und nette kleine Badeorte. Dort kann man wunderbar allerlei Meeresgetier essen, das von lokalen Fischern gefangen wird.

***** Mull of Kintyre** Die südliche Spitze der Halbinsel Kintyre erreicht man über eine steile, einspurige Straße. Doch die nervenaufreibende Fahrt bis zum Mull of Kintyre Lighthouse lohnt sich – bei dem überwältigenden Blick auf die Antrim-Küste Nordirlands sowie auf Rathlin Island vom Leuchtturm aus. Auch das Klima ist ein ganz eigenes, meist wärmer als im übrigen Schottland, hier und da wachsen sogar Palmen. Die gesamte Gegend um das Kap bietet ein spektakuläres Panorama: Lange Sandstrände verlaufen entlang der wilden Steilküste. Im Süden der Halbinsel sollen Fergus Mór Mac Eirc

Golf

Von den mehr als 550 Golfplätzen in Schottland befinden sich einige der weltweit ältesten und bekanntesten in den Highlands. Zu den absoluten Highlights zählen vor allem Macdonald Spey Valley und Boat of Garten. Dass der Sport aber wirklich in Schottland erfunden wurde, darf bezweifelt werden. Die Schotten selbst pochen darauf, dass es unzählige Varianten des Spiels in den verschiedensten Ländern gegeben haben soll, doch nur die schottische diejenige sei, welche bis heute üblich ist. Sicher scheint zu sein, dass britische Monarchen gern zum Schläger griffen und selbst Maria Stuart – sogar nach dem Tod ihres Mannes, was ihr nicht gerade Freunde beschert hat – den Sport aktiv betrieben haben soll. Ob es um den ersten Caddie geht oder um das älteste Damenturnier – immer wird es in Schottland verortet.

Tarbert ist bekannt für Fischspezialitäten.

Von oben nach unten: Campbeltown Loch, Skipness Castle, Campbeltown.

und die Skoten im 5. Jahrhundert v. Chr. Schottland seinen Namen gegeben haben, und der mysteriöse Fußabdruck in Stein, ein paar Kilometer weiter östlich, zwischen der Kiel Cave und der St Columba's Chapel, steht möglicherweise mit diesem Ereignis in Zusammenhang.

*** Skipness Castle** Von der Burgruine aus, nahe des Ortes Skipness auf der Halbinsel Kintyre gelegen, bietet sich ein herrlicher Blick auf die Insel Arran. Im 13. Jahrhundert vom Clan MacSween erbaut, wurde die immer noch trutzig wirkende Verteidigungsanlage mit ihren massiven Mauern bereits im 17. Jahrhundert aufgegeben.

**** Tarbert** Ein schmales Landstück zwischen Wassern, die Verbindung zwischen den Halbinseln Knapdale und Kintyre – das ist die Stelle, wo man das 1300 Seelen zählende Städtchen Tarbert findet. Und genau diese Lage vor den Toren der Inneren Hebriden hat es im 13. Jahrhundert zu einem strategisch wichtigen Posten gemacht. Von Tarbert Castle – einer von ehemals drei (!) Burgen im Ort –, sind heute nur noch einsturzgefährdete Mauerreste übrig. Die schwindende politische Bedeutung konnte Tarbert durch eine boomende Fischerei ausgleichen. Als diese auch zu Boden ging, rappelte sich der Ort auf und setzte auf Tourismus – mit Erfolg: Zwar ist die Stadt selten überlaufen, doch zieht sie im Laufe jeden Jahres immer wieder genügend Menschen an. Zum Beispiel beim Mitte September stattfindenden Tarbert Music Festival oder zur Messe am letzten Donnerstag im Juli, die es seit 1705 gibt.

Der erste Waldpark des Vereinigten Königreichs: Argyll Forest Park

***** Isle of Bute** Was in der gesamten Region häufig beobachtet werden kann, trifft auch auf die Insel Bute zu: Highlands und Lowlands beanspruchen jeweils einen Teil für sich und sorgen dafür, dass das Eiland im Norden hügelig – mit dem Windy Hill misst die größte Erhebung etwas über 270 Meter –, im Süden dagegen flacher ist. Der Norden der rund 122 Quadratkilometer großen Bute wird gewissermaßen von der Südspitze Cowals eingerahmt. Eine der bedeutenden Sehenswürdigkeiten liegt im Hauptort Rothesay, in dessen Hafen die meisten Fähren anlegen: Rothesay Castle, das zu den am besten erhaltenen Burgruinen des Landes zählt. Ebenfalls an der Ostküste liegt der Badeort Kerrycroy. Das Wetter muss jedoch perfekt mitspielen, damit man ins Wasser gehen kann, denn Bute ist im Sommer kühler als der Rest Schottlands – im Winter dafür gut 10 Grad wärmer.

***** Cowal Peninsula** Obwohl die Halbinsel kaum mehr als eine Stunde von Glasgow entfernt ist, liegt sie in einem Dornröschenschlaf. Unverständlich, denn sie bietet eine landschaftliche Vielfalt, die ihresgleichen sucht. Da sind die hübschen maritimen Orte im Süden und die hohen Berge im Norden. Einen großen Bereich dazwischen nimmt der Argyll Forest Park ein, den es bereits seit 1935 gibt, der älteste dieser Art. In seinen dichten Wäldern und offenen Tä-

Ein langer traumhafter Moment, wenn man auf der B836 an ihm entlangfährt: Loch Tarsan.

lern leben Rotwild und Eichhörnchen. Ein Schatz, den Cowal hütet und pflegt, sind seine verschiedenen Gärten und Parks. Darunter das Kilmun Arboretum, im Forest Park gelegen, in dem man über 160 Baumarten bestaunen kann. Oder den Ardkinglas Woodland Garden mit den höchsten Bäumen Großbritanniens. Oder wie wäre es mit den Benmore Botanic Gardens, die zu den Royal Botanic Gardens gehören? 250 Rhododendrenarten gedeihen hier.

***** Helensburgh: Hill House** Charles Rennie Mackintosh, 1868 in Glasgow geboren, war das, was man ein Multitalent nennt: Architekt und Innenarchitekt, Maler und Designer. Neben der Glasgow School of Art ist das Hill House möglicherweise sein Meisterstück. Es entstand zwischen 1902 und 1904 in Helensburgh für den Verleger Walter Blackie und dessen Familie. Traditionelle schottische Architektur trifft hier auf japanische Einflüsse. Mackintosh hat sowohl das Gebäude selbst als auch den Garten entworfen ebenso wie die Innenausstattung, bei der ihn seine Frau unterstützte. Von ihr stammen viele Textilien sowie das Wandbild über dem Kamin. Klare Formen, ein gekonntes Spiel mit Kontrasten, wie etwa weiße Räume mit fast schwarzer Eichentäfelung, und auch das Lichtkonzept sorgen für ein einzigartiges Wohngefühl, das bei einer Besichtigung nachempfunden werden kann.

Cowal Highland Gathering

An der wunderschönen Westküste in Dunoon, Argyll, gelegen, zählt diese Veranstaltung zu den weltweit größten Highland Games, die bereits seit 1894 stattfinden. Einige der besten Dudelsackspieler des Landes sind hier zu bewundern, in Gruppen oder als Solisten. Außerdem führen traditionelle wie schwungvolle Highland-Tanzgruppen ihre Künste auf, die hier im Rahmen einer Weltmeisterschaft ausgetragen werden. Es gibt ebenso beeindruckende Vorführungen von Schwergewichtsathleten. Gälische Musiker und Dichter begeistern mit ihren Darbietungen. Paraden und Feuerwerke runden die für die ganze Familie geeigneten Highland Games ab. Jedes Jahr im August erfreuen sich etwa 23 000 Besucher an dieser einzigartigen Atmosphäre.

Mackintoshs' Meisterstück: das Hill House in Helensburgh.

Rothesay auf der Isle of Bute mit Blick auf die Cowal-Halbinsel.

Charles Rennie Mackintosh

Der von Mackintosh geprägte »Glasgow Style« kann in Form von Gebäuden, Möbelstücken und anderen Kunstwerken bis heute bewundert werden. Eine seiner herausragendsten Arbeiten ist die Glasgow School of Art (1897 begonnen), deren Architektur mit Jugendstilelementen den Übergang von der viktorianischen Bauweise zur Moderne markiert. Das Markenzeichen von Mackintosh, dem wichtigsten Vertreter der britischen »Arts-and-Crafts-

Bewegung«, ist das Quadrat, in Glasgow an der Fenstergestaltung bereits erkennbar. Mit seiner späteren Ehefrau Margaret MacDonald sowie deren Schwester Frances MacDonald und James Herbert McNair gründete Mackintosh die Künstlergruppe »The Four«. Gemeinsam gaben sie den Einrichtungstrend des aufsteigenden Bürgertums der damaligen Zeit vor. Entscheidenden Erfolg hatte Mackintosh später auch mit der Einrichtung der Teesalons, die Catherine Cranston zwischen 1982 und 1910 eröffnete. Dafür designte er die bekannen Willow Chairs mit gebogener Rückenlehne, die bis heute nachkonstruiert werden. Über die Jahre geriet Mackintosh immer tiefer in die Alkoholsucht, was seine Auftragslage gründlich verschlechterte. Ab 1915 lebte er mit seiner Ehefrau in London, zeichnete und verkaufte Aquarelle. 1928 starb er verarmt an Zungenkrebs.

Von Menschenhand geschaffen, der Natur nachempfunden: Crarae Garden.

**** Loch Fyne** Östlich von Argyll und Knapdale erstreckt sich der Loch Fyne auf 65 Kilometer Länge indirekt bis in die Irische See. Da der Meeresarm einen permanenten Süßwasserzufluss hat, ist seine Wasser nicht so salzhaltig wie der Atlantik. Diese Tatsache hat ein Schlosserbe, dem das nötige Geld fehlte, sein Anwesen zu unterhalten, geschickt genutzt: Im Jahr 1978 gründete er eine Firma, die sich der – biologisch verträglichen – Austernzucht widmete. Inzwischen ist eine ebenfalls ökologisch ausgerichtete Lachszucht hinzugekommen – zur Freude von Liebhabern aus aller Welt, die diese Köstlichkeiten in den Restaurants direkt am Loch Fyne genießen, beispielsweise in der Loch Fyne Oyster Bar mit eigener Räucherei. In dem zum Teil unter Naturschutz stehenden Gewässer leben Robben, Delfine und sogar Riesenhaie. Die Region ist außerdem für ihren Whisky berühmt.

Im Loch Fyne werden Fische gefangen und Austern mit einem ganz besonderen Geschmack gezüchtet. Wenig salzhaltiges Wasser und reiches Planktonvorkommen machen es möglich.

***** Inveraray** Über eine schmale Brücke gelangt man in die kleine, pittoreske Siedlung Inveraray am Loch Fyne. Schön restaurierte Hochlandhäuser in den Gassen des Örtchens machen den Alltag der Highlander lebendig. Ein mehrtägiger »Museumsbesuch« bietet sich an. Im alten Gerichtsgebäude kann man Zellen, Häftlingsbiografien, Gerichtsprotokolle und mittelalterliche Folterinstrumente besichtigen – ein spannender Ausflug in einige Jahrhunderte schottischer Kriminalgeschichte. In dem von einem zauberhaften Park umgebenen, auf dem Fundament einer mittelalterlichen Burg stehenden Inveraray Castle mit seinen runden Ecktürmen und zinnenbewehrten Kegeldächern leben die Herzöge von Argyll, die Oberhäupter des Campbell-Clans, welcher zu den ältesten Familien Schottlands gehört und Anfang des 15. Jahrhunderts vom Loch Awe in diese Gegend zog.

**** Crarae Garden** Diese Gärten nahe des Ufers am Loch Fyne an der schottischen Westküste faszinieren das ganze Jahr über mit ihrer üppigen Blütenpracht und dem Farbenspiel unzähliger Pflanzen und Gehölze. Im Stil eines Himalaya-Gartens angelegt, zählen sie zu den schönsten Großbritanniens und sind mit ihrem wie zufällig wirkenden Bewuchs in die natürlichen Landschaft entlang des Sees harmonisch integriert.

Die

Hauptattraktion von Inveraray ist das klassizistische Inveraray Castle: Das Märchenschloss der Herzöge von Argyll entstand Mitte des 18. Jahrhunderts nach Plänen von Roger Morris und wird heute gerne auch als Filmkulisse genutzt.

Die Standing Stones of Ballymeanoch bei Kilmartin sind etwa 4000 Jahre alt.

***** Crinan Canal** Mit einer Länge von 14 Kilometern durchschneidet der Kanal die schottische Halbinsel zwischen Argyll und Knapdale von West nach Ost. Er erspart Skippern, die von Cowal aus in Richtung der Hebriden unterwegs sind, den erheblichen Umweg um die Südspitze von Kintyre herum. Bereits Ende des 18. Jahrhunderts wurde diese künstliche Wasserstraße geplant. Und sie wird gern genutzt. Kein Wunder: Sie verkürzt nicht nur den Weg, sondern ist äußerst attraktiv und niemals langweilig. Schließlich gilt es, 15 Schleusen zu überwinden. Auch für Urlauber, für die »Backbord« und »Steuerbord« Fremdwörter sind, ist der Crinan Canal ein lohnendes Ziel. Aus den Anfängen, als Boote noch von Pferden gezogen wurden, existiert ein Treidelpfad, der sich als Wanderweg bestens anbietet. Es gibt kaum Steigungen, dafür einige Gelegenheiten für eine gemütliche Einkehr.

**** Kilmartin** Vermutlich würde der kleine Ort Kilmartin am Fuß eines wenig spektakulären Hügels kaum eine Erwähnung wert sein, gäbe hier im Kilmartin Glen nicht eine unglaubliche Zahl an Fundstätten, die aus dem Neolithikum und dem Bronzezeitalter datieren. In einem Umkreis von nicht einmal 10 Kilometern sind es rund 360 solcher archäologischer Schätze. Das beachtenswerte Kilmartin House Museum im Dorf vermittelt auch Nicht-Spezialisten dieser Epoche spannend-informatives Hintergrundwissen. Das graue Kirchlein wird vor allem wegen des Friedhofs aufgesucht. Uralte Steingräber verraten, dass man an diesem Platz schon lange seine Toten bestattet hat. Man erzählt sich, auf dem kleinen Friedhof seien die letzten Templer bestattet worden. Außerdem interessant: In Carnasserie Castle wirkte Mitte des 16. Jahrhunderts Bischof Carswell, der das erste in gälischer Sprache verfasste Buch herausgegeben haben soll.

Etwa 3000 Boote unterschiedlichster Art passieren den Crinan Canal jedes Jahr.

In der Kirche von Kilmartin steht ein Keltenkreuz; die Grabplattensammlung von 1200 bis 1712 lohnt unbedingt einen Besuch.

Loch Awe und Kilchurn Castle

Die Burg, deren Ruine zu den bekanntesten am Loch Awe gehört, wurde Mitte des 15. Jahrhunderts errichtet. Die gesicherten Erkenntnisse über das Bauwerk, das damals nur vom Wasser aus zu erreichen war, sind spärlich. Fakt ist, dass die beiden Clans MacGregor und Campbell, die über eine lange Zeit heftig im Streit lagen, Kilchurn Castle im Wechsel besaßen und nutzten. In der ersten Hälfte des 18. Jahrhunderts war eine Garnison in den Mauern untergebracht, später verfiel das Schloss. Das Innere wurde wieder so weit hergestellt, dass eine Begehung möglich ist. Der Blick von der Ruine auf den See ist besonders reizvoll. Aber auch andersherum ist es ein Genuss, nämlich bei einer gemütlichen Seerundfahrt Kilchurn Castle vom Wasser aus zu betrachten.

Vorbild Rom: Mächtig thront über der Stadt Oban der McCaig's Tower.

Traumfotomotiv: Auf einer winzigen Insel liegt das sich in Privatbesitz befindende Castle Stalker im Loch Linnhe.

Erst von oben bekommt man einen Eindruck, wie schmal die Insel Lismore ist.

***** Oban** Bis in das 19. Jahrhundert hinein war der kleine Ort an der Westküste Schottlands nicht mehr als eines von vielen Fischerdörfern. Doch mit dem Dampfschiff und dem Beginn des Schienenverkehrs – die Eisenbahnlinie wurde im Jahr 1880 gebaut – entwickelte er sich zu einem bedeutenden Fischerei- und Fährhafen. Heute ist Oban »das Tor zu den Western Isles«. Von hier aus geht es zu den Inseln Mull, Coll, Tiree, South Uist und Barra; außerdem werden Tagestouren nach Staffa und Iona angeboten. Beliebt ist das sympathische Städtchen mit seinen rund 8000 Einwohnern aber auch wegen dessen idealer Lage in einer Bucht, gut geschützt von der vorgelagerten Insel Kerrara. Segeln, Baden und Wandern – die Grampian Mountains sind nicht weit – lohnen den Aufenthalt oder einfach ein Bummel durch den hübschen Hafen, bevor die Fähre weiter zu Schottlands Inseln aufbricht.

*** McCaig's Tower** Dieser Turm hoch über der Stadt auf dem Battery Hill ist eine Nachbildung des Kolosseums in Rom. Er entstand Ende des 19. Jahrhunderts im Auftrag des Philanthropen und Bankiers John Stuart McCaig, der mit diesem Bau die Arbeitslosigkeit der Steinmetze in den kalten Wintermonaten bekämpfen wollte – und seiner Familie ein Denkmal setzen.

***** Lismore und Loch Linnhe** Das schmale Inselchen Lismore nördlich von Oban – und von dort auch mit der Fähre zu erreichen – wird vor allem von Erholungssuchenden bevorzugt. Sie erwandern sich das Eiland auf dem etwa 10 Kilometer langen Rundweg, genießen die beinahe kitschig schönen Sonnenuntergänge und unternehmen eine Bootstour in der Bucht von Loch Linnhe, in der Kegelrobben sowie Delfine zu Hause sind. Schaukelt man dort mit einem Schiffchen an das nördliche Ende, wird man mit einem einzigartigen Blick auf Schottlands höchsten Berg, den beinahe 1350 Meter hohen Ben Nevis, belohnt. Die Welt auf Lismore ist kleiner. Wer mit offenen Augen spazieren geht, wird verschiedene Libellen und Schmetterlinge entdecken. Auch Hasen sind keine Seltenheit. Um einen Otter zu sehen, braucht es schon etwas Glück. Das gilt auch für Menschen: Nur etwa 160 leben dauerhaft auf Lismore.

***** Castle Stalker** Einsam, trutzig, sagenumwoben: Die Burg steht auf einer kleinen Insel im Loch Linnhe, vor der Küste von Oban. Tatsächlich hat dieses vierstöckige Tower House eine bewegte Geschichte. Es heißt, Clan-Oberhaupt Sir John Stuart habe sie Mitte des 15. Jahrhunderts für seinen unehelichen Sohn erbaut, den er durch eine Heirat mit dessen Mutter als Stammhalter legitimieren wollte. Einen tödlichen Angriff während der Feierlichkeiten überlebte er gerade noch lange genug, um dieses Vorhaben umzusetzen – seine Familie rächte ihn dann etwa 20 Jahre später in der Schlacht von Stalk. Die Festung wurde von den Clans heftig umkämpft und schließlich 1840 aufgeben. 1965 kaufte sie Lt. Colonel Steward Allward und ließ sie sorgfältig restaurieren.

Vom Hafen von Oban am Firth of Lorne laufen Fähren die Insel Mull und das Inselarchipel der Inneren Hebriden an.

Die Landschaft um Loch Bà auf der Isle of Mull kann sich fruchtbar grün präsentieren, doch das hängt sehr von der Jahreszeit ab.

Grandiose Lage: Duart Castle erhebt sich vom Meer umspült am Ende einer Landzunge.

Tobermory

Ein Schelm, wer Böses dabei denkt, doch leugnen kann man es nicht: Ist von Tobermory auf Mull die Rede, dann wird unweigerlich im nächsten Atemzug die gleichnamige Destillerie genannt, die auf eine Tradition bis in das Jahr 1798 zurückblicken kann. Sie ist nicht nur die einzige Whiskybrennerei der Insel, sondern gleichzeitig eine der ältesten von ganz Schottland. Natürlich kann sie im Rahmen einer Führung besichtigt werden. Im zweiten Atemzug wird vermutlich die Brauerei des Ortes erwähnt. Erst danach kommen das Kunstzentrum sowie das jährliche Mendelssohn-Festival zur Sprache, das zur Erinnerung an den Besuch des Komponisten ausgerichtet wird. Tobermory ist ein junger Ort. 1788 wurde er als Fischereihafen von Thomas Telford am Reißbrett entwickelt.

***** Isle of Mull** Die Insel Mull lockt mit einer zerklüfteten, hügeligen Landschaft und verkarsteten Bergzügen. Ihr höchster Gipfel ist der Ben More mit 966 Metern Höhe. Vom schottischen Festland gibt es drei Auto- und Passagierfährrouten. Mehr als 480 Kilometer lang ist Mulls Küste. Vogelbeobachter können hier mit etwas Glück Steinadler, Seeadler oder Merlin-Wanderfalken entdecken. Inselspaziergänge führen zu herrlichen Motiven wie dem strahlend weißen Leuchtturm. Der Hauptort ist das idyllische Hafenstädtchen Tobermory mit seinen bunten Häuserreihen. Über eine schöne Lage verfügt auch das Dorf Dervaig. Das dortige Old Byre Heritage Centre informiert über Flora, Fauna und Geschichte der Insel. Außerdem besuchenswert auf Mull: eine wiederbelebte Destillerie sowie die Burg Torosay – eine Museumsbahn fährt vom Old Pier in Craignure zum frühviktorianischen Schloss.

**** Duart Castle** Bereits für das 13. Jahrhundert sind Hinweise auf eine Burg an dieser Stelle nachweisbar. Duart Castle war Sitz des MacLean-Clans. Bis in das 20. Jahrhundert hinein befand sich das Schloss im Besitz dieser

Familie. Burgen, die zu besichtigen sind, gibt es in Schottland wie den sprichwörtlichen Sand am Meer, doch nur wenige stellen ein solch lohnendes Ausflugsziel dar. Das hat mit der Lage direkt oberhalb des Wassers inmitten grüner Weite zu tun. Außerdem wurde Altes ausgesprochen liebevoll genutzt, um es neu zu präsentieren. Das gilt etwa für eine integrierte Ausstellung über den Clan der MacLeans. Oder auch für das zauberhafte, in ehemaligen Wirtschaftsräumen eingerichtete Café. Hinzu kommen reich ausgestattete Zimmer wie etwa das Schlafgemach oder die Große Halle und weitläufige Außenanlagen, zu denen Kräutergärten und Gewächshäuser gehören.

*** Torosay Castle** An der Ostküste von Mull, weinige 100 Meter von Duart Castle entfernt, und nördlich des kleinen Ortes Lochdon, liegt Torosay Castle, das zwischen 1856 und 1858 für John Campbell of Possil erbaut wurde. Das Gebäude wurde mehrmals verkauft und umbenannt, bevor es seinen heutigen Namen erhielt. Seit das Schloss in Privatbesitz ist, ist es nicht mehr öffentlich zugänglich, nur hin und wieder darf man durch seine herrlichen Gärten spazieren. Die weitläufige Parkanlage wurde vom Architekten und Designer Robert Lorimer terrassenförmig und erhaben gestaltet. Eine Besonderheit der Gärten sind die 19 lebensgroßen Statuen aus Kalkstein des italienischen Bildhauers Antonio Bonazza, die ursprünglich aus Padua stammen und später lange Zeit in einer Villa bei Mailand untergebracht und ausgestellt waren. Schön anzusehen sind auch die Wasserspiele sowie der japanische Garten.

**** Loch Bà** Wo vor Jahrtausenden ein aktiver Vulkan Feuer in den Himmel schleuderte, liegt heute der Süßwassersee Loch Bà ruhig und friedlich da. Er wird von den Flüssen Clachaig und Glencannel gespeist und ist reich an Forellen und Lachsen, die regelmäßig eine große Zahl von Anglern an seine Ufer locken. Ebenfalls angezogen werden Wanderer, denn der See bietet einen großen Vorteil: Spaziert man auf den ausgebauten Wegen an seinen Ufern entlang, bleiben einem schwierige Passagen und schweißtreibende Anstiege erspart. Trotzdem sind Naturliebhaber immer von mindestens fünf Gipfeln umgeben und jederzeit kann ein Ausflug in die Berge unternommen werden. Teile der Hügel gehören im Übrigen zu einem natürlichen Wall, der bei der letzten vulkanischen Tätigkeit auf der Insel Mull vom Magma gebildet wurde. Wer sehr aufmerksam ist, entdeckt leicht hier und da Einschlüsse und erstarrte Wellenformationen.

Italienischer Barock in Schottland: die Gartenanlage von Torosay Castle mit ihren Skulpturen.

Im Glengorm Castle kann man sogar übernachten.

***** Glengorm Castle** Wie im Märchen: Dieses gigantische Schloss liegt im Norden Mulls auf einer Anhöhe über dem Atlantischen Ozean und wirkt inmitten des weiten Grüns mit seinen kleinen Türmchen wie verwunschen. James Forsyth of Quinish ließ das Anwesen für sich errichten. Auf Mull war James Forsyth alles andere als beliebt, da er viele Kleinpächter mittels Druck und Schikane aus der Umgebung vertrieb, um seinen Schlossbau voranzutreiben. Eine alte Frau prophezeite ihm, dass er nie im Schloss leben würde. Tatsächlich starb James Forsyth of Quinish noch vor der Fertigstellung des Baus um 1860. Heute wird das Castle als Bed & Breakfast oder für Hochzeiten genutzt. Es gibt einige Tea Rooms und einen Gemüsegarten. Die Aussicht und die Umgebung sind einmalig. Bei klarer Sicht erstreckt sich das Panorama über die Inseln Rùm und Canna und mit etwas Glück bis zu den Äußeren Hebriden.

Auf der Insel Iona sollen insgesamt 48 schottische, acht norwegische und vier irische Könige begraben liegen.

Bizarre Basaltsäulen auf der Isle of Staffa: Über diese führt ein Fußweg zur vom Meer umspülten Finegal's Grotte.

Malerisch liegt der Hafen von Aringour auf der Isle of Coll.

Das jahrhundertealte Kirchenschiff von Iona Abbey.

An die 350 Hochkreuze hat die Reformation hier zerstört. Das überdimensionale St Martin's Cross vor Iona Abbey ist als eines der wenigen Monumente erhalten geblieben.

***** Isle of Iona: Iona Abbey** Die vor dem Südzipfel von Mull gelegene Druideninsel gilt als Urzelle des Christentums in Schottland: Im Jahr 563 landete hier der keltische Mönch und Missionar Columban und gründete das erste Kloster. Mehrfach von Wikingern zerstört, wurde es immer wieder aufgebaut. Columban starb 597. Nach seinem Tod entwickelte sich die Insel zu einem Wallfahrtsort. Um das Jahr 1200 gründete Reginald MacDonald an der Stelle der früheren Abteikirche ein Benediktinerkloster. Chor und Teile der Kapelle aus dem 13. Jahrhundert im normannischen Stil sind noch erhalten. Mittlerweile wurde die Anlage vom Iona Cathedral Trust und der Iona Community restauriert. Vor der Iona Abbey stehen eindrucksvolle Hochkreuze wie das noch fast vollständig erhaltene, über 4 Meter hohe »St Martin's Cross« aus dem 8. Jahrhundert. Vom einstigen Nonnenkloster sind nur Ruinen geblieben.

***** Isle of Staffa** Geologische Wunderwelt aus schwarzem Basalt: Nur bei gutem Wetter mit dem Boot von den Inseln Mull oder Iona aus zu erreichen ist die Insel Staffa. Der Legende nach verkörpert das nur 200 mal 600 Meter kleine Eiland das »schottische Ende« des nordirischen Giant's Causeway (»Riesendamm«), der ursprünglich die beiden Orte verband, an denen zwei verfeindete Riesen wohnten, der dann aber zerstört wurde. Besonders eindrucksvoll ist ein Besuch der nach einem keltischen Sagenhelden benannten Fingal's Cave: eine 69 Meter lange Höhle, die in ihrem Inneren an eine Kathedrale erinnert. Ihr keltischer Name, »An Uaimh Binn« – »die musikalische Höhle« –, verweist auf das tönende Echo der sich an den dunklen Felswänden brechenden Wellen. Dichter, Maler und Komponisten ließen sich hier vom dramatischen Spiel der Elemente inspirieren, das bis heute unvergleichlich ist.

**** Isle of Coll und Isle of Tiree** Coll und Tiree liegen wie ein Vorposten westlich vor der Insel Mull. Beide profitieren vom Golfstrom, der ihnen ein mildes Klima schenkt, das so manchen Schotten zum Überwintern einlädt. Doch man darf sich nicht täuschen: Einwohner, die ständig hier leben, gibt es nicht viele. Etwa 750 sind es auf Tiree, nur rund 100 auf Coll. Das ist wenig verwunderlich, denn die Anreise mit der Fähre macht abhängig. Alternativ kann man eines der winzigen Flugzeuge besteigen, die die Inseln untereinander und mit Oban verbinden. Tiree ist grün, flach und fruchtbar, ein Dorado für Radfahrer und Wassersportler. Vor allem Windsurfer schätzen das Revier. Coll dagegen hat im Süden zwar Strände, im Norden und im Herzen der Insel jedoch einige felsige Abschnitte und Moore. Crannogs, künstlich angelegte Inseln aus der Eisenzeit, findet man hier wie dort, auf Tiree zusätzlich Steinkreise.

Unterwegs in Stirling

Früher als »Burgh« noch Hauptstadt, heute das »Gateway to the Highlands«: die Stadt Stirling. Die gleichnamige Region umfasst die niedrigen Hügel des Tieflands und die steilen Hänge der Hochlandberge – alles überblickt vom berühmtesten Freiheitskämpfer Schottlands.

***** Loch Lomond and The Trossachs National Park** Wo die Lowlands in die Highlands übergehen, eröffnete Prinzessin Anne 2002 den Nationalpark auf einem Gelände von knapp 1900 Quadratkilometern. Sein Name verrät, was er umfasst, nämlich den Loch Lomond, berühmt für seine bewaldeten Uferregionen und seine Inseln, und die Hügel der Trossachs mit ihrem alten Baumbestand. Das Waldgebiet befindet sich im östlichen Teil des Parks. Auch hier gibt es zahlreiche kleine Seen, dazu Berge. Die höchste Erhebung liegt jedoch im Norden – der Ben More misst 1174 Meter. Ihn findet man im dritten Bereich des Parks, in Breadalbane. Der vierte Teil ist der Argyll Forest Park. Verlässt man die Lowlands in Richtung Highlands, führt eine recht stark befahrene Straße am Westufer des Loch Lomond entlang. Wanderer bevorzugen das östliche Ufer, das mehr ursprüngliche Natur und Ruhe bereithält.

***** Ben A'an und Loch Lomond** Der Ben A'an gehört zweifellos zu den beliebtesten Bergen der Trossachs. Das liegt zum einen an seiner Lage in unmittelbarer Nähe zum Loch Lomond, zum anderen aber an seinen perfekten Wandermöglichkeiten. Selbst Anfänger oder Familien mit kleinen Kindern schaffen den Aufstieg problemlos. Zwar gibt es auch ein paar Passagen mit kräftiger Steigung, doch die meisten Wege sind einfach zu gehen. Die offenen Wälder spenden Schatten und einen unvergleichlichen Duft. Mal kreuzt ein kleiner Gebirgsbach, dann wieder überraschen nette Einkehrgelegenheiten. Das letzte Stück hält felsige Abschnitte bereit, wo sogar ein wenig geklettert werden kann. Aus der Ferne sieht man die Berge, wenn man sich westlich vom 35 Kilometer langen Loch Lomond hält. Der Ort Balloch im Süden des Sees ist von Glasgow per Bahn oder Auto zu erreichen.

**** Finnich Glen** Die steile Schlucht von Finnich Glen bezaubert mit moosbewachsenen Felswänden, leise murmelndem Wasser und einer einzigartigen Luft, die nach purer Natur duftet. Steinstufen führen hinab, Farn wiegt sich im Wind, alte knorrige Baumstämme laden zu einer Rast ein. Es gibt abschüssige und durch die stete Feuchtigkeit rutschige Passagen, die nur dank eines gespannten Seils bewältigt werden können. Kein Wunder, dass nicht jeder nur an Elfen denkt, sondern der runde Felsen in der Mitte der Schlucht, der einem Podest gleicht, »Devil's Pulpit« (»Kanzel des Teufels«) genannt wird. Teuflisch kann der Abstieg tatsächlich werden, wenn man nicht mit dem passenden Schuhwerk ausgerüstet ist. Auf guten Sohlen jedoch erreicht man den Flusslauf, der einer fremden Welt gleicht. Mit etwas Glück ist man allein dort unten, meist jedoch trifft man viele andere Wanderer.

Mystisch und märchenhaft zeigen sich mitunter die Landschaften im Loch Lomond and The Trossachs National Park.

Wie in einem Fantasy-Film: Im Finnich Glen bahnt sich der Carnock Burn seinen Weg.

Eine markante Erscheinung in Stirling: Conic Hill.

Großbritanniens größter See: der Loch Lomond.

Im Norden Berge, im Süden Wälder – Loch Achray besticht durch seine Lage.

***** Loch Arklet** Ein Anblick wie aus dem Bilderbuch: Die Gipfel der Trossachs scheinen sich direkt über dem Ufer zu erheben und spiegeln sich märchenhaft im Wasser. Dazu kommen Eichenwälder und Heiden, die das Land wie ein Kissenbezug umhüllen. Auf Naturpfaden kann man Rotschwänzchen und Trauerschnäpper beobachten. Zum Loch Lomond kann man bestens zu Fuß gehen und wird mit herrlichen Ausblicken auf die Seen und auch auf den Staudamm von Loch Arklet belohnt. An seinem Ufer liegt die Corrie Arklet Farm, ein typisches weißes Haus, in dem Rob Roy einst zu Hause war. Das Fischen auf dem etwa 4 Kilometer langen und nicht einmal 1 Kilometer breiten See ist unter bestimmten Bedingungen möglich, zum Beispiel das Fliegenfischen. Boote mit Benzinmotor sind allerdings verboten – der See speist schließlich den Loch Katrine, aus dem Glasgows Trinkwasser stammt.

**** Loch Achray** Der gut 6,5 Kilometer lange und 1 Kilometer breite See liegt geschützt am Fuß des Ben A'an. Naturliebhaber schätzen die ruhige Gegend, in der sich eine reiche Flora präsentiert und viele Vögel zu Hause sind. Vom Ben A'an aus hat man natürlich einen spektakulären Blick auf das Gewässer, doch auch umgekehrt übt das Bild einen großen Reiz aus. An windstillen Tagen wirkt die Reflexion des Gipfels auf der Oberfläche des Loch Achray geradezu majestätisch. Nicht selten sind darum Hobbyfotografen mit Stativ und riesiger Kamera anzutreffen. Die Umgebung ist vor allem auch bei Wanderern beliebt. Ob beim Radfahren oder etwas dynamischer mit dem Mountainbike die Pfade erobern – rund um den See gibt es perfekte Möglichkeiten, sich in der Natur auszutoben. Angler werden von Lachs, Barsch und Süßwasserforelle begeistert sein. Aber Achtung: Es gibt Quoten, damit der 11 Meter tiefe See nicht leergefischt wird!

**** Loch Katrine** Der Süßwassersee ist ein Touristenmagnet. Wer auf den Loch Katrine will, um vom Wasser aus die Trossachs zu bewundern oder die kleinen Inseln des Sees aus der Nähe zu sehen, plant am besten eine Tour mit

Rob Roy Way

Dieser beliebte Fernwanderweg orientiert sich an Orten, an denen der Volksheld Rob Roy und sein Clan sich oft aufgehalten haben, dessen Aktivitäten um Aberfoyle und Killin lagen. Wanderfreunden, die sich mit der Widerstandsgeschichte der Highlander gegen die Londoner Regierung befassten, ist dieser Weg zu verdanken. Er hat eine Länge von etwa 124 Kilometern und führt von Drymen nach Pitlochry. Start ist im Loch Lomond and The Trossachs National Park, danach verläuft er erst einmal in nordwestliche Richtung. Über Waldwege geht es quer durch Felder, vorbei an stillgelegten Bahnstrecken und gelegentlich auch über asphaltierte Nebenstraßen. Obwohl der Rob Roy Way in das Herz der Highlands führt, vermeidet er doch die hohen Gipfel. Somit ist die Tour relativ einfach zu bewältigen.

Sollten immer sauber gehalten werden: Loch Katrine ...

dem Dampfschiff »SS Sir Walter Scott«. Es startet täglich von Trossachs Pier in Richtung Stronachlachar. Vom Tea Room der Anlegestelle aus kann man das Panorama des Gewässers genießen. Oder man radelt knapp 50 Kilometer um den Katrine und vier weitere Lochs. Die direkte Umgebung eignet sich dafür oder wahlweise für lange Spaziergänge perfekt. Komplett entlang der Uferlinie umrunden lässt sich der See allerdings nicht. Auch das Baden ist nicht gestattet. Aus gutem Grund: Loch Katrine versorgt Glasgow mit Trinkwasser. Kein Geringerer als der schottische Erfinder und Maschinenbauer James Watt hat das Aquädukt geplant, das noch heute fast 2 Millionen Hektoliter täglich befördert.

... sowie dessen Zufluss: Loch Arklet.

Ein Königreich für Süßwasserfische: Loch Doine.

Von der Bridge of Dochart in der Ortschaft Killin hat man den besten Blick auf das Naturspektakel der Falls of Dochart.

*** Loch Doine und Loch Voil** Das Wasser des kleinen Loch Doine fließt durch den Larig und dann durch den Loch Voil, wo es bei Balvag abgelassen werden kann. Es gibt hier Lachse und verschiedene Forellenarten. Im Norden von Loch Voil liegt der Ort Balquhidder. Die alte Kirche zieht Besucher magisch an, denn dort ist das Grab von Rob Roy zu finden, dem durch Sir Walter Scott berühmt gewordenen Volkshelden. Und obwohl sie wirklich sehr viele Menschen anlocken, bleiben sowohl die Kirche als auch die gesamte Region doch angenehm beschaulich. In dem Gebiet des Strathyre-Waldes sind Otter, Marder und Hirsche zu Hause, Eichhörnchen klettern geschickt durch die Bäume, in denen sich gerne Bussarde, Eulen und Adler niederlassen. Hin und wieder hört man den krächzenden Ruf eines Fasans. Radfahrern steht eine meist eben verlaufende Strecke auf einer stillgelegten Bahnlinie zur Verfügung.

**** Falls of Dochart** Unter der Brücke von Killin rauscht und tost es. Hier, im malerisch am Westufer des Loch Tay gelegenen Ort rast der Fluss Dochart über steinigen Grund. Dann kann man sich auch leicht vorstellen, dass die erste, im Jahr 1760 erbaute Brücke von den Fluten weggerissen wurde. Ein anderes Mal kann das Wasser sich hier erstaunlich leise und zurückhaltend zwischen den Steinen hindurchschlängeln. Genau das macht den Reiz der Stromschnellen aus: Sie sind niemals gleich. Hat man lange genug geschaut, sollte man sich umdrehen und flussabwärts blicken. Dort entdeckt man die Insel Inchbuie, Grabstätte des angeblich furchtlosen MacNab-Clans. Der Clan hatte einst das Sagen in Killin. Wenn man schon einmal in diesem ehemaligen Textilort ist, sollte man unbedingt das gegenüberliegende Breadalbane Folklore Centre besuchen, das in einer Wassermühle von 1840 untergebracht ist.

Touristen lieben es, auf den Felsen im Fluss Dochart herumzuklettern oder sich zu sonnen.

Wirkt wie eine perfekte Kopie von Edinburgh Castel: Stirling Castle.

Den Kopf in den Nacken gelegt, kann man die Spitze des Wallace Monument betrachten. Bereits seit über 140 Jahren steht es an diesem geschichtsträchtigen Ort.

Ziert selbstverständlich das nach ihm benannte Denkmal: William Wallace.

***** Stirling** Als »Herz von Schottland« bezeichnen die 35 000 Einwohner Stirlings gern ihre Stadt, die als das Tor zu den Highlands gilt. Wegen der zentralen Lage war Stirling immer wieder im Brennpunkt der Geschichte: Im Jahr 1297 schlugen die Schotten bei Stirling Bridge die Engländer, 1314 siegten sie unter Robert the Bruce im nahe gelegenen Bannockburn gegen Edward II. Auch die Altstadt unter der Burg ist reizvoll für Besucher – mit dem Old Town Jail, einem historischen Gefängnis und heutigen Museum, als besonderes Highlight. Als Handelsstadt hat Stirling bereits seit dem 13. Jahrhundert einen Namen, bekannt ist es zudem für die hier geprägten Silbermünzen, die »Stirlings«.

***** Stirling Castle** Die Hauptattraktion der Universitätsstadt ist das 76 Meter hoch über der Ebene thronende Stirling Castle: Wem es vergönnt war, von hier aus »in diese Grafschaft hinabzublicken«, der nahm laut Theodor Fontane »das lieblichste Bild mit heim, das ihm die schottische Landschaft an irgendeiner Stelle gewähren kann«. Stirling Castle, das viele Jahrhunderte als Hauptresidenz der schottischen Könige fungierte, thront auf einem erloschenen Vulkan. In der Chapel Royal hängen Nachahmungen mittelalterlicher Gobelins, deren Originale heute im New Yorker Museum The Cloisters zu sehen sind. Die berühmten sieben Wandteppiche, die die Jagd auf ein Einhorn darstellen, entstanden 1495 bis 1505.

**** Wallace Monument** William Wallace ist der Held der Schotten. Die meisten kennen ihn unter dem Namen »Braveheart«. Nur rund 30 Jahre alt soll er geworden sein. Er kämpfte beherzt und erfolgreich gegen die Engländer. Auf dem vulkanischen Gipfel des Abbey Craig ist ihm ein Denkmal an der Stelle, an der er die Schotten in die Schlacht gegen die Engländer führte und siegte, gesetzt. 1305 wurde er verraten und auf brutalste Weise hingerichtet. Der Aufstieg auf das Monument aus Sandstein über 246 Stufen in rund 60 Metern Höhe wird mit einem fantastischen Ausblick über das Forth Valley und die Ochil Hills belohnt. Auf dem Weg zu dem Aussichtspunkt, von dem man beinahe die gleiche Sicht haben soll, wie der Nationalheld sie einst hatte, als er die Briten beobachtete, begegnet man Objekten aus Wallace' Zeit und Wirken. Das sicher berühmteste ist sein Schwert.

Einsamer Wächter über die Landschaft vulkanischen Ursprungs: das Wallace Monument.

Die Wiege der Orgel in Dunblane Cathedral liegt im niederländischen Zaandam.

**** Dunblane Cathedral** Auch wenn der Ort Dunblane, 6 Kilometer nördlich von Stirling, mit seinem Gotteshaus keine Superlative aufweisen kann, ist die Atmosphäre der Kathedrale einzigartig. Ihr Turm aus dem 12. Jahrhundert stand lange Zeit für sich solitär, ehe er im Rahmen von Umbaumaßnahmen und Erweiterungen an das gotische Kirchenschiff angefügt wurde. Die Holzarbeiten wie etwa das Chorgestühl und die Statuen des Bischofs von Dunblane und von John Knox sind Kunstwerke für sich. Ein auditives Erlebnis bieten die Klänge der 1990 hier eingebauten niederländischen Flentrop-Orgel. Musik spielt in der Kirche mit ihrer lebendigen Gemeinde ohnehin eine große Rolle: Es gibt einen sehr guten Chor und sogar einen Glockenspieler. Der Ort Dunblane selbst erlangte traurige Bekanntheit, als hier im März des Jahres 1996 ein Amokläufer ein Blutbad anrichtete. Ein schlichter Stein in der presbyterianischen Pfarrkirche erinnert heute an die Opfer der Gräueltat.

Unterwegs in Perth and Kinross

Der geografische Mittelpunkt Schottlands ist vergleichsweise dicht besiedelt, trotzdem finden Naturfreunde auch hier unberührte Landschaften. Gleichzeitig wandelt man auf den Spuren der Krönungstradition der schottischen Könige.

**** Crieff** Der mit etwa 7000 Einwohnern zweitgrößte Ort in der zentralen Region von Perth and Kinross liegt nur eine knappe Autostunde von Edinburgh entfernt. Die quirlige Marktstadt an den Südausläufern von Knock Hill am Fluss Earn war im 18. Jahrhundert ein Umschlagplatz für Rinder, die im Herbst zum »Tryst« (Jahrmarkt) von den Highlands hierhin zum Verkauf getrieben wurden. Die Atmosphäre muss einer Stadt im Wilden Westen geähnelt haben. Aufgrund des hohen Geldumsatzes entwickelte sich Crieff damals zu einem Finanzzentrum Schottlands. Beliebt war der Ort ab dem 19 Jahrhundert auch als Wasserkurort. Heute genießen Touristen Panoramen und Wanderwege.

Drummond Castle ist in Privatbesitz und nicht zu besichtigen, wohl aber gegen eine Eintrittsgebühr der hier ab 1630 terrassenförmig angelegte prächtige Schlossgarten.

***** Drummond Castle** Der Drummond-Clan hat in Schottlands Geschichte eine tragende Rolle gespielt. Zwei Frauen des Geschlechts waren mit schottischen Königen verheiratet. Die Drummonds verfügten im Laufe der Jahre über vier Schlösser. Eines davon war Drummond Castle, das seinen Platz auf dem Bergrücken von Gask Ridge hat. Sir John ließ es 1491 errichten. Im 17. Jahrhundert wurde die Burganlage schwer beschädigt. Glücklicherweise baute man einen der wichtigsten Türme, der der Belagerung zum Opfer gefallen war, wieder auf. Heutzutage sind das Schloss und das dazugehörige Anwesen in der Gesamtheit geradezu atemberaubend. Zu diesem Eindruck trägt vor allem der Renaissancegarten bei, der mehrmals umgestaltet und erweitert wurde. Schon Königin Victoria und Prinz Albert waren von ihm begeistert. Aufmerksame Zuschauer können ihn in dem Film »Rob Roy« von 1995 wiedererkennen.

Blick auf Crieff im Tal des River Earn.

Earthquake House

Die Auswirkungen großer tektonischer Ereignisse südlich des Highland Boundary Fault – mit einem größeren Erdbeben im Jahr 1839 – waren Anlass für die »Comrie Pioneers«, allen voran Postvorsteher Peter Macfarlane und Schuhmacher James Drummond, 1840 den ersten modernen Seismografen der Welt im extra dafür erbauten Earthquake House zu installieren. Comrie wird nicht umsonst »Shakey Toun« genannt, denn hier wurden bereits seit 1597 immer wieder Erdbeben verzeichnet. Das Earthquake House befindet sich auf einem Hügel westlich von Comrie, im Einzugsbereich des Highland Boundary Fault, der geologischen Verwerfungslinie, die die Highlands von den Lowlands trennt. Es zählt zu den kleinsten Gebäuden mit Denkmalschutz in Großbritannien.

Die Lage direkt am River Tay verhilft der Stadt Perth zu ihrem Flair und zu ihrer Geschichte. Denn wo Wasser leicht überquert werden kann, haben sich Menschen schon in der Frühzeit immer gern angesiedelt.

Die Ruine von Elcho Castle bei Perth, um 1560 errichtet, ist teilweise zugänglich. Unbedingt auch das Taubenhause besuchen!

***** Perth** Perth ist eine der ehemaligen Hauptstädte Schottlands, eine von sieben Gemeinden im Land, die das Stadtrecht zugesprochen bekommen haben, und dazu noch die erste schottische »Cittaslow City«. Das bedeutet: Man versucht, das Tempo aus dem Alltag zu nehmen, sei es im Stadtverkehr oder in Restaurants – etwa durch die »Slow Food«-Bewegung. Obwohl Perth bereits über 800 Jahre existiert, sucht man eine weitläufige Altstadt mit historischen Bauten, die sich aneinanderreihen, vergeblich. Was nicht bedeutet, dass es gar keine gibt. Die Pfarrkirche St John etwa hat ihre Ursprünge im 12. Jahrhundert. Nicht zu vergessen auch Scone Palace, der ein wenig außerhalb der Stadt liegt. Mit seiner Erbauung im frühen 19. Jahrhundert eher ein Jungspund, dafür umso bedeutender, denn dort befand sich bis 1296 der »Stone of Scone«, der bereits zur Zeit der Pikten bei Krönungszeremonien eine wesentliche Rolle spielte.

***** Scone Palace** Das Schloss und die dazugehörige Abtei befinden sich nördlich von Perth nahe der A93. Der prunkvoll ausgestattete Palast ist das größte Gebäude auf dem Gelände. 1812 vom Architekten William Atkinson geplant und erbaut, entstand er anstelle des alten Palastes der Earls of Mansfield aus dem 16. Jahrhundert. Die Räume enthalten kostbare Antiquitäten und Gemälde. In der Abtei nebenan krönte man die schottischen Könige, auch Robert the Bruce, auf dem berühmten »Stone of Scone«.

Perthshire

Die ehemalige Grafschaft, heute gelten neue Verwaltungsbezirke, ist nach Perth benannt. Eine Stadt von ungeheurer Bedeutung für die Schotten, denn fast alle ihre Könige wurden dort gekrönt. Neben dem historischen Gewicht spielt vor allem die Lage am Ufer des River Tay eine große Rolle. Viele Besucher von Perthshire unternehmen hier wenigstens einen ausgedehnten Einkaufsbummel. Die meisten kommen allerdings eher wegen der Natur, die mit zahlreichen Outdooraktivitäten lockt. Wandern nimmt dabei einen Spitzenplatz ein, denn auf geeigneten Sohlen lässt sich die Schönheit der Region am besten kennenlernen. Ein gutes Wegenetz führt durch das Big Tree Country, wie Perthshire sich nennt. Zu Recht. Wundervolle Douglasien und die ältesten Bäume Europas schlagen ihre Wurzeln in diesen Boden.

Benannt nach dem Sandsteinblock, den Edward I. »Longshanks« 1296 nach London mitnahm: Scone Palace.

Spektakuläres Ziel einer Wanderung: Ossian's Hall im Hermitage Park mit dem Fluss Braan und den Linn-Wasserfällen.

**** Dunkeld** Dunkeld war das religiöse Zentrum Schottlands. Davon zeugt die Kathedrale, Keimzelle der Ansiedlung. Sie wurde im 16. Jahrhundert beschädigt, noch heute steht sie als Ruine wie ein Mahnmal da. Der Chor wurde jedoch restauriert und wird weiter als Kirche genutzt. Die Stadt ist zauberhaft. Viele Gebäude existieren bereits, seit Dunkeld nach der Schlacht von 1689 (als Teil des Jakobitenaufstandes) aus Schutt und Asche auferstanden ist. Zu dem Reiz des charmanten Örtchens trägt maßgeblich auch seine Lage am Fluss Tay bei. Ihn überspannt die mehr als sehenswerten Dunkeld Bridge. Diese muss man für einen Besuch im Hermitage Park überqueren, einem herrlichen Waldstück mit Stromschnellen und einem Wasserfall. Großbritanniens älteste Douglasien sind in dem 13 Hektar großen Gebiet zu sehen. Sorgsam beschilderte Wanderwege führen an verwittertem Gemäuer vorbei zu Ossian's Hall, einem Gartenhaus der besonderen Art.

Dunkeld Cathedral: Teilweise eine Ruine wird sie heute noch als Pfarrkirche genutzt.

Thomas Telford war 1805 der Designer der Brücke über den Fluss Tay in Dunkeld.

Ein Bild des Friedens: Loch Tay bei Sonnenuntergang.

Naturkräfte schufen diesen bizarren Felsen im Glen Lyon.

Castle Menzies (16. Jahrhundert), insbesondere ein verfallener Flügel, ist vergangenes Jahrhundert aufwendig restauriert worden.

**** Glen Lyon** Obwohl es mit knapp 50 Kilometern das längste Tal Schottlands ist, wird Glen Lyon immer ein wenig übersehen. Keine Touristenmassen strömen her, kaum ein Reiseführer widmet ihm mehr als ein paar Zeilen. Sehr schade, denn die Region, die ziemlich genau im Herzen von Schottland liegt, ist ebenso vielfältig wie ansprechend. Zum einen warten immer wieder verwitterte Denkmäler, gemütliche Teestuben oder auch römische Brücken darauf, entdeckt zu werden. Zum anderen umringen einige der bekanntesten Munros das Tal, jene Gipfel, die jeder schottische Bergsteiger erklommen haben sollte. Nicht zu vergessen die idyllisch in die hügelige Landschaft eingebetteten Seen Loch Lyon und Loch an Daimh. Sie unterbrechen den wilden Oberlauf des Flusses. Der entspringt aus den Felsen von Glen Lyon. Nicht weit davon liegt Fortingall, ein Dorf wie aus dem Bilderbuch.

**** Castle Menzies** Das westlich des Dorfs Weem gelegene Schloss ist nach dem Menzies-Clan benannt, der über 500 Jahre lang dort seinen Stammsitz hatte. Während des Zweiten Weltkriegs diente es als Quartier für polnische Truppen und ist heute im Besitz der Menzies Clan Society, von der es ab dem Jahr 1957 umfangreich restauriert wurde. Als größte Sehenswürdigkeit des Schlosses gilt das Zimmer, in dem »Bonnie Prince Charlie« im Jahr 1746 auf dem Weg zur Schlacht bei Culloden nächtigte. Im Vergleich zu anderen schottischen Castles gestalten sich die Räumlichkeiten hier vielleicht weniger prunkvoll, dafür sind sie aber umso authentischer und frei zugänglich. Außer als Museum wird Castle Menzies heute für Hochzeiten,

Konzerte und Veranstaltungen genutzt. Einen herrlichen Blick auf Schloss und Umgebung bietet der Walled Garden im Norden.

***** Loch Tay und Tay Forest Park** Die Wälder um den 23 Kilometer langen See sind berühmt. Die teilweise Hunderte Jahre alten Baumgiganten spiegeln sich ebenso in seinem Wasser wie die kahlen Gipfel der Berge. Ehe jedoch die Erkundung des Naturparks um Loch Tay herum auf dem Programm steht, sollte das Gewässer selbst ein wenig Aufmerksamkeit bekommen. Genauer gesagt die Isle of the Holy Women – die Insel, auf der in der Vergangenheit ein Nonnenkloster seinen Platz hatte. Es existiert nicht mehr, doch dafür kann man die Grabstätte der Gattin von König Alexander I. (1078–1124) besichtigen. Und dann geht es in die Wälder mit zahlreichen Aussichtspunkten. Die Vielfalt der Bäume ist beeindruckend, ihre Höhe ist es auch. In den Pinien tummeln sich rote Eichhörnchen, wer im Morgengrauen oder in der Dämmerung auf den Spazierwegen unterwegs ist, wird mit Glück Auerhähne oder Füchse antreffen.

Tay Valley

Vielleicht entgeht dem River Tay ein Teil der Aufmerksamkeit, die ihm zustehen müsste, weil er – je nachdem, an welcher Stelle man auf ihn trifft – so viele Namen trägt. Am Fuß des Ben Lui unweit der Westküste, wo er entspringt, heißt er Connonish. Ein Abschnitt nennt sich Fillan, ein weiterer Dochart. Sein Weg führt ihn durch mehrere Lochs, einer der schönsten Seen ist Loch Tay. Er ist vor allem, wie nahezu der gesamte Fluss, beliebt bei Anglern. Kaum ein anderes Revier bot einen so reichen Lachsbestand. Das hat sich geändert: Aus der Nordsee kommen immer weniger der begehrten Fische zurück in den Fluss. Die Regierung hat mit strengen Fangverboten reagiert. Aber das tut dem Tal keinen Abbruch. Es ist ohnehin schöner, die Tierwelt von Perthshire friedlich zu erkunden, etwa auf Ben Lawers, dem höchsten Berg der Region.

Blickt man auf die weidenden Rinder und saftigen Wiesen am Loch Tummel, fühlt man sich eher an das Alpenvorland erinnert.

Kein einziges Haus steht am Ufer des über 4 Kilometer langen Loch Garry.

Die strahlend weiße Fassade von Blair Castle hat wohl schon Queen Victoria bei ihrem Besuch 1844 beeindruckt.

Der Duke of Atholl genießt das Privileg, die einzige Privatarmee in ganz Europa zu befehligen.

*** Loch Tummel und River Tummel** Der River Tummel entspringt in Großbritanniens größtem zusammenhängendem Moorgebiet, dem Rannoch Moor. Moos wächst hier genauso wie Heide und niedrige Birken, dazu wabern Nebel über den immerfeuchten Boden. Aus den matschigen Tümpeln mausert sich der Fluss zu einem breiten Strom. Er fließt in den Süßwassersee Loch Tummel, der zur Stromerzeugung in der Region genutzt wird. Gut für Wagemutige, denn im Sommer lassen die Elektrizitätswerke regelmäßig große Wassermengen aus dem Clunie-Damm rauschen und machen den Tummel zu einem aufregenden Raftingrevier. Sowohl See als auch Fluss sind bei Anglern für ihren Reichtum an Forellen und Lachsen berühmt. Das hübsche Örtchen Pitlochry im Tal des Tummel ist zwischen April und Oktober ebenfalls bei Lachsliebhabern bekannt. Diese kommen dorthin, um die Tiere bei ihrem Aufstieg über eine Lachstreppe zu beobachten.

***** Loch Garry und Pass of Drumochter** In den Grampian Mountains liegt nicht nur die Heimat des Clans MacDonnell of Glengarry, sondern auch der Stausee Loch Garry. Sein Wasserstand schwankt erheblich, denn das Gewässer wird mal aufgestaut, mal zu großen Teilen abgelassen, ganz wie es gerade für die Stromerzeugung sinnvoll ist. Im Loch Garry, den einst Gletscher in seine Form gebracht haben, entspringt der gleichnamige Fluss: der River Garry ist ein wichtiger Nebenfluss des River Tummel. Auch der Pass of Drumochter ist ein Produkt der Eiszeit. Der Bergpass ist eine wichtige Verkehrsverbindung, die bereits in der ersten Hälfte des 18. Jahrhunderts mit einer Straße versehen wurde. Doch lange vorher durchquerten erste Siedler zu Fuß auf dieser Route das Land. Heutzutage begegnet man zahlreichen Touristen mit Fotoapparaten. Sie wollen das Schild ablichten, das den Besucher in den Highlands willkommen heißt. Der Pass of Drumochter – was übrigens »hoher Kamm« bedeutet – markiert nämlich die natürliche Grenze zwischen nördlichem und südlichem Hochland.

***** Blair Castle** Das strahlend weiße Bauwerk mit seinen Staffelgiebeln, das inmitten von alten hohen Bäumen am Fuß der Grampian Mountains steht, wirkt wie eine Mischung aus Märchenschloss, Trutzburg und englischem Landhaus. Die ältesten Teile stammen aus dem 13. Jahrhundert. Da Blair Castle viermal angegriffen und dabei mehr oder weniger schwer beschädigt wurde, hat es sein Gesicht über die Epochen immer wieder verändert. Was geblieben ist, sind die Besitzrechte. Schon als mit dem Bau begonnen wurde, gehörte das Land den Dukes of Atholl. Diesen Titel führt das Familienoberhaupt des Murray-Clans. Gut 30 Räume warten auf die Besucher. Sie sind gefüllt mit edlem Porzellan, Gemälden und antiken Möbeln. Die umfangreiche Waffensammlung gilt vielen als Höhepunkt, andere können sich schon an den Räumlichkeiten selbst, teilweise mit kostbarem Stuck verziert, kaum sattsehen.

Blair Castle beherbergt etliche Gemälde ...

... und edles Mobiliar ...

... im stuckverzierten Ambiente.

Am Soldier's Leap sprang ein vor den Jakobiten flüchtender Soldat der britischen Truppen 5,5 Meter weit über den River Garry.

Naturidyll pur: Loch Moraig nordöstlich von Blair Athol.

**** Loch Moraig** Umgeben von knorrigen Pinien und nur ein paar Schritte von weiten Wiesen sowie offenem, stellenweise geradezu magisch anmutendem Moor liegt der Loch Moraig. Dann wieder schlängeln sich Bäche über den Weg des Wanderers, dem eine kleine Holzbrücke oder auch im Wasser liegende Steine beim Überqueren helfen. Schließlich ragen nach nur wenigen Kilometern vor ihm die felsigen Flanken des Gebirges auf. Mit dem Beinn-a'Ghlò-Massiv sind die höchsten Gipfel von Perthshire in direkter Nachbarschaft des Sees zu finden. Menschen begegnet man selten, nur wenige Spuren menschlicher Besiedlung prägen das Bild – hier ein Weidezaun, da ein Schuppen oder ein mit Brettern vernageltes verlassenes Farmhaus. Dafür leben umso mehr Schafe auf den Ebenen und kürzen gewissenhaft die Heide.

*** Pass of Killiecrankie** Nördlich des Städtchens Pitlochry, zwischen dem Ben Vrackie und dem Tenandry Hill, verläuft der Pass of Killicrankie, die einst wichtigste Verbindungsstrecke zwischen Highlands und Lowlands. Durch die beeindruckende Schlucht schlängelt sich der River Garry. Der Gebirgspass ist ein Meisterwerk der Natur und nicht zuletzt ein geschichtsträchtiger Ort. 1689 fand hier im Kampf um die schottische Krone die Schlacht von Killiecrankie statt, in der die Truppen König Williams III. von Oranien – in wohl nur rund 10 Minuten – besiegt wurden. Unzählige Soldaten auf beiden Seiten verloren hier und während der Jakobitenaufstände ihr Leben. Beeindruckend ist der Pass im Herbst, wenn bunt gefärbte Blätter die Landschaft schmücken. Über die Schlucht führt eine Fußgängerbrücke mitten hinein in die atemberaubende Natur. Lohnenswerter Abstecher: der »Queen's view«, eine der schönsten Aussichtsplattformen Schottlands. Von Pitlochry kommend, Ausfahrt Killicrankie nehmen und den königlichen Ausblick auf Loch Tummel genießen!

Pitlochry

Mit den Worten »Ceud Mile Fàilte«, was so viel heißt wie »Hunderttausendfach willkommen«, begrüßt Pitlochry auf einem Schild am Ortseingang seine Besucher. Das beschauliche Städtchen ist nicht nur aufgrund seiner günstigen Lage direkt an der Highland Road, sondern wohl vor allem wegen der zahlreichen gemütlichen Ecken und Besichtigungsmöglichkeiten ein beliebtes Ausflugsziel. So locken Sehenswürdigkeiten wie die beiden Whiskybrennereien Blair Athol und Edradour oder die Fischtreppe am Pitlochry-Damm, wo man Lachsen durch ein Fenster dabei zusehen kann, wie sie den Fluss Tummel weiter hinaufziehen. Das am 19. Mai 1951 ins Leben gerufene Pitlochry Festival Theatre begeistert vor einer wunderbaren Bergkulisse jeden Sommer viele Zuschauer.

Unterwegs in Aberdeenshire und Aberdeen City

Großstadttreiben, ein riesiger Nationalpark, zum Teil noch bewohnte Schlösser und viel schottische Tradition – in Aberdeenshire lernt man das Land von seiner einzigartigen Vielseitigkeit kennen.

Hier herrscht friedvolle Ruhe: Landschaft am Loch Mallachie.

In Großbritannien nicht weit verbreitet: der Auerhahn lebt im Cairngorms National Park.

Im Herbst mischen sich warme Rottöne mit ein wenig Grün und Weiß: der Blick von Glen Banchor bei Newtonmore zu den Monadhliath Mountains.

Einer von zwei schottischen Nationalparks: der 2003 gegründete Cairngorms National Park mit zahlreichen Seen.

***** Cairngorms National Park** Eben noch strahlender Sonnenschein, 5 Minuten später fallen dicke Regentropfen aus dichten Wolken: Es gibt kaum eine Region in Europa, in der sich das Wetter derart schnell ändert wie in den Cairngorms. Vielleicht liegt es an den Bergen, immerhin fünf der zehn höchsten Gipfel der Britischen Inseln finden sich in diesem Nationalpark. Er ist geprägt von subarktischem Klima, seine Waldkieferwälder der Tundra bieten zahlreichen Vogelarten wie Regenpfeifern und Schneehühnern einen Lebensraum, ebenso Wildkatzen und Baummardern. Wer die Natur entdecken will, muss keine langen Wanderungen durch unwirtliche schottische Wildnis befürchten – eine Seilbahn bringt die Besucher direkt zum Cairngorm-Gipfel. Von dort aus offenbart sich ein Panoramablick über die schroffen Bergkuppen, in die sich fast unberührte Täler gefräst haben, die schöner nicht sein könnten.

Der Cairngorms National Park ist Heimat unzähliger Tierarten, darunter Fischadler, Buntspecht, Eichhörnchen, Rentier, Kuckuck, Waldkauz, Schneehase und Schottisches Moorschneehuhn (von oben links nach unten rechts).

Wildbäche im Wald von Abernethy.

***** Upper Dee Valley** Über 4528 Quadratkilometer erstreckt sich der Cairngorms National Park und es gibt Pläne, ihn noch weiter zu vergrößern. Ein schönes Ziel, denn dann würden auch Wälder, Seen und Flüsse außerhalb seiner Grenzen mehr Schutz genießen. Einer der Flüsse ist der 140 Kilometer lange Dee, der mitten durch den Park fließt und weitgehend naturbelassen ist. Daher überflutet er auch immer wieder Felder und Auen in seiner Umgebung, was zur Folge hat, dass das Tal äußerst fruchtbar ist. Berühmt ist der Dee für sein hohes Lachsvorkommen. Das obere Flusstal gehört zu den schönsten Wanderrevieren. Hier sind die Wege weit und kommen ohne große Steigungen aus.

Dramatisch wirkt der Himmel über dem Glen Mu

Blüht die Heide, scheint die ganze Welt rosa zu leuchten. Wasserfälle und auch ein kleiner Pinienwald tragen ihren Teil zum Reiz des Gebietes bei. Es ist die Heimat von Eichhörnchen, Rotwild und Raubvögeln.

**** Abernethy und Glenmore Forests** Im 18. Jahrhundert war die Forstwirtschaft für die Region von großer Bedeutung. Ob für Schiffe für die Navy oder für den Bau von Londons Abwasserleitungen – Holz wurde einfach überall und in sehr großen Mengen gebraucht. Hier konnte man es schlagen und direkt auf dem River Spey abtransportieren. Der Duke of Gordon, dem der Wald gehörte, schloss Verträge und bot die Bäume zu Hunderttausenden an. Allein 47 große Schiffe wurden daraus gemacht, eines durfte sogar den Namen »Glenmore« tragen. Inzwischen haben sich die Baumbestände zwischen Grantown on Spey und Braemar dank der Lage im Cairngorms National Park glücklicherweise gut erholt und bieten vielen Tieren eine Heimat; so wird etwa der Fischadler häufig gesichtet. Es gibt sogar ein Zentrum, in das Livebilder von dessen Nistplätzen übertragen werden. Auch Seeadler, Auer- und Moorhuhn sind zu beobachten.

Seitental des River Strathdee bei Ballater.

Das Upper Dee Valley mit dem River Dee, der am Braeriach in den Cairngorms entspringt und Richtung Aberdeen fließt.

Im Abernethy Forest ist der größten Restbestand an Kaledonischen Kiefern in ganz Schottland beheimatet.

***** Braemar und Braemar Castle** Der kleine Ort am Ufer des Flusses Dee zählt zu den kältesten Schottlands. Die Lage mitten in den Bergen der Cairngorms ist für die manchmal unwirtlichen Temperaturen verantwortlich. Trotzdem wird Braemar einmal jährlich von Touristen geradezu überrannt, wenn hier das Royal Highland Gathering stattfindet. Darüberhinaus bietet seine Tallage eine wunderbare Naturvielfalt, die umliegenden Berge wie der Morrone oder der Carn na Drochaide beeindrucken mit über 800 Metern Höhe, ohne den Betrachter zu erdrücken. Ein Muss ist der Besuch von Braemar Castle. Mit seinen zinnenbewehrten Türmen, den Schießscharten und dicken Mauern wirkt es zwar wie eine Festung, es diente aber vor allem als Jagdschloss. Lange Zeit war es eine der wenigen noch bewohnten Burganlagen Schott-

Das 1628 erbaute Braemar Castle steht wieder für Besichtigungen seiner luxuriös ausgestatteten Räume zur Verfügung.

lands, doch als sich der Clan Farquharson auf einen moderneren Wohnsitz zurückzog, drohte das Gebäude zu zerfallen. Die Gemeinde Braemer übernahm die Initiative und 2008 konnte Braemar Castle wieder für Touristen geöffnet werden. Sie ist die erste von einer Gemeinde betriebene Burg in Großbritannien.

*** **Balmoral Castle** Das königliche Schloss am Dee liegt in den Grampian Mountains und damit innerhalb des Cairngorms National Park, in dem sich Heide- und Moorlandschaften mit Waldgebieten abwechseln. Prinz Albert, der Gemahl von Königin Victoria, erwarb Schloss Balmoral im Jahr 1846 und ließ es später durch einen Granitbau im schottischen Prunkstil ersetzen. Persönlich widmete er sich der Ausgestaltung der Innenräume, die nach dem Vorbild schottischer Jagdhütten eingerichtet wurden, da Albert seine Zeit hier vor allem mit Jagen verbrachte. Großkarierte Muster und florale Ornamente auf Stoffbezügen zeugen vom ländlichen Stil. Die königliche Familie erholt sich hier meist von August bis Oktober vom höfischen Zeremoniell in London. Dabei befindet es sich immer noch in deren Privatbesitz und ist nicht Teil des Staatshaushalts.

Braemar Highlands

Bei dem Stichwort Braemar fallen augenblicklich Begriffe wie Dudelsack, Games und Gathering. Das jährliche Spektakel hat die Region weit über die Landesgrenzen hinaus berühmt gemacht, doch wer sie besucht, wenn nicht Ausnahmezustand herrscht, wird entdecken, wie viele Vorzüge diese Gegend sonst noch hat. Der Cairngorms National Park und auch der Naturpark Morrone Birkwood liegen direkt vor der Haustür, Berge und Wälder laden zu Bewegung an der frischen Luft ein. Die ist hier wirklich meist angenehm frisch und duftet würzig nach Erde und Grün. Eine fantastische Art, das Hochland zu erleben, ist eine geführte Safari. Mit etwas Glück beobachtet man dabei Rehe, Hirsche, Schneehühner und Seeadler oder auch die Highland-Ponys mit ihren Zottelmähnen.

Im Balmoral Castle machte Queen Elisabeth II. einst jeden Sommer Urlaub.

Braemar Royal Highland Gathering

Dass die Schotten liebenswerte Zeitgenossen sind mit einem unbestreitbaren Hang zum Skurrilen, zeigen etwa die jährlichen rund 100 Hochlandspiele, die von Mai bis September in fast ganz Schottland stattfinden. Wann diese ursprünglichen Dorffeste mit Sport, Tanz und Musik entstanden sind, lässt sich nicht mehr genau nachvollziehen. Dass diese Tradition bis in die Hochzeit der Clangemeinschaften zurückreicht, dafür sprechen die kriege-

rischen und religiösen Elemente, die auch heute noch erkennbar sind. Kraftmeiereien wie Steinewuchten, Hammerwerfen und Baumstammwerfen sind ein willkommenes Spektakel. Nachdem diese dörflichen Feste im 19. Jahrhundert eine Renaissance erlebten, entwickelten sie sich schnell zu einer Art Hochland-Olympiade mit starker Anziehungskraft nicht nur für Touristen. Nicht immer erkennt man gleich, worauf es bei den einzelnen Wettbewerben ankommt – etwa beim Baumstammwerfen (»Tossing the Caber«) nicht auf die Weite, sondern auf einen möglichst geraden Flug. 1832 wurden in Braemar die ersten offiziellen Highland Games veranstaltet. Als Königin Victoria 1848 erstmals das Gathering besuchte und sich für die Wiederbelebung des Brauchs einsetzte, wurden die Highland Games zu einem festen Bestandteil des Festkalenders – und blieben es bis heute.

Corgarff Castle

Mitten in den grünen Hügel des Aberdeenshire errichtete man um 1550 dieses quadratische Tower House, das nach der Schlacht von Culloden 1746 von britischen Truppen zu einer Bastion umgebaut wurde. Die markante sternförmige Außenmauer mit ihren vielen Schießscharten ist einzigartig. Heute können Besucher die wenigen Räumen der Anlage besichtigen und sich in die turbulente Zeit der Jakobitenaufstände zurückversetzen.

Unten Festung, oben auffallend viele Fenster. Craigievar Castle am Nordufer des Dee.

Glatte 60 Jahre dauerte es, bis das wuchtige Castle Fraser fertiggestellt war. Im Film »Die Queen« (2006) mit Helen Mirren diente es als eindrucksvolle Kulisse.

**** Craigievar Castle** Die Burg gibt noch heute exakt das Bild ab, das die Menschen 1626 nach ihrer Fertigstellung auch zu sehen bekommen haben. Weil der Stein durch einen speziellen Putz einen rosafarbenen Schimmer hat und weil Craigievar Castle von einer hübschen Parklandschaft umgeben ist, sprechen viele von einem Märchenschloss. Im Inneren fällt vor allem das Wohnliche auf: Wenn man über die Wendeltreppen von einem Geschoss in das nächste spaziert, hat man eher das Gefühl, privater Gast der Bewohner, der Familie Forbes, zu sein, als Besucher von Ausstellungsräumen.

***** Castle Fraser** Eine Besonderheit des Schlosses der Fraser-Familie, dessen Bau im 16. Jahrhundert begonnen wurde, ist der Grundriss in Form eines Z. Im Sommer ist Fraser Castle zu besichtigen, die Bibliothek und die Große Halle sind die Höhepunkte. Eine Ahnengalerie, Möbel und kostbare Teppiche zieren die Ausstellungsräume, selbst das Holzbein eines Familienmitgliedes wird gezeigt. Vom Turm aus hat man einen tollen Blick auf den Park und die umliegenden Felder und Wälder, die zum Schloss gehören und durch Wanderwege, vorbei an Spalierobst und blühenden Sträuchern, erschlossen sind.

*** Crathes Castle** Dieses Schloss, außerhalb von Banchory gelegen, erreicht man über

So stellt man sich eine Burg vor: Die Ruine von Dunnottar Castle thront stolz an der Nordostküste Schottlands.

Auf 700 Jahre Geschichte blickt Drum Castle zurück.

Weitläufig: die Gärten von Crathes Castle.

die A93 Richtung Milton of Crathes. Robert the Bruce vermachte die Ländereien den Burnetts of Leys bereits im Jahr 1323, darauf errichtet wurde das Gebäude aber erst um 1596. Bis 1951 blieb das Schloss im Besitz der Familie, dann übernahm es der National Trust for Scotland. Seitdem ist es zu besichtigen. In den Räumlichkeiten sind kostbare Porträts und Deckenmalereien im Renaissance- und Jakobinischen Stil zu sehen. Zudem kann Crathes Castle mit einem großen Garten aufwarten. Gleich zwei Gespenster sollen im Schloss ihr Unwesen treiben: die »Green Lady« und die »White Lady«.

**** Drum Castle** Etwa 15 Kilometer westlich von Aberdeen liegt Drum Castle genau zwischen Peterculter und Crathes. Der älteste Teil, das Tower House, stammt aus dem 13. Jahrhundert. Bis auf kurze Unterbrechungen gehörte das Anwesen von 1323 bis 1975 den Irvines. Es hält eine wunderbare Mischung verschiedener Stilrichtungen für seine Besucher bereit: mittelalterlich, georgianisch und viktorianisch, mit überraschenden Extras wie den Dienstbotengängen, die den Alltag des Personals demonstrieren, oder einst zugemauerten, jedoch wiederentdeckten Räumen. Außerdem wartet das Schloss mit einer der schönsten Bibliotheken Schottlands auf.

***** Dunnottar Castle** Die Burgruine vor dem grandiosen Felsküstenpanorama nahe dem Hafenstädtchen Stonehaven ist so malerisch schön, dass Dunnottar Castle auch als das Fantasieprodukt eines hochbegabten Kulissengestalters angesehen werden könnte. Von der Echtheit dieser gewaltigen Festung in Aberdeenshire kann man sich allerdings das ganze Jahr überzeugen; von November bis Ostern aber nur bis zum Einbruch der Dunkelheit. Rund 20 Minuten Gehweg führen hinauf zum Castle, das auf einem 50 Meter hohen, jäh abfallenden Hügel steht. Schon im 5. Jahrhundert soll hier der heilige Ninian eine christliche Siedlung begründet haben; Anfang des 14. Jahrhunderts entdeckte Sir William Keith diesen strategisch so überaus günstigen Platz für seine militärischen Absichten und errichtete »Dunotir«. Ab dem Jahr 1715 war die Festung dann verlassen und verfiel schließlich immer mehr.

Am Ende der Union Street blickt man auf das Market Cross mit dem schottischen Einhorn – Symbol des mittelalterlichen Marktrechts. Dahinter die mächtige Zitadelle der Heilsarmee.

Da fällt dem Stadtrat das Stufensteigen leicht: die kunstvolle Wendeltreppe im Town House (erbaut 1870).

***** Aberdeen** »Silver City« wird die Metropole zwischen den River Dee und River Don auch genannt, weil ihr Erscheinungsbild von dem im Umland gewonnenen Granit geprägt ist, der im Sonnenlicht glitzert. Die historische Hauptstadt der Grampians, mit rund 229 000 Einwohnern Schottlands drittgrößte Kapitale, wurde einst von Alexander I. (schottischer König von 1107 bis 1124) als wichtigste Stadt in seinem Königreich bezeichnet. Schon damals war sie ein bedeutendes Handelszentrum mit Fischereihafen. 1337 wurde das damalige »Aberdon« von Edward III. (englischer König von 1327 bis 1377) niedergebrannt. Reges kaufmännisches Treiben brachte der Stadt in den folgenden Jahrhunderten wieder Wohlstand und Anerkennung. Mitte des 20. Jahrhunderts wurde dann das Nordseeöl entdeckt, und heute ist »Europas Ölhauptstadt« eines der wichtigsten Versorgungszentren für die Bohrinseln in der Nordsee.

**** Town House** Zu dem ehemaligen Gerichtsgebäude im neugotischen Stil an der Broad Street, Ecke Union Street, gehört auch das Zollhaus. Das gesamte Ensemble aus dem Jahr 1870 steht unter Denkmalschutz und wird heute als Museum genutzt.

**** Union Street** Sie ist die Hauptstraße von Aberdeen. Ihr Name bezieht sich auf die Vereinigung mit Irland im Jahr 1800. Die Straße ist eine beliebte, eher teure Einkaufsmeile, an der sich eine Menge schöner Pubs und Restaurants befindet, ebenso in den von ihr abzweigenden Seitenstraßen.

*** Marischal College** Im Jahr 1593 gegründet, wurde das Gebäude als zweite Universität von Aberdeen an der Broad Street ab 1830 erbaut und im Jahr 1906 fertiggestellt. Das College vereinigt den neugotischen mit dem neoromanischen Baustil verschiedener Architekten. Es fungiert heute als Museumszentrum sowie seit 2011 als Hauptsitz des Stadtrats von Aberdeen.

***** Harbour** Der Hafen, nahe dem Bahnhof und dem Haupt-Busterminal gelegen, ist nicht nur ein perfekter Ausgangspunkt für eine Stadtbesichtigung, er zählt auch zu den Attraktionen Aberdeens, die man mit etwas Zeit ansehen sollte. Das Maritime Museum stimmt mit Modellen, Fotos und historischen Navigationsgeräten ideal auf eine Entdeckungstour ein und erklärt, wie sich der Handelsplatz zu einem der wichtigsten Ölhäfen Europas entwickeln konnte. Glücklicherweise gibt es draußen an den Docks nicht nur wuchtige Tanks zu sehen, sondern auch die Fischerei hat noch ihren Platz. Es lohnt sich, sehr früh aufzustehen: Schon ab 4 Uhr kaufen die Händler am Palmerston Quai, was die Kutter in der Nacht eingebracht haben. Im Laufe des Tages ist Aberdeens Hafen, wo die Flüsse Don und Dee in die Nordsee münden, der richtige Ort, um sich dem Fernweh hinzugeben, denn er ist auch Station für viele Kreuzfahrtschiffe.

Innenhof des Marischal College/Museum: Es ist der zweitgrößte Granitbau der Welt.

Öl vor Schottland

Für Aberdeen kam das »schwarze Gold« gerade noch rechtzeitig. Über die Jahrhunderte war es der Stadt mehr als gut gegangen. Ihre Universität machte sich einen Namen, die Fischerei ernährte die Bevölkerung. Dann spülte der Schiffsbau viel Geld in die Kassen. Just als die Werften ihre Tore schließen mussten, wurde in der Nordsee Öl entdeckt – viel Öl. Statt in Armut zu versinken, erlebte Aberdeen wieder einen Aufschwung. Davon profitiert das ganze Land. Die Medaille hat aus Aberdeener Sicht eine gewaltige Kehrseite. Der Reichtum macht die Stadt auch teuer. Dort Geld verdienen? Ja. Dort leben? Nein. Arbeitslosigkeit gibt es nicht, im Gegenteil: Überall fehlt Fachpersonal. Über ein Fünftel der Einwohner ist in der lukrativen Ölbranche tätig, da bleiben nicht genug, um Krankenhäuser oder Schulen in Betrieb zu halten.

Kilts und Sporrans

Nichts steht mehr für Schottland als der Schottenrock. Vor Ort nennt man ihn respektvoll Kilt, was so viel heißt wie »klein gefaltet« und schon auf die typische Form hindeutet. Das Tragen des Kilts hat im Land Tradition. Diese reicht aber längst nicht, wie viele meinen, bis in das Mittelalter zurück. Erst seit dem 18. Jahrhundert hat sich das Kleidungsstück durchgesetzt. So viele verschiedene Farben auf dem derben Stoff auch vorkommen, ist das

Muster doch immer gleich: Karos. Die allerdings in einer riesigen Vielfalt. Tartan ist der Name für das, was als Schottenkaro bekannt ist. Wobei der Begriff ursprünglich nur die Herstellungsart, also ein spezielles Webverfahren, meinte. Jeder Clan hat seine ganz eigene Abfolge von Farben. Eine speziell dafür eingerichtete Behörde, The Scottish Register of Tartans, hütet ein Verzeichnis bekannter Muster und trägt ständig neu entwickelte ein. An die 3000 Varianten sollen bereits registriert sein. Neben den dicken Strümpfen, die bei den Schotten interessanterweise »hose« heißen und gern mit verziertem Band getragen werden, gehört zum Kilt auch der Sporran. Der über den Rock gebundene Lederbeutel hatte zunächst nur einen rein praktischen Nutzen, in unserer Zeit hat er sich allerdings längst zu einem Hingucker gemausert und darf gern reich geschmückt sein.

Der erste Eindruck täuscht: Leith Hall steht nicht etwa unverändert seit Jahrhunderten. Im Gegenteil, es wurde immer wieder umgebaut.

Gartenkunst vom Feinsten in Pitmedden.

*** Pitmedden Garden** Vor allem in den Sommermonaten explodieren nahezu die Farben der über 40 000 Pflanzen, die den spektakulären Garten von Pitmedden bereichern. Das Grün ist das aufsehenerregende Zentrum des Anwesens. Das Areal wurde 1675 von Sir Alexander Seton, First Baronet of Pitmedden, inszeniert. In den 1950er-Jahren führte James Richardson die Anlagen in ihren ursprünglichen, aufwendig gestalteten, formal angelegten Zustand zurück. Als Vorbild dienten ihm die Gärten des Palace of Holyroodhouse in Edinburgh von 1647.

**** Haddo House** Das denkmalgeschützte Herrenhaus ist der Öffentlichkeit zugänglich. Gebaut wurde es 1732 von Stararchitekt William Adam als Wohnsitz für die Familie Gordon. Wissenschaftlichen Untersuchungen zufolge befand sich Kellie Castle, rund 500 Jahre Heimat der Gordons, auf dem gleichen Grund und Boden wie Haddo House. Prähistorische Funde, dazu gehört auch ein Steinkreis, belegen, dass der Ort schon sehr viel länger besiedelt ist. Erwähnenswert ist der zauberhafte Terrassengarten. Auch die Ende des 19. Jahrhunderts erbaute Kapelle sollte man sich nicht entgehen lassen.

**** Fyvie Castle** Man weiß, dass Teile der Burganlage bis in das 13. Jahrhundert zurückreichen. Viel mehr ist über ihre Entstehung nicht bekannt. Dafür wimmelt es in und um Fyvie Castle von Legenden. Es heißt, fünf Familien hätten, nachdem das Schloss erobert war, je einen Turm an die bestehende Anlage angebaut. Ein Fluch soll auf Fyvie Castle liegen, der verhindert, dass männliche Nachkommen gezeugt werden können. Tatsächlich gab es einen Schlossherrn, der seine Gattin betrogen, andere sagen gar weggesperrt hat, weil sie ihm nur Töchter gebar. Das Skelett dieser Unglücklichen soll im Jahr 1920 im Haus entdeckt worden sein.

**** Leith Hall** Über zehn Generationen befand sich dieser Wohnsitz in den Händen der Familie Leith. Lord James Leith ließ die Residenz im Jahr 1650 erbauen. Im Laufe der nächsten 300 Jahre passten die Bewohner sie immer wieder ihren Bedürfnissen an: So verwandelte sich Leith Hall von einem schottischen Tower House in ein französisches Schlösschen. Auch die Ausstattung der Räume spiegelt diese Veränderungen wider. Eine Besichtigung, die nur im Rahmen einer Führung möglich ist, wird damit zu einer Reise durch die Epochen. Zum Anwesen gehören Stallungen, Gemüsegärten und auch ein Steingarten mit Skulpturen.

Slains Coastline

Der Küstenabschnitt liegt im Nordosten Schottlands zwischen Peterhead und Aberdeen. Ein Teil des Landes war im 14. Jahrhundert Sir Gilbert Hay für seine Verdienste im Kampf gegen die Engländer geschenkt worden. Ein Spaziergang entlang der Klippen, über die meist ein kräftiger Wind streicht, führt zu Resten von Schlössern und Türmen, die dem Hay-Clan gehörten. Auf dem Weg liegt aber auch der Ort Cruden Bay, der für seinen langen Strand, dessen Sand rosa schimmert, bekannt ist. Ein Stück südlich davon befindet sich der Naturpark Forvie. Seine von Seegras bewachsenen Sanddünen sind beeindruckend und muten nordafrikanisch an. Die Vogelwelt ist reich. Eiderenten haben hier ebenso ein Zuhause gefunden wie Seeschwalben und der ebenfalls für die Nordsee typische Austernfischer mit seinem karottenroten Schnabel.

Haddo House repräsentiert mit georgianischer Fassade, links sieht man hinter dem Gebäude gerade noch die Kapelle.

Fyvie Castle beeindruckt vor allem mit seiner Gemäldesammlung samt einer selbst spielenden Orgel.

Pipers und Pipes

Für viele ist der Dudelsack untrennbar mit dem »Urschottischen« verbunden. Dabei stammt das klassische Hirteninstrument ursprünglich aus Asien und Nordafrika; erst die Römer brachten es ins Land. Die Luftzufuhr erfolgt bei diesem Blasinstrument über einen Tierbalg (Windsack), der über ein Anblasrohr oder mittels eines kleinen Blasebalgs ständig mit Luft gefüllt wird. An den Windsack angeschlossen sind die Spielpfeife (manchmal auch zwei)

mit den Grifflöchern und zwei bis drei ständig mitklingende Begleitpfeifen (»Bordun«, meist Grundton und Quinte). Mit dem Oberarm presst der Spieler die Luft aus dem Balg in die Pfeifen. Dass der Dudelsack zum Symbol schottischer Identität wurde, hat mit der Leidenschaft zu tun, die die Schotten für die »Bagpipe« entwickelten. Schon im 15. Jahrhundert soll es auf der Hebrideninsel Skye eine Pfeiferakademie gegeben haben, von den Clan-Pipers der MacGrimmons ins Leben gerufen. Meisterbläser mussten Hunderte Melodien beherrschen: »Pitbrochs« für die Schlacht, »Laments« für die Gefallenen, »Reels« und »Strathspeys« für die Tänze. Kurzfristig von den Engländern sogar auf den Index gesetzt, kamen die Dudelsackweisen mit dem Einsatz erster Highland-Regimenter wieder zum Erklingen, weil sie sich bei der Unterstützung des Kampfgeistes als äußerst wirksam erwiesen.

Mit bewegter Vergangenheit: Huntly Castle.

Wie ein Theatron im Halbrund angelegt auf mehreren Etagen: der Ort Macduff.

*** Huntly Castle** Der Earl of Huntly, Oberhaupt des Gordon-Clans, erhielt das L-förmig gebaute Schloss als Geschenk. Allerdings führten Streitigkeiten mit anderen Adelsgeschlechtern dazu, dass es mehrfach niedergebrannt und immer wieder neu errichtet wurde. Diese Gelegenheit nutzten die Besitzer meist zu mehr oder weniger umfangreichen Erweiterungen. Nach Auseinandersetzungen Mitte des 17. Jahrhunderts überließ man das Bauwerk endgültig seinem Schicksal. Von außen ist die kunstvolle Fassade von Huntly Castle zu besichtigen. Man erkennt noch den aufgeschütteten Hügel, auf dem einst eine imposante Vorgängerburg stand.

Gemälde der National Galleries of Scotland stellt Duff House aus.

**** Macduff und Banff** Die bmalerischen Fischerdörfer entlang der Nordseeküste bestehen oft nur aus ein paar Häuserzeilen und bieten eine zauberhafte Szenerie. Die beiden Örtchen Macduff und Banff an der Mündung des River Deveron verbindet eine siebenbogige Brücke; Banff war schon im 12. Jahrhundert ein Handelszentrum der nördlichen Hanse. Sehenswert sind einige denkmalgeschützte geor-

Im winzigen Ort Pennan zieht sich eine malerische Häuserreihe entlang der Bucht, umschlossen von hohen Felsen.

gianische Häuser des schottischen Landadels, der das idyllische Fleckchen im 17. und 18. Jahrhundert für sich entdeckte. Im Macduff Marine Aquarium kann man mehr als 50 Fischarten erleben, denen sonst nur Taucher so nahe kommen.

*** **Duff House** Das Duff House in Banff gilt als Meisterwerk schottischer Architektur und orientiert sich an der römischen Villa Borghese. Das von William Adam für den First Earl of Fife im 18. Jahrhundert entworfene Schmuckstück eines georgianischen Herrenhauses stellt heute eine wahre Schatzkammer von Gemälden und Möbeln dar und wird durch mehrere ambitionierte Institutionen erhalten. Insbesondere die geschwungene Freitreppe außen ist eine beliebte Kulisse bei opulenten Hochzeitsfeiern. Das große Anwesen verfügt außerdem über viele Wanderwege, die auch bis an die nahe gelegene Mündung des Flusses Deveron an der Banff Bay führen. Auf einem kurzen Pfad zur Bridge of Alvah kommt man an einem beeindruckenden neugotischen Mausoleum vorbei.

Fraserburgh

Am äußersten Punkt der Einmündung des Moray Firth liegt die Stadt Fraserburgh, Heimat von rund 13 000 Einwohnern. Sie wurde Anfang des 16. Jahrhunderts gegründet, besaß vorübergehend eine Universität, die jedoch nicht von Bestand war. Aufschwung bescherte dem Ort die Heringfischerei. Zu Spitzenzeiten lebten rund 16 000 Menschen von Fang und Verarbeitung des Fischs, doch das ist längst vorbei. Trotzdem hat der Hafen noch immer eine große Bedeutung für Fraserburgh – und natürlich der Leuchtturm, dessen Museum man sich ansehen muss. Schließlich handelt es sich um eine umgebaute Burg, aus der Schottlands erster Leuchtturm entstanden ist. Eine weitere Attraktion ist Broadsea, einst ein Fischerdorf, das zwar von der Stadt geschluckt wurde, aber heute Naturschutzgebiet ist.

* **Pennan** So ziemlich alles an dem ehemaligen Fischerdorf Pennan ist ein wenig skurril. Einerseits mutet es an wie ein abgeschiedenes Paradies, andererseits ist es, bedingt durch seine Lage am Moray Firth, extremen Stürmen ausgesetzt. Die Bewohner sind längst keine Fischer mehr. Sie hängen ihre Wäsche gern entlang der Uferlinie so in einer Linie auf, wie auch die Häuser stehen. Touristenattraktionen sind hier Fehlanzeige, dennoch pilgern jedes Jahr einige Besucher her, um zu sehen, wo die berühmte rote Telefonzelle steht, die im schottischen Streifen »Local Hero« (1983) so häufig gezeigt wird. Drollig: Diese Telefonzelle gab es vor den Dreharbeiten nicht. Weil aber so viele Filmfans mehr oder weniger ihretwegen kamen, stellte man eine auf. Auch der Hafen wird aus diesem Grund gern besichtigt. Wer mag, besteigt ein Ausflugsschiffchen für eine Tour entlang der Küste. Seefest sollte man dafür allerdings sein.

Unterwegs in Moray

Speyside, Malt Whisky Trail und Coastline – ob man die Schönheit der Natur bewundern, frische Meeresluft einatmen oder sich das schottische Nationalgetränk auf der Zunge zergehen lassen möchte: Moray lässt sich mit allen Sinnen erleben.

Brodie Castle macht einen majestätisch Eindruck und als Feriengast fühlt man sich mit Sicherheit ebenfalls so.

*** Brodie Castle** Das seit seiner Erbauung 1160 im Besitz der Familie Brodie befindliche Schloss, 13 Kilometer östlich von Nairn, ist umgeben von einer großen, gepflegten Parkanlage. Gästen, die sich einmal wie Könige in Schottland fühlen wollen, werden einige hochwertig eingerichtete Ferienapartments zur Miete angeboten. Die Bibliothek umfasst 6000 Bücher; der beeindruckendste Raum ist der Salon, aufwendig ausstaffiert mit kostbaren Möbeln. Das Anwesen wurde 1645 bei einem Brand zerstört, danach aber prachtvoll wiederaufgebaut. Im Park finden im Sommer Events statt.

**** Sueno's Stone** Nicht eindeutig sind die Interpretationen der Gravuren der 7 Meter hohen Steinstele an einer Straßenkreuzung im Nordosten der Stadt Forres, die seit den 1990er-Jahren von einem Panzerglashaus geschützt wird. Gesichert ist, dass sie aus der Zeit der Pikten stammen, Kriegsszenen und ein eingearbeitetes keltisches Kreuz deuten darauf hin. Der Sueno-Stein wird in einem Werk von Alexander Gordon bereits 1726 beschrieben. Lady Murray hatte ihn, da er umzufallen drohte, zu dieser Zeit aufrichten und fundamentieren lassen.

***** Glenfiddich Distillery** Ein Duft von Malz weht durch die Luft. So war es im »Tal des Hirsches«, so die Übersetzung von Glenfiddich, bereits 1886, als William Grant das Unternehmen gründete, das sich auf der ganzen Welt einen Namen machen sollte. Dufftown ist die vielleicht wichtigste Station des Malt Whisky Trail, der sich durch ein Land schlängelt, in dem die Gerste für das hochprozentige Vergnügen wächst und das klare Quellwasser dafür sprudelt. Wenn auch der Single Malt aus nur einem Getreide und nur einer Destillerie stammen darf, ist doch das Mischen aus verschiedenen Fässern erlaubt. Bei Glenfiddich darf man sich selbst darin ausprobieren und kann den Küfern bei ihrer Arbeit zusehen. Am Ende einer Besichtigungstour wird natürlich Whisky verkostet. Nicht nur Zunge und Gaumen, sondern auch und ganz besonders die Nase kommen dann voll auf ihre Kosten.

Sueno's Stein in Forres ist vor Witterung und Vandalismus geschützt.

Malt Whisky Trail

Die Whiskyproduktion stellt – neben dem Tourismus – einen extrem wichtigen Wirtschaftszweig in Schottland dar. Der eigens für Touristen konzipierte Malt Whisky Trail im Bereich des Speyside entspricht damit beiden Sektoren auf sensationelle und weltweit einzigartige Weise. Die Gegend ist für diesen Themenpfad schon aufgrund der hohen Dichte der hier ansässigen Whiskydestillerien perfekt geeignet. Nicht alle, aber insgesamt sieben aktive Brennereien, eine historische und eine Fassbinderei schlossen sich diesem Engagement an. Die Route ist einheitlich gekennzeichnet und kann in der vorgegebenen Reihenfolge oder je nach Gusto besucht werden. Einige Besichtigungen muss man im Voraus buchen, oder man kann sie auch direkt in einer Destillerie zum nächstmöglichen Zeitraum vereinbaren.

Auch für Menschen, die mit Whisky nicht viel anfangen können, ist der Besuch in der Glenfiddich-Destillerie ein Erlebnis: Efeu rankt an den malerischen Gebäuden mit ihren Pagodendächern hinauf, überall stehen alte Fässer, denen man ansieht, wie viele Liter der würzigen braunen Flüssigkeit schon in ihnen gelagert wurden.

Scotch Whisky

Die Ruhe, Hingabe und Souveränität, mit der die Schotten ihr Nationalgetränk brennen, scheinen direkt in die Flaschen zu fließen. Irische Mönche hatten schon im 6. Jahrhundert damit begonnen, Hochprozentiges herzustellen; 1494 wurde die Destillation von Whisky in Schottland erstmals urkundlich erwähnt. Beim Scotch Whisky wird die getrocknete Gerste zuerst gereinigt, zwei bis drei Tage in Wasser eingeweicht und auf Malzböden

zum Keimen gebracht (Mälzen). Dabei kann Torf unterhalb des mit kleinen Löchern versehenen Darrbodens verbrannt werden, um dem Malz ein entsprechendes Aroma zu verleihen, ehe es gemahlen und mit heißem Wasser in der Maischetonne vermischt wird (Maischen). Die Würze aus den Maischetonnen pumpt man in Gärbottiche und setzt Hefe zu, um die Vergärung in Gang zu bringen (Fermentation). Bei der Destillation werden kupferne Brennblasen stark erhitzt; schottische Brennereien destillieren meist zweifach. Bei der zweiten Destillation entsteht der Feinbrand. Mindestens drei Jahre lang in Eichenfässern gelagert und gereift, bekommt das »Sonnenlicht in Flaschen« Farbe und Geschmack. Es gibt drei Fassgrößen: Butt (500 Liter), Hogshead (254 Liter), Standard Barrel (190 Liter). In Sammelbehälter entleert und filtriert, wird manchmal noch ein Farbstoff zugesetzt.

»Laterne des Nordens« wird die 1224 geweihte Kathedrale von Elgin auch gerne genannt.

***** Elgin und Elgin Cathedral** Wer von Aberdeen nach Inverness reist – oder natürlich umgekehrt –, kommt zwangsläufig an Elgin vorbei. Es ist die größte Stadt und das Wirtschaftszentrum der Region am Moray Firth. Neben der wunderschönen Ruine der Kathedrale ist selbstverständlich der Whisky einer der Stars. Elgin liegt immerhin in einer der bekanntesten Whisky-Gegenden überhaupt, der Malt Whisky Trail führt durch die Stadt. Doch das ist längst nicht alles. Auch die Spuren der früher bedeutenden Webereien sind noch zu erkennen. Das Elgin Museum gehört zu den ältesten Museen Großbritanniens, und das Moray Motor Museum ist ein Muss für Liebhaber von Oldtimern. Elgin hat einige hübsche alte Bauwerke, viele davon findet man an der High Street. Von dort zweigen auch nette kleine Gassen ab, die zum Bummeln einladen. Der Biblical Garden hinter der Kathedrale ist ebenfalls einen Besuch wert.

**** Findochty** Das traditionelle Fischerdorf aus dem 15. Jahrhundert ist ein idealer Ort für einen sehr entspannten Urlaub. Einige der typischen Häuschen direkt am Strand sind für Feriengäste zu mieten. Der nächste größere Ort ist Buckie, der die Fischerei irgendwann an sich gezogen hat. Er bietet Besuchern gute Einkaufsmöglichkeiten in kurzer Entfernung. In Findochty selbst ist es ruhig und beschaulich, Hektik und Trubel scheinen hier Fremdworte zu sein. Die Kirche ist kaum größer als die Cottages in ihrer klassischen Bauform. Freizeitsegler legen gern eine Pause ein und treffen sich im Admirals Pub. Wenn man von Sehenswürdigkeiten sprechen will, sollte die Skulptur eines Mannes erwähnt werden, die am Hafen steht. »The Mannie«, 1959 von einer lokalen Künstlerin errichtet, blickt gelassen über das Wasser, in seinen Sockel ist eine Platte eingelassen, auf der ein Psalm steht.

***** Moray Coastline** Die großartige Nordostküste zieht mit ihrer ungestümen Natur reihenweise Schottland-Fans an. Kein Wunder, hinter jeder Klippe wartet ein neuer atemberaubender Blick. Am besten lässt sich der Landstrich auf dem rund 70 Kilometer langen, gut beschilderten Moray Coast Trail erkunden, der von Forres im Westen nach Cullen im Osten führt. Raue Küstenabschnitte wechseln sich mit weiten Sandstränden ab, immer wieder führt der Weg, der ohne große Herausforderungen und Höhenunterschiede auskommt, durch gemütliche Ortschaften. Unterwegs wird man immer wieder Gelegenheiten haben, die verschiedensten Seevögel zu beobachten. Auch für Taucher ist die Moray Coastline ein Paradies. Mit Glück bekommen sie Tümmler zu sehen. Für diese sympathischen Meeresbewohner ist ein eigenes Schutzgebiet entstanden, das im Rahmen von organisierten Touren besucht werden kann.

So stellt man sich einen entspannten Urlaubsort vor: Fischerboote im Hafen von Findochty.

Vielleicht die schönste und stimmungsvollste Kirche Schottlands: die Ruine von Elgin Cathedral.

Stimmungsvolles Licht bricht über dem Covesea Skerries Lighthouse in Lossiemouth herein.

Auch Teil der Moray Coastline: Der Bow Fiddle Rock bei Portnockie.

Unterwegs in Highland

Wie sonst keine andere Gegend verbindet man Schottland – oder die Bilder, die man dazu im Kopf hat –, vor allem mit der Council Area Highland: einsame Lochs, hohe Munros und wilde Glens, dazu herrschaftliche Castles und natürlich »urschottische« Traditionen.

***** Rannoch Moor** Ein starker, zäher Menschenschlag sind die Schotten, die sich vor nichts fürchten und niemals klein beigeben. Doch vor einer Landschaft kapitulieren selbst sie – vor einer Natur, so wild und unbezähmbar, dass sie sich von keiner Menschenhand bändigen und unter keinem Pflug urbar machen lässt. Das ist das Rannoch Moor, eine der letzten unberührten Landschaften Schottlands, ein

Der 1021 Meter hohe Buachaille Etive Mòr ragt gewaltig am Ostende des Glen Coe empor.

Mitten im Rannoch Moor liegt der Loch of the Armpit. Die Bergkette Black Mount grüßt aus der Ferne.

130 Quadratkilometer großes Sumpfland in den Highlands, voller Bäche, Tümpel, Seen und Torf schwarz wie die Nacht. 1000 Meter hohe Berge umgeben dieses Moor. Es ist eine schaurig-schöne Gegend, die sich aller Lebenslust entkleidet zu haben scheint. »Eine zerschlissenere Ödnis hat kein Mensch jemals gesehen«, notierte der schottische Schriftsteller Robert Louis Stevenson, Autor von »Die Schatzinsel« sowie »Dr. Jekyll und Mr. Hyde«, im späten 19. Jahrhundert nach einer Reise ins Rannoch Moor.

***** Glen Coe** Wenn der landestypische Nebel aufzieht und das Glen Coe (der hier angesiedelte Ort schreibt sich Glencoe) in eine mystische Landschaft verzaubert, dann mögen die Gedanken vielleicht zurückschweifen zum berühmt-berüchtigten »Massaker von Glencoe«, im Verlauf dessen in einer Winternacht des Jahres 1692 Dutzende Männer, Frauen und Kinder ermordet wurden. Heute ist das Tal friedlich und bei Wanderern sehr beliebt, die hier südlich des Ben Nevis – des mit 1345 Metern höchsten Berges der Britischen Inseln – eine traumhafte Berglandschaft mit schroffen, schneebedeckten Hängen, von Gletschern erodierten Tälern, Wasserfällen, Seen, Mooren und tundrenartiger Vegetation vorfinden. Jedoch sollten trotz dieser Naturidylle die für Schottland typischen raschen und unvermittelten Witterungswechsel nicht unterschätzt werden.

Der River Coe bahnt sich seinen Weg durch das Bergmassiv Aonach Eagach.

Loch Leven

Er ist nicht mit dem ebenfalls Loch Leven genannten See in der Council Area Perth and Kinross zu verwechseln. Dieser Leven liegt zwischen dem Fjord Loch Linnhe und den Grampian Mountains. Er ist ein wahres Bilderbuchgewässer. Die Ufer sind zum Teil stark bewachsen. An einigen Abschnitten spiegeln sich die Gipfel, auf denen nicht selten Schneehäubchen hocken, im klaren Wasser. Dazu gesellen sich schroffe Felsen, tiefe Täler und gut erschlossene Wanderwege. Doch bei Weitem ist nicht nur die Natur bestechend, die Geschichte, die in der Region tiefe Spuren hinterlassen hat, ist es ebenfalls. Die Stadt Fort William ist ein touristisches Muss. Einige interessante Museen erzählen hier vom Jakobitenaufstand und von der Schlacht, die 1692 im Glen Coe den Clan der MacDonalds ausrotten sollte.

Rannoch Moor

Mit Fug und Recht kann man das Rannoch Moor als unberührte Natur bezeichnen. Die einsame Landschaft in Schottlands Nordwesten, 300 bis 400 Meter über dem Meeresspiegel gelegen, wird von zahlreichen 1000ern – der höchste ist der Meall a' Bhùiridh – eingerahmt. Ganz unfrequentiert ist die Gegend dann aber doch nicht, schließlich führt die Eisenbahnlinie West Highland Line seit über 100 Jahren hindurch.

Glen Coe: Buachaille Etive Mòr

Eine Pyramide, so perfekt wie ein pharaonisches Königsgrab: Der Buachaille Etive Mòr (1021 Meter) thront wie ein steinerner Herrscher über dem Glen Coe. In dem Tal wurde bereits eine ganze Reihe bekannter Filme gedreht, darunter der James-Bond-Streifen »Skyfall« (2012). Das oft auf Postkarten abgebildete Bergmassiv ist bei Wanderern wie Kletterern äußerst beliebt.

Aufgrund der Wetterbedingungen kann das Erklimmen des Ben Nevis, Großbritanniens höchster Erhebung – hier die Nordseite –, mitunter auch eine gefährliche Herausforderung werden.

**** Fort William** »An Gearasdan« heißt die größte Stadt der westlichen Highlands auf Gälisch. Zur »Festung« wurde Fort William 1650, als es begründet wurde, 1690 erhielt es seinen heutigen Namen. Es ist neben Inverness das zweite wichtige Zentrum und Verkehrsknotenpunkt dieses Gebiets. Museen, attraktive Shops, Hotels und Pubs in der City bieten touristische Highlights. 7 Kilometer östlich liegt der Ben Nevis, einer der 282 schottischen Munros (also Berge, die höher als 914 Meter sind). Auch Loch Linnhe, an dessen nördlichem Ende Fort William liegt, macht Lust, in der längsten Meeresbucht Schottlands zu tauchen oder zu segeln.

***** Ben Nevis** Mit 1344 Metern – einige sprechen gar von 1345 Metern – ist Ben Nevis unbestritten die höchste Erhebung des Vereinigten Königreichs. Und er ist ein Magnet, der jedes Jahr rund 100 000 Hobbybergsteiger in die westlichen Highlands lockt. Mehrere Routen führen hinauf. Es geht vorbei an weidenden Schafen, einem Wasserfall oder einem Gebirgssee. Egal für welchen Pfad man sich entscheidet, kurz und steil mit Kletterpassagen oder lieber lang und gemäßigt – oben auf dem Gipfel sieht man die Reste einer alten Wetterbeobachtungsstation. Mit etwas Glück genießt man den herrlichen Rundumblick. Leider herrscht oft Nebel auf Schottlands höchstem Punkt. Nicht umsonst nennt man den Ben auch »Berg, der den Kopf in den Wolken trägt«. Der Nebel macht Wanderern gern das Leben schwer. Im Winter sollte man ihn ganz in Ruhe lassen, im Sommer sind Wetterkapriolen unbedingt zu beachten.

Vor der Church of Scotland in Fort William erinnert die Statue von Donald Cameron of Lochiel an einen berühmten Clan-Chief.

Ben Nevis

Jährlich wird »The Ben«, wie die Schotten ihren rund 400 Millionen Jahre alten Berg liebevoll nennen, von zahlreichen Wanderern bestiegen. Eine klassische Route auf den Gipfel, der sogenannte Mountain Track, beginnt im Glen Nevis an der Südseite des Bergs. Die Nordseite mit 300 Metern ist die höchste Felswand in Großbritannien. Eine erinnerungsfototaugliche Aussicht auf den Ben Nevis erhält man im Örtchen Corpach.

Erinnert an die Jakobiteraufstände: das Glenfinnan Monument am Ufer des Loch Shiel.

***** Loch Shiel** Zwar ist er teilweise schmal, mit seinen beinahe 30 Kilometern Länge gehört er dennoch zu den volumenmäßig größten Seen Schottlands. Der Clan der MacDonalds, der eine wichtige Rolle im Rahmen der Jakobiteraufstände spielte, ist die politisch wohl bedeutendste Kraft in der Region. Eine ihrer Familiengrabstätten befindet sich auf einem Inselchen im Loch Shiel. Eingerahmt von einigen fast 1000 Meter hohen Gipfeln, ist er ein Naturjuwel. Wer während der Sommermonate in der Nähe ist, sollte es sich keinesfalls entgehen lassen, eine Bootsfahrt zu unternehmen. Sie startet vom eleganten Glenfinnan House Hotel. Überhaupt ist der Ort Glenfinnan am nördlichen Ufer ein Anziehungspunkt. Hübsch anzusehen ist auch die graue Steinkirche St Mary and St Finnan mit ihren bunten Glasfenstern, ebenso der kleine Bahnhof, Station des Jacobite Steam Train.

**** Loch Moidart und Castle Tioram** Wo der River Shiel und der Loch Moidart zusammenfließen, liegt die Felseninsel Eilean Tioram. Auf ihr thront das gleichnamige Castle, oder besser: das, was von ihm noch übrig geblieben ist. Das einstmals beeindruckende Bauwerk entstand schon im 13. Jahrhundert. Es war lange Sitz des Clans der MacDonalds von Clanranald. Schon seit dem frühen 18. Jahrhundert wurde die Burg nur noch sporadisch genutzt. Nachdem sie niederbrannte und verfiel, hat man Castle Tioram bis heute nicht wieder aufgebaut. Mauerteile sind eingestürzt, der Zustand ist schlecht, die Absperrungen sind es auch. Darum sollte man den Anblick nur von Weitem genießen und sich eher Zeit für das Moidart History House nehmen, ein kleines Museum, das die Geschichte und Kultur der Gegend und der Menschen

Die Kirche St Mary and St Finnan in Glenfinnan, 1873 im gotischen Stil erbaut.

Ruine Castle Tioram am Loch Moidart.

präsentiert. Oder für eine Wildtiersafari, wie sie in der Gegend häufig angeboten wird.

**** Morar** Die Bezeichnung Morar kann leicht für Verwirrung sorgen. Was ist gerade gemeint: der Fluss, das Loch oder der Ort? Fangen wir mit Letzterem an: Es ist ein Dörfchen, das kaum Erwähnung gefunden hätte, wäre nicht 1997 die Ferienstraße »Road to the Isles« hindurchgebaut worden. Auf ihr fährt man zur Küste und hat einen schönen Blick auf die Inselchen Muck, Eigg und manchmal auch auf Rùm. Es gibt eine Bahnlinie und kleine Hotels. Und eben den River Morar direkt vor der Haustür. In jenen Fluss entwässert Loch Morar, Großbritanniens – stellenweise mit über 300 Metern – tiefster See. Knapp 20 Kilometer ist er lang, meist aber nur 1 Kilometer breit, liegt er zwischen stolz aufragenden Bergrücken. Der Fluss wiederum ist ein hübsches Revier für Freizeit-Skipper. Sie werden vor allem von den sogenannten Silver Sands angelockt, Strandabschnitten, die der Karibik alle Ehre machen würden.

Road to the Isles

Diese berühmte und landschaftlich wunderschöne Panoramastraße beginnt am Fuß des Ben Nevis bei Fort William und endet an der lebendigen Hafenstadt Mallaig. Als eine der schönsten Routen Schottlands verläuft sie in weiten Teilen parallel zur Strecke des aus »Harry Potter« bekannten Jacobite Steam Train. Über 70 Kilometer geht es entlang weißer Sandstrände, über grüne Berge, durch tiefe Täler und blühende Heidelandschaften. Das Ganze untermalt von still ruhenden Lochs mit Aussicht auf die »Small Isles« Rùm, Eigg, Muck und Canna oder mit herrlichem Blick auf die Halbinsel Knoydart und die Insel Skye. Er führt vorbei an Sehenswürdigkeiten wie der Neptune's Staircase, der achtstufigen Schleuse des Caledonian Canal, und dem erhabenen Glenfinnan-Viadukt. Wer mag, reist von Mallaig per Fähre weiter.

Jacobite Steam Train

Dieser Zug ist eine Touristenattraktion inmitten einer spektakulären Landschaft. Und das nicht erst, seit ihn die »Harry Potter«-Filmreihe noch berühmter gemacht hat. Um an Bord zu gehen und die Fahrt auf der knapp 65 Kilometer langen Strecke in den westlich gelegenen Fischerort Mallaig

mitzumachen, muss man nicht nach Gleis 9 ¾ suchen. Schließlich startet man nicht im Londoner King's Cross, sondern in Fort William. Die Waggons sind komfortabel ausgestattet, die Erste Klasse wirkt geradezu plüschig-royal. Schöner kann man eine Landschaft nicht an sich vorüberziehen lassen. Tiefe Fjorde, hohe Berge, grüne Täler und schimmernde Seen prägen die Fahrt. Auch den Morar, Großbritanniens kürzesten Fluss, passiert man. Zum Höhepunkt der Tour gehört sicher, wenn der Nostalgiezug über das 380 Meter lange Glenfinnan-Viadukt rattert und schnauft.

Bei einer Führung durch Kinloch Castle lernt man die üppig ausgestattete Grand Hall kennen – samt Jagdtrophäen des Hausherrn.

***** Isle of Rùm und Kinloch Castle** Für einen Ausflug nach Rùm startet man von Arisaig oder Mallaig mit der Fähre – und der Besuch lohnt sich! Diese Insel punktet nicht nur mit einer beeindruckenden Schlossanlage, dem Kinloch Castle, sondern es gibt hier außerde, wunderschöne Wanderwege entlang einsamer Strände. Rùm ist noch dazu seit über 50 Jahren Natur- und Landschaftsschutzgebiet. Mit etwas Glück und Geduld bekommt man daher Ottern, Ziegen, Robben, Seeadler und Eiderenten vors Fernglas. Das unbestrittene Highlight eines Inseltrips ist jedoch Kinloch Castle. Bei der Besichtigung des 1897 von Sir George Bullough erbauten Anwesens erhält man bestens Einblick in das typische Ambiente und den Luxus eines Schlosses der spätviktorianischen Epoche: Klimatisierte Räume, ein Orchestrion, eine Badewannen mit Baldachin, wertvollstes Mobiliar und jede Menge weitere Einrichtungsgegenstände sind zu bewundern.

*** Eigg** 1997 kauften die Bewohner ihre Insel, die zu den »Small Isles« der Inneren Hebriden gehört. Etwa 105 Menschen bevölkern Eigg, die meisten leben in Cleadale an der Nordküste. Mit 400 Metern ist der gigantische Vulkansteinblock des An Sgùrr die höchste Erhebung. Berühmt ist Eigg wegen seines »singing sand«: Der Quarzsand gibt beim Darüberlaufen ein singendes Geräusch von sich. Zu besichtigen sind auch zwei Höhlen und das Kloster Kildonan. Der heilige Donan gründete es und erlitt hier im Jahr 618 den Märtyrertod.

Die Bucht von Laig auf der Insel Eigg.

Knoydart

Die Halbinsel gehört zu den Northwest Highlands und erstreckt sich zwischen Loch Hourn im Norden und Loch Nevis im Süden. Der schmale Meeresarm des Sound of Sleat begrenzt im Osten. Es ist eine dramatisch-wilde Landschaft, einige behaupten, es sei die letzte Wildnis, die Schottland überhaupt zu bieten hat. Ein Blick auf die hohen kahlen Gipfel, auf kantige Felsen – dann mag man es gleich glauben. Doch man kann auch die andere, die märchenhaft-zarte Seite dieser Halbinsel kennenlernen, zum Beispiel in den Wäldern oder an flachen Ufern, wo das Wasser hellblau glitzert und den Blick auf den weißen Grund freigibt. Die einzige größere Ansiedlung ist Inverie an der Südküste der Halbinsel. Da es keine Straßenzubringer gibt, muss man für einen Ausflug nach Knoydart die Fähre von Mallaig aus nehmen.

Stolze Privatresidenz eines Textilbarons im 19. Jahrhundert: Kinloch Castle.

**** Eilean Donan Castle** Es ist wohl die meistfotografierteste Burg Schottlands, man könnte sogar sagen, dass es ist zu einer Ikone des Landes geworden ist. Eilean Donan Castle, in der Nähe des Dorfs Dornie, steht auf einer kleinen Insel an der Meeresbucht des Loch Duich. Dieses sogennante sea loch wird durch die Meeresarme Loch Alsh und Loch Long gespeist. Aus diesem Grund ist die Burg den Gezeiten ausgesetzt und bei Flut nur über eine steinerne Brücke erreichbar. Eine erste Befestigung wurde 1220 von Alexander II. von Schottland hier erbaut und gelangte später in den Besitz der Mackenzie-Familie (die späteren Earls of Seaforth); diese ließen schließlich ihre Burgvögte hier walten, die MacRaes. 1719 wurde die Festung von drei englischen Fregatten zerstört, weil spanische Truppen sie als Garnison nutzten; 1912 bis 1932 restaurierte der MacRae-Clan das Schloss aufwendig. Ein Museum erzählt die bewegte Geschichte des Baus anschaulich.

Filmreif: Eilean Donan Castle diente als Kulisse fürden Kultfilm »Highlander« (1986).

***** Plockton und Loch Carron** Plockton bezeichnet sich selbst als »Juwel der Highlands« und ganz gewiss ist es eine Perle unter den ohnehin malerischen Fischerdörfern Westschottlands. Die Lage am Loch Carron, der über die Meerenge des Inner Sound eine Verbindung zum Atlantik hat, dürfte eine nicht unerhebliche Rolle dabei spielen. Sowohl die Nähe zum Golfstrom als auch die schützend vorgelagerten Landmassen sorgen für ein mildes Klima und eine exotische Fauna. Seehunde sind häufig gesehene Besucher. Sie tummeln sich auf den Inseln in der Carron-Bucht und können im Rahmen von Rundfahrten aus der Nähe beobachtet werden. Auch Marder, Otter, Hirsche und Raubvögel werden Reisenden hier begegnen. Die Lage bietet einen weiteren Vorteil: Plockton, Ende des 18. Jahrhunderts am Reißbrett geplant, um die einsetzende

Südseezauber mit Palmen in der Ortschaft Plockton am Loch Carron.

Landflucht aufzuhalten, ist ein beliebtes Tor zur Isle of Skye. Überörtliche Bedeutung besitzt die Plockton High School.

Applecross Peninsula

Es klingt grotesk: Die Halbinsel Applecross, nach einem winzigen Dorf benannt, ist bereits seit grauer Vorzeit besiedelt. Das belegen archäologische Funde eindeutig. Dabei ist sie heute so gut wie unbewohnt. Noch Anfang des 20. Jahrhunderts musste man ein Boot nehmen, wenn man sie erreichen wollte. Dann kam eine Passstraße, der Cattle Pass – einspurig, steil, mit unübersichtlichen Windungen, das Ganze auf über 620 Metern Höhe und bei schlechter Witterung auch oftmals gesperrt. Eine Herausforderung! Aber der Blick vom Aussichtspunkt Bealach na Gaoithe auf das Upper Loch Torridon und Loch Shieldaig, dahinter die Berge des Torridon Massivs und im Südwesten die Applecross Halbinsel belohnt aller Mühen und nimmt einem den Atem. Eigentlich heißt die Halbinsel auch passenderweise A' Chomraich, was »Zuflucht« bedeutet. Es ist ein paradiesischer Ort.

**** Loch Garry** Nicht zu verwechseln mit dem gleichnamigen See in der Council Area Perth and Kinross schließt dieser Loch Garry im Westen an Glen More an. Der teils über 60 Meter tiefe See wird vom gleichnamigen Fluss, dem River Garry, gespeist, der weiter in den Loch Oich fließt. Das Wasser hat dann bereits ein gutes Stück Weg hinter sich, denn die Quelle liegt weiter westlich. Der River Garry verbindet die Seen Loch Quoich und Loch Garry miteinander. Beide werden zur Energiegewinnung aufgestaut. Letzterer ist außerdem bei Anglern beliebt, weil er reich an Forellen ist. Wer nicht fischen mag, kann sich trotzdem ein Boot mieten und die sieben Inselchen aus der Nähe ansehen, die über das Gewässer verstreut liegen. Außerdem leben um den Garry herum zahlreiche Vogelarten. Den besten Blick auf den See und seine von gewaltigen Bergen eingerahmten Ufer hat man von der sogenannten Road to the Isles aus, die von Glen More in Richtung Isle of Skye verläuft.

Bergmassive und Wälder spiegeln sich bei Windstille im Loch Garry.

Loch Garry und das gleichnamige Tal Glen Garry waren die Heimat eines der größten schottischen Clans, den MacDonnells.

***** Great Glen** Das »Große Tal«, wie die Einheimischen es ein wenig ehrfürchtig nennen, ist ein Ort, der nicht zur Ruhe kommt. Verwerfungen haben die lang gestreckte Senke zwischen den Northwest Highlands und den südlich von Glen More gelegenen Grampian Mountains entstehen lassen. Und noch immer ist das Land in Bewegung, wie jährlich auftretende Erdbeben eindrucksvoll beweisen. Seit 2002 können Wanderer das Tal von Fort William im Süden bis hoch nach Inverness durchqueren. Die knapp 120 Kilometer sind gut beschildert und vor allem angenehm zu laufen, da es kaum Steigungen gibt. Höhere Erhebungen sind weit genug weg, um nur einen schönen Hintergrund der malerischen Kulisse zu bilden. Davor gibt es alles zu sehen, was man von einem Schottland-Aufenthalt erwartet: dichte Wälder, alte Schlösser, grüne Wiesen mit Kühen und obendrein auch noch den Touristenmagneten Loch Ness mit dem Urquhart Castle.

**** Loch Ness** Er ist zwar nur der zweitgrößte See in Schottland, mit Sicherheit aber der be-

Die Reste von Urquhart Castle stehen bis heute am sagenumwobenen Loch Ness.

Wasser ist das zentrale Thema im Glen More: der Caledonian Canal führt mitten hindurch, auf den Treidelpfaden, von wo aus früher die Schiffe gezogen wurden, kann man das Tal gut durchqueren. Seen wie Loch Lochy, Loch Oich und Loch Ness sind markante Landschaftspunkte.

rühmteste. Der Grund ist nicht seine außergewöhnliche Tiefe von bis zu 230 Metern, sondern natürlich die Legende um das Ungeheuer, liebevoll »Nessie« genannt. Der Glaube daran wird von den Tourismusverantwortlichen gern genährt, in Drumnadrochit am Westufer hat man eigens ein »Monster Centre« eingerichtet. Wirklich interessant ist, dass etwa alle halbe Stunde eine kleine Welle durch den See läuft. Diese wird mit der Nähe zur Nordsee erklärt. Es scheint, als würden Ebbe und Flut unterschiedlich stark gegen das wenige Land drücken, das Loch Ness vom Moray Firth trennt.

***** Urquhart Castle** Eine absolute Sehenswürdigkeit am Ufer des Loch Ness ist das geschichtsträchtige Urquhart Castle, das vermutlich aus dem frühen 13. Jahrhundert stammt. Zur Ruine einer der größten Burgen des Landes auf dem weitläufigen Gelände gehört ein exzellentes Besuchszentrum, in dem anhand von Modellen die verschiedenen Bauphasen sowie die Geschichte der Festung erklärt werden und auch Waffen früherer Zeiten ausgestellt sind.

Caledonian Canal

Viele Schottland-Fans haben sich diesen Traum bereits erfüllt, einmal diesen Kanal zu befahren. Der vielleicht schönste Wasserweg Europas verbindet von Fort William bis Inverness die Nordsee mit dem Atlantik. Eine abwechslungsreiche und wilde Landschaft begleitet den knapp 100 Kilometer langen, 6 Meter tiefen und bis zu 30 Meter breiten Schleusenweg, der im Jahr 1822 eröffnet wurde. Im Süden beginnt der Kanal am Fjord Loch Linnhe, durchquert dann die faszinierenden Beckenseen Loch Lochy, Loch Oich und Loch Ness, bis er schließlich in den Moray Firth mündet. Frachtkähne verkehren hier heute nur noch wenige, Hausboote dafür umso mehr: Nach einer gründlichen Einweisung mit Videofilm in die Skippertätigkeit kann es losgehen.

Alle bisherigen Fotografien von »Nessie« wurden als Fälschungen entlarvt.

Loch Ness

Dieser See ist wohl das geheimnisumwobendste Gewässer Schottlands. Wegen des hohen Torfgehalts ist seine Farbe so dunkel, dass man nicht auf den Grund sehen kann. Vielleicht trägt diese Tatsache auch dazu bei, dass das Seeungeheuer »Nessie« noch immer in den Tiefen vermutet wird. Am Fair Haired Lad's Pass hat man einen wunderbaren Blick auf Loch Ness – den größten der drei langgezogenen Süßwasserseen im Great Glen.

Die nördlichste »City« Großbritanniens ist nach dem River Ness benannt: Er mündet im Moray Firth bei Inverness in die Nordsee.

Culloden

Schaurig anschaulich lässt sich auf dem riesigen Areal des ehemaligen Kriegsschauplatzes Culloden nachempfinden, wie sich die Geschütze und Kanonen angehört haben müssen, als sich an diesem Ort, am 16. April 1746 die letzte und wohl entscheidende Schlacht Schottlands gegen die Engländer abspielte. Erstere wurden geschlagen und waren fortan ein Teil des Vereinigten Königreichs. Noch heute finden sich Besucherscharen im Drummossie Moor ein, das nur 6 Kilometer vom historisch wichtigen Dorf Culloden entfernt liegt. Im bestens organisierten Besucherzentrum lassen sich hautnah die Begebenheiten nachvollziehen, von hier aus dringt die akustische Untermalung über die ebene Fläche, die neben dem steinernen Memorial Cairn übersät ist von Grabsteinen.

***** Inverness** Die Wurzeln der Stadt Inverness, heute ein modernes Verwaltungszentrum, reichen weit in die Geschichte zurück, in die Zeit der Pikten, der »Bemalten« (»Picti« ist der römische Name für die vorkeltischen oder keltischen Stämme in Schottland nördlich des Antoninuswalls, zwischen Forth- und Clydemündung, die seit dem späten 3. Jahrhundert das römische Britannien bedrängten): Im 6. Jahrhundert soll Columban hier Brude, den König der Pikten, zum Christentum bekehrt haben. Überragt wird die Metropole vom Inverness Castle aus dem 19. Jahrhundert, heute ist dort der Sheriff Court, die lokale Verwaltung, untergebracht. Im 12. Jahrhundert soll Macbeth etwas östlich des Schlosses auf seiner Burg den rechtmäßigen König Duncan ermordet haben. 1746 fand unweit des Stadtzentrums im Drummossie Moor die letzte englisch-schottische Schlacht statt.

**** Inverness Castle** Die Burg überragt von erhabener Hügellage aus den gleichnamigen Ort. Im Zuge des Ersten Schottischen Unabhängig-

Die Hängebrücke über den River Ness.

Das Chanonry Point Lighthouse auf Black Isle.

Imposant: Inverness Castle.

Die Cromarty Bridge führt über den gleichnamigen Firth.

keitskriegs auf Befehl von Robert the Bruce zerstört, wurde sie zwischen 1833 und 1835 mit ihren verschachtelten Türmen im viktorianischen Stil an diesem Ort erbaut.

***** Black Isle** Wie eine Insel ist Black Isle an nahezu allen Seiten von Wasser umgeben – nahezu. Im Südwesten zwischen Beauly Firth und Cromarty Firth gibt es eine Verbindung zum Festland der Northwest Highlands. Die östliche Küstenlinie erstreckt sich entlang des Moray Firth, wo Tümmler leben, die man herrlich beobachten kann. Die »Schwarze Insel« ist ein Paradies für Wassersportler, etwa für Kajakfahrer, aber auch Wanderer und Radfahrer können sich auf dem von Landwirtschaft dominierten Fleck austoben. Im Pub genießt man Gerstensaft aus der eigenen Brauerei oder Whisky von der ansässigen Destillerie. Wer gutes Bier mag, sollte die Black Isle Brewery aufsuchen. Mit Fortrose hat Black Isle ein hübsches Städtchen mit viktorianischer Architektur, mittelalterlichen Kirchen und guten Einkaufsmöglichkeiten. Der Höhepunkt des Jahres ist der Mittelaltermarkt rund um die Kathedrale, bei dem die Einwohner entsprechend kostümiert sind.

**** Cromarty und Cromarty Firth** Lange war Cromarty im Norden der Hauptort der Halbinsel Black Isle, ehe Fortrose ihm diese Position streitig machen konnte. Schon für das 12. Jahrhundert ist eine königliche Freistadt mit einem Schloss überliefert. Das Städtchen hielt sich mit Fischerei und dem Handel mit eingesalzenem Fisch, mit Landwirtschaft, Nutzhanfverarbeitung und Schiffsbau immer gut über Wasser. Die Lage am Meeresarm Cromarty Firth war dabei hilfreich. Sie ist es auch, die heute den Tourismus maßgeblich stützt. Der Firth ist rund 30 Kilometer lang und glücklicherweise nicht komplett der Ölindustrie vorbehalten. Im Gegenteil: An seinem südlichen Ufer verlaufen ausgezeichnete Wanderwege, zum Beispiel ab Newhall Point auf Black Isle über Balblair. Die Ruine von Craig Castle lädt zu einem kurzen Stopp ein, ebenso das Städtchen Dingwall auf der anderen Seite, dessen bekanntes Museum historische Artefakte bereithält.

Geschichte der Highlands

Von der frühesten Besiedlung Schottlands zeugen Steinkreise wie die von Stenness oder Kultstätten – beispielsweise der Ring of Brodgar –, zwischen 3000 und 2500 v. Chr. errichtet. Um 400 n. Chr. siedelte ein keltischer Stamm, die Skoten, an der Westküste des heutigen Schottlands und auf den Hebriden. Im Süden existierte bereits das Königreich Strathclyde, im Norden waren die Pikten, im Osten die Angelsachsen angesie-

delt. Im 6. Jahrhundert bekehrten irische Mönche die Bewohner zum Christentum. Als später die Wikinger einzufallen drohten, gründeten die Pikten und Skoten 843 das Königreich Alba. Die heutige Einteilung Schottlands in High- und Lowlands geht darauf zurück, dass in der Hochlandregion Gälen lebten, während im Flachland die stark an England orientierten Schotten wohnten. Die Gesellschaft der Gälen strukturierten große Familienverbände, die sogenannten Clans. Der zunehmende Machtgewinn der englischen Krone im Mittelalter, die das Clanwesen durch ein Lehnswesen zu ersetzen suchte, legte den Grundstein für die langjährigen Konflikte zwischen dem gälischen Hochland und dem angelsächsischen Tiefland. Das heute so bewunderte Gesicht der Highlands wurzelt unweigerlich in der bewegten Geschichte dieser Region.

Rotziegelbaracken bestimmen das Bild im Inneren von Fort George.

Wie in der Normandie: Strand bei Nairn.

***** Fort George** Auf einer Landzunge gelegen, erhebt sich Fort George bei Ardersier östlich von Inverness. Drei Seiten sind vom Moray Firth umgeben. König Georg II. beauftragte einst den Bau dieser monumentalen Festungsanlage unmittelbar nach der Niederschlagung des Jakobitenaufstandes bei Culloden im Jahr 1746. Dieser Misserfolg von »Bonnie Prince Charlie« und seinen aufständischen Truppen besiegelte zwar das Ende jeglicher schottischer Unabhängigkeitsbestrebungen, dennoch erschien es notwendig, immer noch marodierende Schotten mit dieser massiven Verteidigungsanlage abzuschrecken, wobei die umfassenden und kostenintensiven Baumaßnahmen erst 1769 abgeschlossen werden konnten. Als Verteidigungsanlage kam Fort George nicht mehr zum Einsatz. Die nahezu original erhalten gebliebene Anlage wird teilweise heute noch aktiv für militärische Zwecke genutzt. Ein Besucherzentrum gibt historische Einblicke.

***** Cawdor Castle** Den Platz für Cawdor Castle hat der Legende nach ein Esel ausgesucht: Dem Gutsherr von Cawdor wurde im Traum aufgetragen, einen solchen mit Gold zu beladen, dann würde das Tier ihm den Ort für seine neue Burg weisen. Und so geschah es angeblich, dass das Langohr sich unter einen Weißdornbusch gelegt hat, woraufhin Cawdor Castle im 14. Jahrhundert genau an dieser Stelle errichtet wurde. William Shakespeare brachte den Mord an König Duncan in seiner Tragödie »Macbeth« mit Cawdor in Verbindung – diese künstlerische Freiheit soll ihm 1970 noch der fünfte Earl von Cawdor übelgenommen haben. Heute bietet das Schloss neben Geheimgängen und einem 1979 wiederentdeckten Kerker ein Sammelsurium an Wandteppichen, Waffen und Porträts. Einige bewegende Familiengeschichten gibt der Schlossführer preis.

**** Nairn** Das Örtchen mit seiner pittoresken Altstadt, dem schmucken Hafen mit unzähligen Segelbooten und Jachten und nicht zuletzt dem endlos erscheinenden, feinen weißen Sandstrand bietet sich zum entspannten Bleiben an. Wer dies tut, versteht mühelos, warum die Südküste des Moray Firth – und damit auch so zauberhafte Orte wie Crovie, Gardenstown und eben Nairn – vom »National Geographic Magazine« zu den Top 20 der beliebtesten und schönsten Küsten der Welt ernannt wurde. Zur Bewertung stand übrigens auch das vermittelte Lebensgefühl der Einwohner. Nairn war bereits im 19. Jahrhundert für sein gesundes Klima bekannt und deswegen ein beliebter Ferienort. Sogar Charlie Chaplin soll hier seinen Urlaub verbracht haben.

Moray Firth

Der nordwestliche Teil der Highlands mündet am Moray Firth in die Nordsee. Diese Meeresbucht ist die zweitgrößte von Großbritannien und umfasst eine Küstenlänge von etwa 800 Kilometern. Bereits in piktischer Zeit gab es wichtige Häfen und entsprechend angebundenes Hinterland, was durch etliche archäologische Funde nachgewiesen werden konnte. Die Küste ist bekannt und beliebt für ihre ausgezeichneten Möglichkeiten, Wale, Delfine, Tümmler, Seehunde und andere Meerestiere beobachten zu können, ebenso wie große Populationen an See-, Raub- und Watvögeln. Von schroffen Steilküsten eingerahmte und versteckt liegende Sandstrände und Buchten wie Sunnyside Beach oder die Dünen bei Sandend laden ein zum Entspannen und Wandern. Ein Fernglas sollte man bei jedem Ausflug zur Hand haben.

Stimmt die Legende, hatte der Esel einen guten Geschmack: Cawdor Castle mit seiner charmanten Gartenanlage.

Diese Steinbrücke bei Carrbridge ist die älteste der Highlands; sie stammt aus dem Jahr 1717.

Loch an Eilein liegt im Speytal und damit in der Region zahlreicher Whiskeydestillerien.

***** Cairngorms National Park** Schottlands größter Nationalpark mit 4528 Quadratkilometern Fläche erstreckt sich über die Council Areas Aberdeenshire, Highland, Angus, Perth and Kinross und Moray.

*** Carrbridge** Als Tor zum Cairngorms National Park wird der kleine Ort im Distrikt Badenoch and Strathspey in den schottischen Highlands bezeichnet, der 10 Kilometer nördlich von Aviemore und nahe der A9 liegt. Früher wichtiges Zentrum für Skiläufer, hat der Ort seine Bedeutung diesbezüglich heutzutage verloren. Besichtigt werden kann allerdings noch die älteste Steinbrücke der Highlands. Die Packhorse Bridge mitten im Ort stammt von 1717, wurde aber 1829 bei einem Hochwasser beschädigt. Sie gilt seitdem als einsturzgefährdet. In einem Pinienwald am Ende der Stadt lädt ein Vergnügungspark ein, der Landmark Forest Adventure Park.

**** Loch an Eilein** Etwa 5 Kilometer vom Tourismusort Aviemore entfernt liegt der Süßwassersee, der im englischen »Loch of the Island« genannt wird, da sich in seiner MItte eine Insel befindet. Nur noch die Ruinen der gleichnami-

Highland Wildlife Park

Jede Altersklasse bekommt im Highland Wildlife Park aufregende Erlebnisse für einen großartigen Tag geboten. In Kincraig, 11 Kilometer südlich von Aviemore, kann man Raubkatzen, Rotwild und Marder antreffen, wie man sie im heutigen Schottland auch in freier Wildbahn vorfindet. Ebenso lassen sich die früher hier lebenden Arten wie Wölfe, Biber und Pferde beobachten. Unter der Leitung der Royal Zoological Society of Scotland trägt der Park mittlerweile auch zur Erhaltung von seltenen Tieren aus aller Welt bei, indem er seine Sammlung um Vertreter von Schneeaffen, Roten Pandas, Eisbären und sogar Amur-Tigern erweiterte. Interessant ist auch das Konzept der Tierentdeckung: Man kann den Park im eigenen Auto oder zu Fuß sowie auf geführten Touren erkunden.

Einst mittelalterliche Burg, dann Kaserne der Engländer und Jakobiten: Überreste der Ruthven Barracks in der Nähe von Kingussie.

gen Burg ragen auf ihr empor, zu der es bis zum 18. Jahrhundert auch einen Verbindungsdamm gab. Dieser wurde aber durch Aufstauen des Sees überspült. Rund um das Gewässer spielten der Abbau von Kalkstein und die Forstwirtschaft eine große Rolle, bei der es als Zwischenlager für Baumstämme genutzt wurde. Die drei noch erhaltenen Gebäude am Loch an Eilein haben die hiesigen Forstbehörden in Gebrauch. Die Festung aus dem 14. Jahrhundert dient nur noch Fischadlern als Nistplatz.

* **Ruthven Barracks** Nach dem Ende des Jakobitenaufstands von 1715 sah die britische Regierung erheblichen Bedarf an Befestigungen und errichtete deshalb bei Ruthven anstelle eines Castles aus dem Jahr 1229 für die Soldaten eine Kaserne. 1721 war diese fertiggestellt und konnte zwei Kompanien, also 120 Soldaten, aufnehmen. Sie lag strategisch günstig an den damaligen, von Perth, Fort Augustus und Inverness zum Fort führenden Militärstraßen. Unter »Bonnie Prince Charlie« versuchten die Jakobiten 1745 erfolglos den Komplex zu erobern. Ein Jahr später gelang es, aber nach ihrer Niederlage in der Schlacht von Culloden brandschatzten sie die Militärbasis. Ein Wiederaufbau erfolgte nicht.

Wintersport

Auf dem subarktischen Hochplateau der Cairngorm Mountains herrschen gute Skibedingungen. Bei Aviemore sind 30 Pistenkilometer erschlossen. Das Lecht Ski Centre gilt als eines der schneesichersten Gebiete. Es verfügt sogar über eine Standseilbahn, mit der die Wintersportler bequem aufwärts fahren können. Preislich zwar etwas teuer, bietet es eine große Vielfalt an Wintersportaktivitäten. Loipen und Pisten sind in allen Schwie-

rigkeitsstufen auf der weitläufigen Anlage vorhanden. Liftkarten und Ausrüstung können sogar vorgebucht werden, was das mitunter lästige Schlangestehen erspart. The Lecht gibt es seit 1977. Es ist der perfekte Platz für Familien und Anfänger, die das Wedeln auf den Brettern erst erlernen wollen. Die Pisten sind relativ kurz. Bestens erreichbar ist das Skigebiet über den Flughafen Aberdeen. Eine weitere über diesen Flughafen erreichbare Wintersportregion liegt bei Glenshee mit eigenem Ski Centre in den Royal Highlands, ebenfalls am Rand des Nationalparks Cairngorm Mountains in Aberdeenshire. Anspruchsvolle Bedingungen finden sich auch im Nevis Range Mountain und Glencoe Mountain Resort. Die beste Reisezeit ist der Februar beziehungsweise März. Schnee in Höhen bis zu 3 Metern kann dann die spektakuläre Landschaft bedecken.

Der Torridon River sucht sich tosend seinen Weg durch die Täler von Wester Ross.

**** Loch Torridon und Glen Torridon** Der Name Torridon prangt an jeder Ecke: Neben der Bucht beziehungsweise dem See heißt auch ein kleiner Ort so, der im Torridon-Tal liegt, umgeben von den Torridon-Bergen. Sie gehören zu den ältesten Europas und locken Wanderer und Bergsteiger in diese malerische Region der Highlands. Loch Torridon teilt sich in drei Abschnitte, deren westlichster sich in das Meer öffnet, während sein östlichster bis in den Gebirgsrücken von Wester Ross reicht. Fischerei spielt noch heute eine große Rolle in der Gegend um den See. Die pittoresken Orte Shieldaig und Diabaig eignen sich gut zur Einkehr oder Übernachtung. Eine Fahrt durch Glen Torridon, das sich von Kinlochewe bis an die Küste erstreckt, ist für viele ein absolutes Highlight: Die wildromantische Landschaft mit ihren Gewässern und den teils 1000 Meter hohen Bergen sucht ihresgleichen.

**** Loch Maree und Slioch** Beim Anblick des Slioch – mit 981 Metern gehört er zu den Munros – kann man schon mal weiche Knie bekommen. Abweisend wirkt er wie einer, dem man lieber nicht zu nahe kommt, den man nur aus der Ferne betrachtet, wie er sich im Loch Maree spiegelt – übrigens ein beliebtes schottisches Kalenderbild. Doch der Eindruck der Unnahbarkeit täuscht: Der Wanderweg vom Ufer hinauf ist zwar lang und anstrengend, doch nur selten steil oder kompliziert. Dafür hält der Pfad malerische Abschnitte bereit, etwa, wenn ein Wasserlauf sich murmelnd und

Gairloch Heritage Museum

Das unabhängige Museum in der Wester-Ross-Region liegt in Gairloch, Achtercairn. Es wurde 1977 gegründet, um den ersten piktischen Stein aufzunehmen, den Ausgrabungen an der Westküste zusammen mit anderen Artefakten aus dieser Zeit zutage gefördert haben. Archiv und Bücherei greifen lokale Themen mit hohem historischem Wert auf. Sowohl Amateure als auch professionell an der Historie Interessierte finden hier anschaulich dargestellte Einzelheiten und Zusammenhänge über die dereinst ansässigen Familienverbände und deren karges Leben. Kultur und Bräuche der ehemaligen Einwohner der Gegend spiegeln sich – bis zurück in die Bronzezeit – anhand vieler gezeigter Exponate wider. Vor allem im Sommer hat das Museum hohen Zulauf.

plätschernd über kleine Steinabbrüche stürzt. Oder man betrachtet fasziniert, wie Moos seinen Teppich in verschiedenen Farben vor einem ausbreitet. Wieder unten angelangt, wartet mit Loch Maree eines der schönsten Gewässer Schottlands auf die Wanderer. Auf einer seiner 30 Inseln befindet sich die Eremitage von St. Maolrubha, einem irischen Missionar. Außerdem soll es eine heilige Quelle geben; dem Wasser des Sees wird heilende Wirkung nachgesagt. Und ein Seeungeheuer besitzt Maree natürlich auch.

*** Gairloch, Melvaig und Rua Reidh

Ausgerechnet in den Highlands, die vor allem für ihre ungestüme Natur und die rauen Berge bekannt sind, erwarten die schönsten Strände Schottlands ihre Gäste. Da verwundert es nicht, dass sich die Orte darauf eingestellt haben und alles bieten, was Ferien am Meer ausmacht. Gairloch zum Beispiel liegt geschützt an der nordöstlichen Seite von Loch Gairloch. Während die einen stundenlang an der Küste entlangspazieren, die Füße tief im weichen Sand, spielen die anderen nur ein paar Meter weiter Golf. Melvaig liegt ein wenig weiter nördlich an der Meerenge The Minch – ein perfekter Ausgangspunkt für eine Bootstour zum Beobachten von Walen. Von dort muss man noch ein Stück bis an die Spitze der Halbinsel fahren, um den Leuchtturm von Rua Reidh anzusehen. Er wurde von David Alan Stevenson gebaut, einem Cousin des berühmten Schriftstellers Robert Louis Stevenson.

Der Sandstrand von Gairloch ist ideal für einen Familientag.

Ein Seeungeheuerkollegin von »Nessie« soll auch im Loch Maree leben ...

Vom Rua Reidh Lighthouse aus kann man nicht nur Seevögel, Wale oder Delfine beobachten, man kann darin sogar übernachten.

Inverewe Gardens: Einer der am nördlichsten gelegenen Gärten weltweit, trotzdem wachsen hier unter anderem Eukalyptusbäume und Rhododendr

Zu Kriegszeiten mit deutlich mehr Schiffsverkehr: die Meeresbucht Loch Ewe im äußersten Nordwesten Schottlands.

*** Loch Ewe** Eingebettet zwischen zwei Halbinseln liegt die Bucht von Loch Ewe da, geschützt und doch durch eine Meerenge mit dem Atlantischen Ozean verbunden. Diese Lage ist es, die den Meeresarm strategisch so interessant macht und schon immer machte. Im Ersten Weltkrieg war er ein Ankerplatz für die Marine, im Zweiten Weltkrieg starteten Versorgungskonvois von hier in Richtung Russland. Flotten bestehend aus fast 500 zivilen, mit lebenswichtigen Gütern beladenen sowie noch einmal 100 zu deren Schutz abgestellten militärischen Schiffen brachen von dort auf, da die Bucht gut gegen feindliche U-Boote verteidigt werden konnte. Ein Kriegerdenkmal am westlichen Zipfel von Loch Ewe erinnert an die Opfer dieser Zeit. Im Frühjahr und im Herbst kann man dort häufig NATO-Übungen beobachten. Nahe der Südspitze liegen die Inverewe Gardens, ein Paradies, in dem dank des Klimas tropische Pflanzen gedeihen.

Inverewe Gardens

Spektakulär ist allein schon der Blick über den breiten Meerbusen des Loch Ewe. An seinem südlichen Ausläufer befinden sich dann die ebenso spektakulären Inverewe Gardens: eine botanische Überraschung, die nicht nur Pflanzenfreunde begeistert. Im Jahr 1862 kaufte der damals erst 20-jährige ehrgeizige Gärtner Osgood MacKenzie die Halbinsel als völlige Wildnis, entwässerte in mühsamer Arbeit den Torf und reicherte die Böden mit Lehm von der Küste an. So entstand ein Nährboden, der dank des milden Golfstromklimas eine üppige subtropische Pflanzenwelt gedeihen ließ. 1952 wurde die rund 20 Hektar große, ganzjährig zu besichtigende Parkanlage dem National Trust for Scotland gestiftet. Inverewe House gibt Einblicke in das Leben von Osgood und Mairi MacKenzie.

In den An Teallach Mountains ist bei allen Witterungsbedingungen Vorsicht geboten.

**** An Teallach Mountains** Zehn Gipfel stehen im Halbrund nahe der Westküste der Northwest Highlands, die höchsten knacken die 1000-Meter-Grenze. Die An Teallach Mountains wurden von Kletterern als eine der anspruchsvollsten der Britischen Inseln eingestuft. Sicher, sie sind zu bewältigen. Aber man sollte nicht nur über eine exzellente Kondition verfügen, sondern auch über große Erfahrung und sicheren Tritt, um die scharfen Sandsteingrate zu erklimmen und zu umrunden. Eine gute Ausrüstung ist auf diesem gezackten tückischen Rücken selbstverständlich Voraussetzung. Das gilt umso mehr im Winter, wenn Schnee Senken oder Stolpersteine verdeckt, oder bei Tauwetter, wenn das Moorgebiet in den Wäldern, von denen aus viele sich auf den Weg machen, rutschig ist und man bei jedem Schritt tief einsinkt. Eine leichtere Alternative führt nur bis zu den beiden Munros Bidean a 'Ghlas Thuill und Sgùrr Fiona.

Das Corrieshalloch Gorge National Nature Reserve ist das flächenmäßig kleinste in Schottland.

46 Meter stürzen die Measach-Wasserfälle in die Tiefe. Von einer Fußgängerbrücke aus kann das Naturspektakel bequem bewundert werden.

***** Corrieshalloch Gorge und Falls of Measach** An der A835 bei Braemore, 19 Kilometer südöstlich von Ullapool, stürzt sich der Fluss Droma in den Falls of Measach 46 Meter spektakulär in die Tiefe. Die Felsschlucht ist 1,6 Kilometer lang und von 65 Meter steil aufragenden Felswänden umgeben. Die Schlucht entstand einst durch abfließendes Gletscherwasser, das sich seinen Weg durch das harte Gestein suchte. Etwas weiter stromabwärts geht es über eine schmale Hängebrücke, die John Fowler im 19. Jahrhundert baute; 1867 hatte er das Gelände gekauft. Noch etwas weiter den Fluss hinunter bietet eine Aussichtsplattform einen hervorragenden Rundumblick und eine tolles Bild des Wasserfalls.

**** Ullapool** Der kleine, hübsche Küstenort in den dünn besiedelten westlichen Highlands ist mit seinen rund 1000 Einwohnern die größte Siedlung im Umkreis vieler Kilometer. Im Jahr 1788 wurde Ullapool am Loch Broom von der British Fisheries Association als Hafen für den Heringsfang angelegt. Bis heute ist er für die Fischerei bedeutend und Fähren legen regelmäßig ab – zum Beispiel zur Hebriden-Insel Lewis. Um 1940 war Ullapool auch mehrfach Zufluchtsort für Oskar Kokoschka (1886–1980). Der österreichische Maler hat die schöne weite Bucht des Loch Broom auf einigen seiner Aquarelle eindrucksvoll festgehalten. Touristisch ist der Städtchen bestens gerüstet: Ein kleines Museum in einer säkularisierten Kirche erzählt die lokale Geschichte, es gibt mehrere Hotels, ein Schwimmbad und zahlreiche Pubs. Besonders beliebt sind Bootstouren zu den Robbenkolonien und Lachsfarmen.

Summer Isles

Das kleine Inselarchipel bei Loch Bromm an der Küste von Sutherland sowie Ross and Cromarty besteht aus vielen kleinen unbewohnten Inselchen. Die größte davon ist Tanera Mòr, gerade mal 3,1 Quadratkilometer groß. Sie zählte bis 2014 um die fünf Einwohner. Dennoch herrscht hier zeitweilig reges Treiben, denn es gibt eine größere Lachsfarm, einige Ferienhäuser, ein Café und eine Post, die sogar eine eigene Briefmarke herausbringt. Die Insel war 1940 Thema des Buchs von Frank Fraser Darling mit dem Titel »Island Years«. Auf dem Eiland gibt es keine wirklichen Straßen, nur Fußwege. Erreichbar ist es nur per Boot von Achiltibuie oder Ullapool aus. Mittlerweile sollen die permanenten Einwohner die Insel sogar verlassen haben. Tanera Mòr wurde laut »The Herald« im Jahr 2017 für knapp 1,7 Millionen Pfund, an den Millionär Ian Wace verkauft.

Ullapool, das »Tor zur Wildnis«, ist Fährhafen unter anderem für die Verbindung nach Stornoway auf den Äußeren Hebriden.

Eine Bilderbuchlandschaft zeigt sich rund um den Cùl Mòr.

Ins Naturschutzgebiet Inverpolly zieht es vor allem Wanderer. Allerdings gibt es hier nur wenige Schilder, die ihnen den Weg weisen.

Kleine felsige Hügel erheben sich an den Ufern des Loch Sionascaig in der hügeligen Landschaft von Assynt.

**** Inverpolly** Einsame Lochs und raues Gestein bilden die Bergregion von Inverpolly, etwa 30 Kilometer nördlich von Ullapool. Anfang der 1960er-Jahre wurde die sehenswerte Gegend zum Naturschutzgebiet erklärt: Erlebnisreiche Wanderwege führen durch die Landschaften aus Berg, Moor, Wald und See, etwa der 1,6 Kilometer lange Nature Trail, der neben dem Besucherzentrum beginnt. Zudem reizt der Aufstieg zum Stac Pollaidh. Dachse, Hirsche, Fischotter und mehr als 100 Vogelspezies leben in dem Gebiet. Besonders artenreich ist auch die Gebirgsflora dieser wunderschönen Region. Anwohner bieten Bootstouren an und erklären den Besuchern die facettenreiche Landschaft. Geologen interessiert vor allem das Knockan Cliff: Die Abfolge der Gesteinsschichten hat sich durch tektonische Bewegungen umgekehrt.

***** Stac Pollaidh** Der wohl spektakulärste Aussichtsplatz der Highlands ist gerade einmal etwas über 600 Meter hoch, dennoch bildet er eine markante Erscheinung, wie er aus der Moorlandschaft herausragt. »Stack Polly« wird das wegen seiner imposanten Erscheinung bei Touristen wie Einheimischen sehr beliebte Ausflugsziel auch genannt. Unterschiedlich schwierige Wanderwege führen über den Stac Pollaidh, der in der Region Wester Ross nördlich von Ullapool liegt; dieses ist von dort aus über die A835 zu erreichen. Vom Wanderparkplatz an der kleinen Straße nach Achiltibuie aus verläuft eine kurze Tour auf der nördlichen Seite bis zum Ostgipfel hinauf. Der Ausblick ist grandios, Tausende kleine und größere Seen glitzern in der Sonne. Ein neuer Ringpfad führt einmal rund um den Berg.

*** Cùl Mòr** Dieser dramatische Berg mit zwei Gipfeln ist 850 Meter hoch und ragt aus dem hügeligen Bogland von Assynt heraus. Oben reicht die fantastische Aussicht westlich gen Suilven und Küste. Cùl Mòr erreicht man am besten von Knockan Crag.

**** Loch Sionascaig** Im Gebiet zwischen Cùl Mòr und Stac Pollaidh liegt der See in der Nähe von Inverkirkaig. Von den kleinen Ortschaften Elphin, Lochinver und Knockan ist er nur etwa 10 Kilometer entfernt und damit gut erreichbar für diejenigen, die an heißen Tagen Abkühlung suchen oder an seinem Ufer in aller Ruhe entspannen wollen. Was Seen angeht, hat man hier eine große Auswahl: Loch Fionn, Loch Lurgainn und Loch Bad a' Ghaill sind ebenfalls nicht weit weg.

Vom Loch Lurgainn ist der Aufstieg auf den Stac Pollaidh in etwa zwei Stunden möglich.

Rotwild fühlt sich in Inverpolly wohl.

Loch Bad a' Ghaill

Aus den Orten Culnacraig, Achvraie und Rhue, die alle nur wenige Kilometer vom See entfernt liegen, kommen viele, um sich in den Sommermonaten am Loch Bad a' Ghaill zu erholen. Wer zum Wandern in diese Gegend im Nordwesten der schottischen Highlands reist, nutzt am besten die Gelegenheit und macht hierher einen Abstecher. Viel raue Natur und vor allem unendliche Ruhe findet man hier.

Schottische Hochlandrinder

Genügsam, widerstandsfähig und freiheitsliebend: Kyloe, das Hochlandrind, wird in Schottland schon seit rund 200 Jahren in seiner ursprünglichen Form gezüchtet. Das Herdbuch – ein zentral geführtes Register mit allen wesentlichen Zuchtdaten zur Identifizierung der Tiere – existiert seit 1884, die Rasse zählt zu den ältesten der Welt: Erste Zeugnisse des Highland Cattle auf schottischem Boden stammen aus dem 6. Jahrhun-

dert. Ob es wirklich ein schottisches Original ist oder von den Wikingern aus Skandinavien importiert wurde, darüber streiten die Experten. Jedenfalls hat es sich den harten Lebensbedingungen in Großbritanniens Norden bestens angepasst. Hohe Niederschläge und Stürme bei steinigen und wenig ergiebigen Weiden im Sommer sowie lange, harte Winter ohne Zufütterung und Stall: Dank des dichten rotbraunen Zottelfells ertragen die Rinder Kälte bis zu −30° C, was eine ganzjährige Freilandhaltung erlaubt. In der hiesigen Landwirtschaft ist die Rinder- und Schafweidewirtschaft einer der vier maßgeblichen Produktionsbereiche – neben Milchwirtschaft, der kleinbäuerlichen Crofter-Wirtschaft mit Gerste, Hafer, Weizen, Raps, Kartoffeln etc. und der intensiven Landwirtschaft mit Getreideanbau, Viehzucht, Garten- und Obstbau.

Loch Assynt hat die typische schmale und gleichzeitig lange Form eines durch die Eiszeit entstandenen Sees. Er ist ein unberührtes Idyll.

Nur das Ardvreck Castle zeugt von einstiger Zivilisation in dieser Urnatur.

***** Loch Assynt, Ben More Assynt und Ardvreck Castle** Selbst vielen Schotten ist die Gegend um Loch Assynt oder noch weiter westlich jenseits der ausgebauten Straße nicht vertraut. Einsam ist sie, nur wenige wohnen dort in kleinen Ansiedlungen, die Dorf zu nennen schon übertrieben wäre. Entsprechend dürftig ist die Infrastruktur, was wohl die meisten davon abhält, sich während ihrer Reiseplanung für diese Region zu entscheiden. Dabei gibt es dort so viel zu sehen: den Ben More Assynt, mit knapp 1000 Metern der höchste Gipfel hier, Großbritanniens höchsten Wasserfall, der sich 200 Meter in die Tiefe stürzt, und das größte Höhlensystem Schottlands, die Bone Caves, in denen eiszeitliche Tiere entdeckt wurden. Das alles müssten eigentlich ganze Touristenscharen anlocken. Ganz zu schweigen von der Ruine des Ardvreck Castle, die sich an der Nordspitze des Loch Assynt erhebt – ein verlassenes Geisterschloss, wie es im Buche steht.

**** Handa Island** Die unbewohnte Insel ist Heimat für die größte Seevogelkolonie im nord-

Stoer Peninsula

Würde man sich der Halbinsel vom Wasser her nähern, fiele der Blick zuerst auf die beiden Berühmtheiten von Stoer: Das ist zum einen der Leuchtturm, der einsam von der Steilküste über das Meer schaut – wenn man die Schafe nicht mitzählt, die die umliegenden Wiesen kurz halten. 1870 wurde er von Robert Stevenson erbaut, wie so viele andere Leuchttürme an Schottlands Küste. Genauso erwähnenswert ist der nahe des Leuchtfeuers gelegene »Old Man of Stoer« (nicht zu verwechseln mit dem von Storr auf Skye!), eine 60 Meter hohe Felsnadel aus Sandstein. Hin und wieder machen sich Kletterer daran, auf die Spitze des »Alten Mannes« zu steigen. Die Halbinsel hat zudem beschauliche Strände zu bieten und weitere Besonderheiten wie in den Boden gebaute Eiskeller.

Beeindruckende Formationen bieten die Klippen vor Handa Island.

Seit 2015 »potenziell gefährdet«: der Tordalk.

Brütet gern an Klippen: Papageitaucher.

westlichen Teil Europas. Bis 1847 lebten hier acht Familien, die Ruinen des Dorfs sind noch heute zu sehen. Handa liegt an der Küste vor Sutherland und ist mit der Fähre vom Küstenort Tarbet innerhalb weniger Minuten zu erreichen. Sie wird dabei zumeist nur in den Frühlings- und Sommermonaten angesteuert. An seiner höchsten Stelle misst das Eiland um die 123 Meter und es ist etwa 3 Quadratkilometer groß. Nicht nur für Vogelfreunde ist die baumlose Insel interessant, auch Wanderer zieht es hierher: Man bekommt an der Naturschutzstation nahe der Fähranlegestelle kurze Einweisungen zu den verschiedenen Routen, auf denen man auch seltene Pflanzen entdeckt, während Papageitaucher und Tordalke über einem kreisen.

Der Oldshoremore Bay Circuit führt zu drei ruhigen Sandbuchten, wo man fantastische Sonnenuntergänge beobachten kann.

Einen kilometerlangen einsamen Strand verspricht Sandwood Bay.

An der kleinen Bucht bei Sheigra kann man sogar zelten.

***** Oldshoremore: Sandwood Bay** Der Nordwesten Schottlands wartet mit einigen Traumstränden auf: Ein besonders schönes Beispiel sind die drei Küstenabschnitte von Oldshoremore Bay, die von teilweise sonderbar geformten, sehr hohen Klippen unterbrochen werden. Sandwood Bay ist der bekannteste unter ihnen. In dieser Bucht, die nur zu Fuß zu erreichen ist, lässt sich nachempfinden, wie es sich auf einer einsamen Insel anfühlt. Schon der Weg dorthin, ohne große Herausforderungen, ist wundervoll. Immer wieder führt er vorbei an Seen, mal an dem Überbleibsel einer Farm und schließlich bei Loch Sandwood durch die hohen Dünen an den Strand.

*** Cape Wrath** Am Ende der Meerenge The Minch kommen die Northwest Highlands ohne bizarre Eintausender aus. Was nicht bedeutet, dass das Land bretteben ist. Ein Teil der Halbinsel um Cape Wrath, dem nordwestlichsten Punkt Großbritanniens, den ein Leuchtturm markiert, ist militärisches Sperrgebiet. Das Gebäude erbaute Robert Stevenson im Jahr 1828. Auch wenn das Gebiet manchmal nicht zugänglich ist – die Royal Air Force übt hier Bombenabwürfe –, bleibt noch genügend Fläche übrig, die man erkunden darf. Übrigens ist hier zudem der Endpunkt des in Fort William beginnenden Fernwanderwegs Cape Wrath Trail.

Für Besucher wartet beim Cape Wrath Lighthouse das Ozone Café mit Snacks und einer guten Tasse Tee.

Die Felsnadel des Stack Clò Kearvaig ist 33 Meter hoch.

Sango Sands zählt zu den schönsten Küstenabschnitten.

Übernachten kann man im Balnakeil House in Durness.

Strathy Point

Etwa auf halber Strecke zwischen Cape Wrath im Westen und dem Pentland Firth vor den Orkneyinseln liegt Strathy Point. Strathy, ein kleines Dorf am Kap, hat gleich mehrere Kirchen, die älteste dient heutzutage als privates Wohnhaus. Ein Friedhof mag ein etwas gewöhnungsbedürftiger Ausflugstipp sein, doch von dort aus hat man einfach den besten Blick auf das Örtchen und den zauberhaften Strand. Nicht umsonst ist die Küstenlinie in Schottlands Norden für ihre raue Schönheit bekannt. Leider ist sie auch für den Atomreaktor berühmt, der ein Stück weiter östlich steht. Sein Besucherzentrum kann nicht von dem mehr als zweifelhaften Umgang mit radioaktiven Abfällen ablenken, der durch die Medien ging. Noch immer werden belastete Gegenstände an den hübschen Stränden gefunden.

**** Durness** Nördlich dieses Orts, mit rund 400 Einwohnern schon der größte der gesamten Umgebung, und östlich von Cape Wrath ragen die Felsen von Fairaid Head ins Meer. Zu ihren Füßen sind Zwergwale zu Hause, die Steine selbst bieten einer Reihe von Seevögeln einen perfekten Unterschlupf. Auf dem Weg zum Ende der Landzunge liegen atemberaubend schöne Strände. Sowohl Balnakiel Beach als auch Sango Sands beglücken mit feinstem weißem Sand, auf den die mächtigen Wellen des Atlantik donnern. Ein herrliches Revier, das gern von Surfern genutzt wird, die mit Traumaussicht direkt oberhalb der Steilküste campen. Interessant ist die von Efeu überwucherte alte Kirchenruine von Durness mit ihrem Friedhof, der an den Golfplatz grenzt. Oder auch das Balnakiel Craft Village, wo sich Kunsthandwerker in alten Militärgebäuden eingerichtet haben.

***** Smoo Cave** Ganz in der Nähe des Örtchens Durness beginnt der Weg zu einer Kalksteinhöhle, die Caves of Smoo oder Smoo Cave genannt wird. Als eine der größten Attraktionen der Gegend ist sie mit einem hölzernen Pfad bestens erschlossen und Führungen werden angeboten. Die letzte von drei Kammern ist nur per Boot zu erreichen, und das auch nur, wenn das Wetter mitspielt. Das Wasser im Inneren der gut 60 Meter langen und bis zu 40 Meter breiten Grotte schimmert smaragdgrün. Es setzt sich aus Salz- und Süßwasser zusammen, denn der Bach Allt Smoo stürzt durch eine Öffnung in der Decke in die Höhle, gleichzeitig dringt Wasser vom Atlantik hinein. Archäologische Entdeckungen belegen, dass schon vor Tausenden Jahren Menschen diesen Ort als Unterschlupf genutzt haben. Legenden gibt es natürlich auch – wie etwa die vom Serienmörder aus dem 16. Jahrhundert, der seine Opfer in die Höhle stieß.

Wahrscheinlich einst ein ideales Schmugglerversteck: Die Smoo Cave im Osten der Ortschaft Durness.

In der zweiten von drei Kammern der Smoo Cave stürzt Flusswasser durch ein Schlundloch herab.

Das Dunnet Head Lighthouse steht seit 1831 am Easter Head.

***** Dunnet Head** Die einen sagen, Dunnet Head sei das nördlichste Zipfelchen schottischen Festlands, die anderen behaupten, dieses Prädikat gehöre dem weiter östlich gelegenen Duncansby Head. Beides falsch – jedenfalls, wenn man es genau nimmt. Dunnet Head bezeichnet nämlich die gesamte Halbinsel an der Dunnet Bay, der nördlichste Punkt ist Easter Head. Dort steht auch der Leuchtturm. Aber um Rekorde geht es eigentlich gar nicht. Der Landstrich ist einfach eines der schönsten Enden der Welt: Das Meer demonstriert seine Stärke, die hoch aufragenden Klippen stemmen sich mächtig dagegen. Das ist die Heimat von Kegelrobben; Klippenmöwen, Eissturmvögel und Papageitaucher nisten hier. Bei klarer Sicht, die leider nicht sehr häufig gegeben ist, kann man nicht nur sehr gut die Orkney-Inseln sehen, sondern sogar zum Cape Wrath am anderen Nordende Schottlands im Westen blicken.

***** Duncansby Head** Der kleine Ort John o' Groats rühmt sich, nordöstlichster Punkt auf schottischem Festland zu sein. Man hat sogar ein Schild aufgestellt, das verkündet, man habe quasi das Ende der Reise -erreicht. Ansonsten ist hier, wo die Fähren zu den Orkneys anlegen, wenig Reizvolles zu finden. So mancher hat sich schon so geärgert, dass er weggefahren ist und dadurch den rund 2 Kilometer entfernt gelegenen echten (aber eben nicht mehr bewohnten) nordöstlichsten Punkt, nämlich Duncansby Head, verpasst hat. Was schade ist, denn die Gesteinsformationen an dem Platz, wo sich Pentland und Moray Firth treffen, verdienen das Prädikat »sensationell«. Ob ein natürliches Felstor oder die Duncansby Stacks, zwei aus dem Meer ragende, gut 60 Meter hohe Gesteinsnadeln, spitz wie Teufelshörner – mit jedem Schritt entdeckt man neue bizarre Formen und unwirklich scheinende Fotomotive. Überall im Stein ist Leben. Das

Vorsicht ist am Rand der oft rutschigen Klippen von Duncansby Head geboten!

Castle of Mey

Das früher auch Barrogill Castle genannte Schloss liegt etwa 10 Kilometer westlich von John o' Groats in Caithness. Der vierte Earl of Sinclair erbaute es im späten 16. Jahrhundert als dreigeschossiges Tower House. Nach Erweiterungen, die sich über etwa 300 Jahre erstreckten, wurde es Castle of Mey genannt. Seit es im Zweiten Weltkrieg verkauft wurde, befand sich das Schloss zunehmend in schlechtem Zustand, wurde dann aber von »Queen Mum« erworben und restauriert. Die einstige Königin besuchte Castle of Mey bis zu ihrem Tod im Jahr 2002 regelmäßig. 1996 wurde das Schloss für die Öffentlichkeit zugänglich gemacht. Jährlich besichtigen von Mai bis September rund 30 000 Touristen (nur mit Führung) das beliebte Anwesen – außer wenn Royals hier nächtigen.

liegt an dem zum Teil leuchtend grünen Bewuchs und an unzähligen Seevögeln, die in jeder Nische nisten.

Girnigoe und Sinclair Castle: gleich zwei Burgruinen an der Sinclair's Bay bei Wick.

Das Castle of Old Wick (12. Jahrhundert) schützte einst das Meer auf der einen Seite und landeinwärts zwei Wassergräben.

***** Noss Head und Sinclair Castle** Südlich von Sinclair's Bay ragt die Noss-Halbinsel in die Nordsee. Sie wird von mehr Schafen und Rindern als Menschen bewohnt. Ihr Name leitet sich vermutlich von »nose« (Nase) ab, denn genau wie eine solche reckt sich die kleine Landzunge ins Meer. In der Luft hängt – bleiben wir mal beim Thema – ein Geruch von Algen und Fisch, dazu das Kreischen der Seevögel, die zu Tausenden an der Küste nisten. Die raue See und die scharfen Klippen sind vielen Schiffen zum Verhängnis geworden. Wracktaucher finden im Norden von Schottland darum ein spannendes Revier. Das Wahrzeichen von Noss Head ist Sinclair Castle, einst im Besitz der Sinclairs Earls of Caithness. Eigentlich handelt es sich hier um einen Burgenverbund, denn dicht neben ihr liegt eine zweite, ältere Burg: Castle Girnigoe. 1690 wurden beide Bauwerke erobert und zerstört – ausgerechnet von einem Sinclair! Der gab das, was noch übrig war auf und ließ alles verfallen.

Schwindelfreiheit sei vorausgesetzt beim Abstieg der Whaligoe Steps.

**** Wick** Es liegt auf der Hand, dass Wick der Hauptort der Grafschaft Caithness ist: Für die Gegend ist sie mit über 7000 Einwohnern schon fast eine große Stadt, die durch die Heringsfischerei zu wirtschaftlicher Bedeutung gekommen ist. Genauer gesagt, durch den Zusammenschluss mit dem weiter südlich des Flusses Wick gelegenen Pulteneytown. Sir William Pulteney (1729–1805) hatte diesen Ort als Fischereihafen aus dem Boden stampfen lassen, sich dafür einen der bekanntesten Architekten der Zeit, Thomas Telford, an Bord geholt und viel Geld in das Projekt gesteckt. Die goldenen Zeiten sind längst vorbei, doch Wick konnte sich den Charme einer Kleinstadt mit hübschem Hafen erhalten und Pulteneytown ist heute ein Ortsteil davon. Besuche lohnen sich vor allem zur Ruine des alten Castles auf den Klippen sowie im wirklich interessanten Wick Heritage Museum. Hier werden Raum für Raum die vielen Aspekte des Lebens während der Blütezeit der Heringsfischerei erklärt. Nicht wenige zieht es auch zu einer Besichtigung der Whiskybrennerei Old Pulteney.

Grey Cairns of Camster

Aus der Zeit um 3500 v. Chr. sollen sie stammen, die beiden grauen Steinhügel (genauer gesagt: heel-shaped Cairns) nördlich von Lybster in Caithness. Vielleicht etwas gruselig mag die Vorstellung sein, dass in den unterirdischen Kammern 1886 neben Feuersteingeräten und Keramik auch menschliche Knochenreste gefunden wurden. Über bequeme Holzstege erreicht man erst den Round Cairn, einen kreisrunden Steinhaufen von 18 Metern Durchmesser, 4 Metern Höhe und mit einer Kammer in der Mitte. Etwa 200 Meter dahinter liegt der über 60 Meter lange und 20 Meter breite Long Cairn. Die Eingänge liegen östlich. Ein längliches Steingrab schmiegt sich an das Gelände an. Alle Kammern sind begehbar, teilweise müssen sie aber durchkrochen werden. Die Cairns sind zur Sicherheit extra beleuchtet.

*** Whaligoe Steps** 365 – andere Quellen sprechen von 330 – glatt gewaschene, bei Feuchtigkeit sehr rutschige Stufen führen vom Rücken der Klippen hinab in eine Bucht. Kaum zu glauben, dass diese einmal ein äußerst geschäftiger Hafen war. In der ersten Hälfte des 19. Jahrhunderts gab es in der Nordsee vor der Küste unfassbar große Heringsschwärme. Zig Boote fuhren hinaus, um sie zu fangen. Doch was dann? Wie sollte man sie ohne große Umwege an den steilen Felswänden vorbei an Land schaffen? Man machte sich die Mühe, dem Gestein eine Treppe abzutrotzen, über die die Frauen der Fischer deren Fang Korb für Korb nach oben tragen konnten. Außer den steinernen Stufen, zwischen denen Wildblumen sprießen, sind noch heute die Reste der für die Lagerung von Salz und Fisch gebauten Baracken zu erkennen. Wie viele Stufen es auch immer sein mögen, beim Anblick der Klippen vergisst man das Zählen ohnehin.

Majestätisch thront Dunbeath Castle seit dem 17. Jahrhundert über der Küste.

Traumschloss: Dunrobin Castle.

Das Örtchen Helmsdale besitzt einen eigenen Bahnhof.

*** Dunbeath** Das Nordsee-Städtchen Dunbeath traf das gleiche Schicksal, das entlang der Küste so viele Orte ereilt hat: Die Abhängigkeit von den Heringsschwärmen hatte seinen Niedergang zur Folge. Seine Einwohner haben sich allerdings nicht unterkriegen lassen. Noch immer ist der Hafen das Herzstück. In diesen Zeiten kommt man eben, um von hier aus den besten Blick auf das prachtvolle Dunbeath Castle zu genießen. Wenn man schon mal da ist, sollte man auch einer Skulptur ein wenig Aufmerksamkeit schenken: »Kenn & the Salmon« erinnert an den Schriftsteller Neil M. Gunn (1891–1973; »Highland River«), der im Ort geboren wurde. Nun aber schnell durch die Wälder zum Dunbeath Castle gefahren, das mal in den Händen der Sinclairs und mal in denen der Montroses war. Im 15. Jahrhundert urkundlich erwähnt, befindet es sich heute in Privatbesitz, nur noch die Gärten werden zeitweilig für Publikumsverkehr geöffnet. Ein schönes Fotomotiv bleibt das Schloss aber nach wie vor.

*** Helmsdale** Am Ende einer Bahnstrecke, dort, wo der Fluss Helmsdale in den Moray Firth mündet, haben schon Wikinger gesiedelt. Heute liegt hier der Ort Helmsdale. Vom gleichnamigen Schloss aus dem 15. Jahrhundert ist leider nichts mehr übrig – von einer Gedenktafel einmal abgesehen –, denn es musste einer Hauptverkehrsader weichen: der Küstenstraße A9, die von Süden nach Norden durch die gesamten Highlands führt. Sehr schade, denn ganz sicher würden regelmäßig viele zu dem Jagdschloss pilgern, das Shakespeare zu seinem »Hamlet« inspiriert haben soll. Dort soll nämlich Isobel Sinclair ihren Neffen John Gordon, den elften Earl of Sutherland, im Jahr 1567 vergiftet haben. Wie auch immer es gewesein sein mag, Helmsdale wurde jedenfalls im 19. Jahrhundert als Fischersiedlung konzipiert, um für die Besiedelung der Region zu sorgen. Der River Helmsdalet, gilt noch heute als einer der besten schottischen Flüsse zum Fliegenfischen von atlantischen Lachsen.

***** Dunrobin Castle** Die Earls und Dukes of Sutherland zählten zu den mächtigsten Grundbesitzern in ganz Europa, als sie Mitte des 19. Jahrhunderts 2 Kilometer nördlich der kleinen Ortschaft Golspie »Schottlands Neuschwanstein« errichten ließen. Das Bilderbuchschloss Dunrobin Castle thront auf einer natürlichen Terrasse hoch über dem Meer. Der von weiten und bewundernswerten Parkanlagen umgebene Stammsitz der Sutherlands besitzt 189 Zimmer und ist damit das größte Wohngebäude der Northern Highlands. Die ältesten Gebäudeteile stammen aus dem ausgehenden 13. Jahrhundert. Besonders imposant ist der Blick von der Gartenseite; Türme, Zinnen und Erker sind typisch für die viktorianische Zeit. Die glanzvolle Fassade lässt viele Schotten dennoch nicht vergessen, dass Dunrobin Castle auch für einen dunklen Teil ihrer Geschichte steht: Die Sutherland-Dynastie galt nämlich als eine der grausamsten bei der Vertreibung der Bevölkerung aus dem Hochland.

Falls of Shin

Bei Liebhabern von Lachsen bestens bekannt ist diese aufsehenerregende Abfolge von Wasserfällen und Stromschnellen, die in den Sutherlands südlich von Lairg den Abfluss des Loch Shin bilden. Das ganze Jahr über sind hier Lachse zu sehen, wie sie versuchen, zu ihren Laichplätzen flussaufwärts zu gelangen: Durch bis zu 6 Meter hohe, kräftige Sprünge können sie die Falls of Shin überwinden. Um die Tiere besser in den tosenden Wasserfällen beobachten zu können, stehen mehrere Aussichtsplattformen bereit, die durch einen Rundweg miteinander verbunden sind. Das Flusstal bietet auch herrliche Ansichten auf üppig wachsende Bäume, Farne und Moose. Seit 2017 gibt das Besucherzentrum am Parkplatz Auskunft über Rad- und Wanderwege.

Islands

Die letzten Fleckchen Land, ehe es hinaus auf den Nordatlantik geht. Grob geschätzt verfügt Schottland über die unglaubliche Anzahl von etwa 900 vorgelagerten Inseln. Die meisten sind vier Hauptgruppen zugeordnet: Shetland- und Orkney-Inseln, Innere und Äußere Hebriden. Die Geomorphologie reicht von felsig-gebirgig bis hin zu flach und tief gelegen. Nur knapp über 100 Inseln sind bewohnt, der weit größere Rest besticht als unberührtes Naturparadies.

Unterwegs auf der Isle of Skye

Die »Wolkeninsel« ist mit 80 Kilometern Länge Schottlands größte Insel. Sie vereint kompakt alle Vorzüge der Highlands: sanfte Hügel, Gebirgsketten, Lochs, das Meer mit Klippen und Stränden, Fischerdörfer, Burgen und nicht zuletzt Whiskydestillerien mit Tradition von Weltruf.

*** Castle Moil** Viele Legenden ranken sich um die Burgruine auf einem Hügel oberhalb des Hafens Kyleakin. Sicher belegt ist, dass sie im Jahr 900 in den Besitz von Findanus, dem Chef des mächtigen Clans der MacKinnon of Mull, geriet, der eine norwegische Prinzessin geheiratet hatte. Sie brachte die Burg als Mitgift mit in die Ehe. Weder von jenem frühmittelalterlichen Castle noch von dem im späten 15. Jahrhundert umgebauten Bergfried ist heute noch viel zu sehen. Schwere Unwetter in den Jahren 1949 und 1989 zerstörten einen Großteil der ohnehin seit dem 17. Jahrhundert aufgegebenen Wehranlage (der letzte Bewohner, Neill MacKinnon, starb 1601). Aber gerade der verlassene Zustand von Castle Moil ist für viele Burgen-Fans ein Grund, es über einen Trampelpfad zu erreichen, sofern es die Gezeiten zulassen. Ohne Zweifel ist es ein ganz besonderes reizvolles Fotomotiv.

***** Armadale Castle and Gardens** Ein Muss für alle, die die Insel Skye besuchen, ist ohne Frage Armadale Castle auf der Landzunge Sleat und seine dazugehörige Gartenanlage. Hier wachsen wegen des Golfstroms jede Menge exotischer Pflanzen, es gibt Steingärten und Zierteiche, kleine Brücken wölben sich zwischen dichtem Grün, dahinter glitzert der Sound of Sleat. Das Castle wurde Ende des 18. Jahrhunderts begonnen und war Sitz des in der Gegend äußerst einflussreichen MacDonald-Clans. Seit 1925 verfällt es zur Ruine, nur ein Teil der Anlage wurde erhalten und restauriert. Ein Juwel ist sicher der vollkommen von Efeu überwucherter Torbogen des Haupteingangs. Das preisgekrönte Museum of the Isles auf dem Schlossgelände bringt die 1300-jährige Geschichte des Donald-Clans und die der Region nahe. Sogar nachgebaute »Standing Stones« sind hier zu sehen. Nicht versäumen!

**** Elgol und Loch Scavaig** Im Südosten von Skye schmiegt sich die Bucht von Loch Scavaig in die bergige Landschaft. Das Fischerörtchen Elgol bietet eine der schönsten Aussichten auf die Gipfel der Cuillin Hills. Geht man ein Stückchen die Straße entlang in Richtung Camasunary-Bucht, des Tors zu den Cuillins, wird man mit einem herrlichen Blick belohnt, der bestimmt unzählige Male fotografiert wurde. Wendet man sich dem Wasser zu, lässt sich die Insel Rùm ausmachen. Eine Wanderung von Elgol aus entlang des steinigen Ufers führt zu jener Höhle, in der sich »Bonnie« Prince Charles Edward Stuart (1720–1788) vor seiner Flucht nach Frankreich einst in Frauenkleidern vor den Engländern versteckte. Die Höhle hat einen breiten Eingang und wird zum Inneren hin schmaler. Sie ist frei zugänglich, allerdings muss man die Gezeiten kennen, da die Flut den gesamten Küstenstreifen überrollt.

Vom Hafen Elgols aus sind Bootstouren zum Loch Coruisk möglich. Mit Glück sieht man hier Seehunde und Delfine.

Für den norwegischen König Håkon IV. war der Hafen von Kyleakin und Castle Moil im 13. Jahrhundert strategisch wichtig. Sein militärischer Misserfolg beendete jedoch den Einfluss der Norweger auf die schottischen Inseln.

Dieser erhaltene Torbogen auf Armadale Castle war einst der Eingang zu einer Halle mit Treppe.

Bei diesem Motiv schlägt jedes Fotografenherz höher: Die Sligachan Bridge an der Hauptstraße nach Portree führt über den Sligachan River.

***** Cuillin Hills** Der Cuillin-Bergkette nähert man sich am besten vom Loch Coruisk aus. Ein landschaftlicher Schatz, dieser See: Je nachdem, wie die Sonne auf das Wasser fällt, leuchtet er in den Farben Türkis oder Dunkelblau, manchmal sogar gelblich. Von einem Boot aus ist der Blick auf die Cuillin Hills, die Loch Coruisk umstehen, perfekt. Genau genommen ist es die einzige Möglichkeit zu sehen, dass die Gipfel hufeisenförmig nebeneinander liegen. Die vulkanischen Erhebungen locken Kletterbegeisterte aus aller Welt an. Alleine 20 über 900 Meter hohe Munros gehören zu dem Massiv. Der König unter ihnen ist der 991 Meter Sgurr Alasdair. Trittsicherheit allein reicht nicht aus, um hier zu klettern. Nur Bergsporterfahrene sollten sich da herantrauen! Etwa an den Sgurr Dearg, dessen Gipfel nur auf den ersten Blick harmlos wirkt. Seine Spitze heißt zu Recht »Inaccessible Pinnacle«.

Zu Füßen der traumhaften Cuillin Hills liegen mehrere Lochs.

Sonnenuntergang am Sligachan River: Romantik pur.

Die beiden Seen Loch na Cuilce und Loch Coruisk werden von den Black Cuillins eingerahmt.

***** Glen Sligachan** Eine alte Steinbrücke markiert den Eingang zum Tal von Sligachan. Es durchschneidet die Cuillin Hills in Nord-Süd-Richtung von einer Küste zur anderen und trennt die Black Cuillins, hauptsächlich bestehend aus Basaltgestein, von den Red Cuillins, überwiegend Granit. Gleichzeitig markiert das Glen die Grenze zwischen der Nord- und der Südhälfte der Sky. Eine Wanderung auf den steinigen Wegen verspricht einen Tag voller Mythen, Geschichten von Clan-Schlachten und ohne menschliche Begegnungen – oder nur mit sehr wenigen, denn Einwohner gibt es hier keine. Dafür fühlen sich Libellen und Schmetterlinge im Hochmoor umso wohler. Sollte man doch einmal auf Menschen treffen, ist so gut wie sicher, dass sie gerade eine Bergtour unternehmen. Das Sligachan Hotel ist einer der meistfrequentierten Treffpunkte für Wanderfreunde. Es existierte bereits im frühen 19. Jahrhundert.

Glen Brittle und Fairy Pools

Am Fuße der Black Cuillins, in der Nähe der kleinen Ortschaft Carbost, befinden sich die sogenannten Fairy Pools (»Feenbecken«). Genauso märchenhaft wie der Name es andeutet, mutet das kristallklare Wasser des River Brittle hier auch an. Ein 2,4 Kilometer langer Wanderpfad führt zu diesem Naturschauspiel. Hartgesottene wagen vielleicht sogar mutig ein Bad in den eiskalten Becken. Am besten geht man an diesen entlang und beobachtet, wie sie gegen Ende der Strecke kleine Wasserfälle bilden. Wirklich märchenhaft schön.

Das Neist Point Lighthouse steht am westlichsten Punkt der Insel Skye.

Der Ort Talisker ist weltbekannt für seine Whiskydestillerie.

***** Talisker Bay** Eine kurze, gemütliche Wanderung vorbei an einer Wiese mit freundlichen Schafen führt zur Talisker Bay. Bei Flut wird sie von hohen schwarzen Klippen und ebenfalls schwarzem Geröll dominiert. Schnecken klammern sich an die nassen Steine, Krebse huschen darüber und tauchen ab, Algen hängen an den glatt gewaschenen Felsen fest. Dann kommt die Ebbe und gibt nach und nach den Blick auf einen ebenso ungewöhnlichen

wie bezaubernden Strand frei. Der feine weiche Sand ist schwarz, die Wellen malen immer wieder neue Bilder darauf. Nördlich stürzt ein Wasserfall in die Tiefe. Der Weg dorthin über glitschiges Gestein ist schwierig und verlangt Trittsicherheit. Bei Flut gibt es keine Verbindung und vor allem keinen Weg zurück! Talisker Bay mit seinen dramatischen Formen und düsteren Farben ist aber der perfekte Ort, um einen Sonnenuntergang zu betrachten.

***** Neist Point** Die Klippen der Halbinsel Neist Point erheben sich hier steil aus der Schottischen See. Eine einspurige Straße führt auf sie zu, dann muss man laber aufen. Der Weg lohnt sich: Klippen, mit gelben Flechten und rosafarbenen Grasnelken bewachsen, rötliche Felsen, im Sommer von einem Grün überzogen, als habe jemand hier Teppichboden verlegt. Dahinter das Meer, in dem sich Delfine, Riesenhaie und Wale tummeln. Vom Waterstein Head, mit knapp 300 Metern der höchste Punkt, kann man sie mit etwas Glück beobachten. Der Leuchtturm steht auf einer Klippe dahinter. Früher wurde er vom Wasser aus versorgt, ausgewaschene Stufen und alte Transporteinrichtungen sind noch zu erkennen. Die Halbinsel mit ihrer ganz eigenen Atmosphäre wurde mehr als einmal als Drehort genutzt wie etwa für den Samurai-Film »47 Ronin« (2013) mit Keanu Reeves.

Am Neist Point finden Vogelbeobachter ein Eldorado. Auch Robben, Delfine und Wale tauchen ab und zu hier auf.

Was für eine Lage! Dunvegan Castle lässt sich am besten von Coral Beach am Loch Dunvegan fotografieren.

Steilklippen können auch farbenfroh sein: die Kilt Rock Cliffs.

Duntulm Bay

Je abgelegener, desto schöner die Landschaft. Das ist auf diesem Fleckchen Erde auf der Halbinsel Trotternish nicht zu bezweifeln. Im Laufe der Jahrhunderte ließen sich in dieser Region im äußersten Nordwesten der Isle of Skye die Pikten nieder, dann die Wikinger, bis schließlich der mächtige MacDonald-Clan von Sleat im Mittelalter hier seine Festung erbaute. Ein Blickfang und ein beliebtes Motiv von Fotografen ist die imposante Ruine des Duntulm Castle aus dem 14. Jahrhundert, die bis heute hoch auf einem Felsen über dem Meer thront. Der Legende nach soll die Burg aufgegeben worden sein, nachdem der Sohn des Clanoberhaupts aus einem Fenster auf die Klippen stürzte. Leider ist sie mittlerweile einsturzgefährdet und kann nicht besichtigt werden.

***** Dunvegan Castle** Im Nordwesten der Insel Skye, wo die Äußeren Hebriden nicht weit sind, liegt Dunvegan Castle am Ufer der gleichnamigen Bucht und mit einer kleinen Bootsanlegestelle. Es ist ein Schloss der Superlative. Kein anderes wurde so lange durchgehend bewohnt wie der Stammsitz der MacLeods, Herren über Skye und einer der wohl bekanntesten Clans von ganz Schottland. Gut 800 Jahre sind sie hier zu Hause, 1933 öffnete Sir Reginald MacLeod das Anwesen erstmals für Besucher. Die darin enthaltene Ausstellung umfasst zahlreiche Ölgemälde der Familienmitglieder, jakobitische Relikte sowie einige Schätze, die untrennbar mit der Familie verbunden sind, wie etwa die Feenfahne, die den Clan schützen soll. Beeindruckend sind vor allem die verschiedenen Räumlichkeiten des noch immer bewohnten Schlosses. Man kann die Küche ebenso besichtigen wie das Verlies. Die Gärten bestechen durch einige exotische Pflanzen, die hier dank des Golfstroms gut gedeihen.

Nomen est omen: Die Küstenlinie Kilt Rock ähnelt auffällig den Falten eines Schottenrocks.

**** Kilt Rock und Mealt Falls** Unterm Schottenrock ist gar nichts. Da ist nichts und da war nichts. Das trifft auch auf jene eigens geschaffene Plattform zu, von der man den besten Blick auf Kilt Rock und den Wasserfall haben soll. Sie schwebt über dem tosenden Meer und verlangt gute Nerven, wenn man sie betreten möchte. Das sollte man natürlich: Sie ist durch ein Gitter gesichert und bietet eine großartige Sicht. Die Felsen der Steilküste wirken beinahe, als wären auch sie von Menschenhand geschaffen, so gleichmäßig stehen ihre Säulen an der nordöstlichen Küste der Halbinsel Trotternish. Direkt neben den karierten Klippen tost der Mealt-Wasserfall. Bei windstillem Wetter klatscht er unten auf Geröll und die Meeresoberfläche, ist es dagegen böig, wird er zerstäubt und weggetragen. Der Ort gehört zu Skyes bekanntesten Sehenswürdigkeiten und ist meist entsprechend gut besucht.

Skye Museum of Island Life

Ein museales Kleinod finden die Besucher auf der Halbinsel Trotternish: Von Portree aus über die A87 und A855 ist das Freilichtmuseum in Kilmuir erreichbar. Hier wird seit 1965 das Leben der dortigen Bevölkerung von vor über 100 Jahren sehr anschaulich gezeigt: Dunkle, strohgedeckte Häuser ducken sich in die Landschaft von Skye. Im Inneren ist es eng und es riecht nach Torffeuer. Das Museumsdorf besteht aus insgesamt sieben al-

ten Blackhouses, den düsteren, aus Stein gemauerten »Crofters«, mit Stroh oder Reet gedeckt. Karg und eng die Räume – oft sogar nur ein einziger –, beheizt mit Torf, spärlich die Möblierung. Neben einem Wohnhaus gibt es eine Schmiede, eine Weberei und einen simplen Stall, in dem eine Sammlung an Werkzeugen für die tägliche Arbeit im Haus und auf den Feldern gezeigt wird. Im Ceilidh-House – gälisch für »geselliges Beisammensein« – kann man auch sehen, dass sich die Dorfbewohner hier wie in einer Art Gemeindezentrum getroffen haben und feierten. Anhand von ausgestellten Dokumenten, Briefen, Postkarten und Fotografien lässt sich die Stimmung dieser vergangenen Zeit gut nachempfinden. Die Blackhouses stellen die traditionelle Wohnweise der Bauern bis in die 1930er-Jahre dar. Eine einmalige Zeitreise in ein historisches schottisches Hochlanddorf!

Tatsächlich filmreif: Blick auf die Staffin Bay mit ihren außergewöhnlichen Felsformationen.

Die untergehende Sonne taucht die Quiraing Mountains in kräftige Farben.

***** Staffin Bay und Quiraing** Die wirklich sonderbaren Felsformationen, die man oberhalb der Bucht von Staffin findet, haben immer wieder Filmcrews angelockt. Sogar einige der berühmten »Highlander«-Szenen (1986) wurden hier gedreht. Die bizarren Gesteinsbrocken regen die Fantasie unzähliger Wandernder an, die sich auf einen knapp 7 Kilometer langen Rundkurs machen. Unwirklich erscheint die Landschaft, manchem gar übernatürlich. Vor allem, wenn der berühmte Nebel über Skye kriecht und auch den nordwestlichen Zipfel von Trotternish erfasst. Es ist kein Skulpturenpark: Das Gefängnis, die Nadel und verschiedenste Tiere, die man im Gestein zu erkennen glaubt, sind natürlich entstanden. Die gesamte Bergkette hat sich emporgehoben, weil das Gelände rundherum abgesackt ist. Diese Entwicklung hält an. So stark, dass die Straße, die zum Quiraing führt, jedes Jahr ausgebessert werden muss.

***** Old Man of Storr** Über 700 Meter hoch ist die höchste Erhebung des Trotternish-Rückens, die man schlicht »The Storr« nennt. Und sie ist mehr als markant. Ein knapp 4 Kilometer langer Rundweg führt an alle sehenswerten Punkte. Das ist neben dem eigentlichen Gipfel »The Storr« der »Old Man of Storr«, ein Basaltmonolith. Nicht weit von ihm ragen weitere Gesteinsnadeln in den Himmel empor. Mancher betrachtet die bizarren Gebilde aus sicherer Entfernung. Geht es bis auf das Plateau nämlich auf recht ordentlich ausgebauten Serpentinen durch ein ehemaliges Waldstück und eine Schonung, folgen zu den Nadeln Geröll und Schotterwege, die teilweise steile Anstiege bereithalten. Mit etwas Anstrengung und gutem Schuhwerk lohnt es sich, die Pfade entlangzukraxeln und dem »Old Man of Storr« und seinen Gefährten, Wahrzeichen der Insel Skye, einen Besuch abzustatten.

Dem Himmel nahe: der Gipfelzug des Quiraing.

Eine Wanderung hinauf zum »Old Man of Storr« wird mit einem grandiosen Panorama belohnt.

Old Man of Storr

Fast 50 Meter streckt sich der »Alte Mann« gen Himmel. Eine Wanderung dorthin ist auf jeden Fall zu empfehlen und bereits von Weitem ist der Wächter über der Küste von Skye zu sehen. Der »Old Man of Storr« auf der Halbinsel Trotternish entstand durch einen gewaltigen Erdrutsch. Ihn umgibt eine Reihe weiterer Felsnadeln. Diese bizarre Landschaft diente mehrfach als Filmkulisse, zuletzt für Szenen in Ridley Scotts »Prometheus« (2012).

Unterwegs auf den Outer Hebrides

119 Inseln, auf 210 Kilometer Länge aneinandergereiht, liegen vor der Nordostküste Schottlands. Nur die fünf größten von ihnen sind bewohnt. Wer Einsamkeit und Entschleunigung sucht, findet daher beides hier in einem faszinierenden und einzigartigen Landschaftsszenarium.

***** Lewis and Harris** Die zweifache Namensgebung täuscht: die Hebriden-Insel ist eine einzige Landmasse und damit die drittgrößte der Britischen Inseln nach Großbritannien und Irland. Dennoch zeigt sich das Eiland wie ein Zwitter: Lewis, der Nordteil, ist ein flaches Land (Ausnahme Ben Barvas mit 280 Metern) voller Torfmoore und im Vergleich zum wesentlich kleineren, bergigen Südwestteil Harris mit seinen 30 Gipfeln dicht besiedelt. Seit 5000 Jahren wohnen Menschen hier, wo es nicht nur mit den Standing Stones of Callanish die größte megalithische Kultstätte der Britischen Inseln gibt, sondern mit dem Dun Carloway auch ein sehenswertes Broch, wohl aus dem 1. Jahrhundert v. Chr. Die am besten erhaltenen mittelalterlichen Spielsteine stammen auch von hier: die elfenbeinernen Lewis-Schachfiguren.

Weil alle Lewis-Schachfiguren wegebracht wurden, baute man kurzerhand Duplikate aus Holz.

Nicht wie sonst üblich ganz in Weiß, sondern ziegelrot: Der Leuchtturm am Butt of Lewis.

***** Butt of Lewis** Am »dicken Ende« (englisch »butt«) ist nicht nur der nördlichste Punkt der Insel Lewis and Harris erreicht, sondern gleichzeitig auch der der Äußeren Hebriden. Am Butt of Lewis fallen bizarre Klippen ins Meer und trotzen den Wellen. Der Leuchtturm, errichtet von zwei Mitgliedern der berühmten Ingenieursfamilie Stevenson im Jahr 1859, muss hier die schwersten Stürme aushalten und wird als windreichster Ort Großbritanniens sogar im Guiness-Buch der Rekorde geführt. Aus diesem Grund wählten man auch ausnahmsweise Ziegel als Baumaterial – er ist robuster als Stein und weist Wasser besser ab. Die nächste Ortschaft liegt von der Spitze Butt of Lewis' mehr als 1 Kilometer entfernt. Dort ist auch die kleine St Moluag's Church zu finden, ein sehenswertes Kirchlein aus Naturstein mit Schieferdach, das bis 1955 noch regelmäßig genutzt wurde und dessen Geschichte weitgehend im Dunkeln liegt.

*** Western Coast** Zwar ist der Norden von Lewis and Harris im Gegensatz zum südlichen Inselteil eher flach, auf Klippen braucht dennoch niemand zu verzichten. Auch nicht auf Menhire, deren bekannteste aber in der Inselmitte liegen. An der Westküste steht der ausgesprochen beeindruckende Trushel Stone. Ein Stück weiter, bei Arnol, wartet etwas ganz besonderes: das Na Gearrannan Blackhouse Village – ein bewohnbares Museum direkt am Meer. »Blackhouse« nennt man die für die Gegend typische Behausung, in der Mensch und Vieh im 19. und 20. Jahrhundert unter einem Dach gelebt haben. Das Dorf in Carloway bietet heute nicht nur einen musealen Rundgang, um das einstige Leben der schottischen Bauern authentisch kennenzulernen, man kann in vier der neun renovierten Häuser sogar übernachten. Selbst das Torfkaminfeuer im Zentrum der Häuser wird noch heute in Gang gehalten. Übrigens gehörte die zweigeteilte Insel in den Zeiten der Wikinger zu Norwegen. Einige nordisch klingende Ortsnamen erinnern heute daran. Neben der historischen Bedeutsamkeit ist die Atlantikküste von Lewis ein Paradies für Surfer und für Stand-up-Paddler. Aufgrund des meist heftigen Windes sollte man allerdings ein geübter Sportler sein, wenn man es mit den Wellen aufnimmt.

Blackhouse Museum

Das Leben auf Lewis war einst hart und entbehrungsreich. Anschaulich dargestellt und nachvollziehbar ist das im Na Gearrannan Blackhouse Village. Hier kann man sich nicht nur über die Landeshistorie informieren, sondern sie hautnah nachempfinden, indem man schlicht in einem der niedrigen, dunklen Häuser übernachtet. Geboten werden einfache Unterkünfte, aber auch Vier-Sterne-Cottages. Anfang der 1970er-Jahre wurde das in unmittelbarer Atlantiknähe liegende Dorf aufgegeben – die ewigen Entbehrungen waren für die Bewohner zu hart. Doch das Ensemble entkam dem Schicksal des drohenden Verfalls und die Behausungen als Letzte ihrer Art wurden als Freilichtmuseum erhalten. In einem der renovierten Häuser wird gezeigt, wie an einem Webstuhl damals der bekannte Harris-Tweed hergestellt wurde. Die Anfahrt erfolgt von Stornoway über Carlabhagh.

Tolsta Beach auf dem Inselteil Lewis ist ein wahrer Traumsandstrand.

Standing Stones of Callanish

In Callanish auf der Insel Lewis and Harris, westlich von Stornoway, steht die größte heute bekannte Steinformation der Megalithkultur auf den Britischen Inseln. Zwölf Formationen wurden bislang ausgegraben, vermutet werden im Umkreis über 20 weitere. Exakt 47 Menhire kann man besichtigen, die zwischen 3000 und 1500 v. Chr. in verschiedenen Etappen von Menschenhand aufgestellt wurden. Die Standing Stones bestehen aus Le-

wis-Gneis, einer für die Insel typischen Gesteinsart. Die kreis- und strahlenförmig angeordneten Menhire bilden ein von vier Reihen unterbrochenes »Sonnenkreuz«. Besonders beeindruckend ist die Nordallee der Anlage, die aus zwei fast parallel verlaufenden Steinreihen besteht und bei einem durchschnittlichen Abstand von 8,20 Metern ganze 82 Meter weit verläuft. Im Zentrum befindet sich ein Kreis aus 13 Menhiren, mit einem großen Zentralstein in der Mitte: Er ragt 4,75 Meter in die Höhe, wiegt etwa 5 Tonnen und bildet die Begrenzung einer kleinen Kammer mit einem neolithischen Gemeinschaftsgrab. Umgeben ist er von 13 weiteren Monolithen, die einen Ring mit einem Durchmesser von 11 bis 13 Metern bilden. Über den Zweck der Megalithkultstätte von Callanish kann nur spekuliert werden, vermutlich ist es als großes astronomisches Observatorium anzusehen.

Ohne jeden Mörtel errichtet, steht er noch immer, der Broch Dun Carloway.

***** Dun Carloway Broch** Ein besonders gut erhaltenes Broch – steinerne und fensterlose Rundbauten aus der Eisenzeit – findet sich mit Dun Carloway an der Westküste der Insel Lewis and Harris. Dieser wurde für einen Broch relativ spät, erst im 1. Jahrhundert v. Chr., fertiggestellt. Am besten erhalten ist heute seine mächtige Ostmauer. Die ursprüngliche Höhe des Turmwohnhauses wird auf etwa 15 Meter geschätzt, sein Durchmesser beträgt 14 Meter. Bemerkenswert ist das zweischalige Mauerwerk des Broch: Hier lagerten die Bewohner ihre Lebensmittel. Geschlafen und gelebt wurde auf Holzgalerien. Ein Visitor Center am Fuße des Hügels gibt Auskunft über das Leben der Broch-Bewohner. Laut wissenschaftlicher Erkenntnisse war das piktische Bauwerk um 1300 n. Chr. besetzt, geheimnisvolle Geschichten ranken sich heute noch darum. Fantastisch ist auch die Aussicht auf den Loch an Duin und die umliegenden Berge.

Hebridean Celtic Festival

Was im Sommer 1996 in kleinem Rahmen begann, hat sich im Laufe der Jahre als internationales Celtic Music Festival von Rang etabliert. Das Event, auch kurz und knackig HebCelt genannt, zieht jedes Jahr Musikliebhaber dieses Genres nach Stornoway auf der Isle of Lewis. Hier gibt sich das »Who's who« der Folkmusik-Szene die Mikrofone in die Hände. Folk-Legenden wie Dougie MacLean oder die Waterboys führen die Liste an. Seit 2002 werden herausragende Künstlerinnen und Künstler in einer Hall of Fame besonders geehrt. Mittlerweile strömen Musikmachende aus der ganzen Welt in diese abgelegene Region der Hebriden, die bekannt ist für ihre wildromantische Landschaft sowie für die herzliche Gastfreundschaft ihrer Bevölkerung.

***** Stornoway** Die Hauptstadt der Insel Lewis and Harris ist mit um die 8000 Einwohnern die größte und einzig richtige Stadt des Archipels der Outer Hebrides, der Äußeren Hebriden – inklusive Flughafen und Fährterminal, urigen Pubs und hippen Cafés. Die Hafenstadt, im 9. Jahrhundert von den Wikingern als solche gegründet, bildet das Epizentrum gälischer Kultur und ist Ausgangspunkt nahezu aller Entdeckungsreisen durch die atemberaubende Insellandschaft mit all ihren Sehenswürdigkeiten. Im 19. Jahrhundert war sie wegen der in dieser Zeit begehrten Heringsfischerei bekannt. Nach dem Ersten Weltkrieg wanderten viele Einwohner aus. Die charmante Stadt bietet heute mit ihrem Museum nan Eilean interessante Einblicke in die gälische Kunst und Geschichte der Äußeren Hebriden. In den vielen kleinen Geschäften kann man bummeln und Ausschau halten nach typischen Produkten aus der Region, zum Beispiel nach Handtaschen aus Tweed.

Im pittoresken Hafen von Stornoway liegen Fischerboote.

Lews Castle: Seine neugotische Pracht wurde bestens renoviert und mit dem Denkmalsprädikat »herausragend« ausgezeichnet.

*** Lews Castle** Hoch oben über den Dächern des geschäftigen Zentrums von Stornoway thront Lews Castle. Von hier lässt sich die Aussicht über die Stadt und ihre Umgebung wunderbar genießen. Die Burg ist umgeben von 270 Hektar Waldgebiet und Parklandschaft. Das aristokratische Herrenhaus wurde am Standort der Seaforth Lodge des Mac-Kenzie-Clans, der Earls of Scotland, von Sir James Matheson Mitte des 19. Jahrhunderts errichtet. Die weitläufigen, wunderschön angelegten Gärten entstanden ebenfalls in dieser Zeit. Zu Kriegszeiten wurde das Schloss als Marinehospital genutzt. Ab 1988 stand es leer, nach aufwendigen Restaurierungsarbeiten bis zum Jahr 2015 beherbergt es heute auch das Museum nan Eilean. Hier unter anderem als Leihgaben zu sehen: sechs der berühmten Lewis-Schachfiguren.

Alles für einen prunkvollen Aufenthalt: Amhuinnsuidhe Castle ist heute ein Luxushotel.

***** Isle of Harris: Amhuinnsuidhe Castle** Wer schon immer mal wie ein Schlossherr oder eine Schlossdame residieren wollte, kann heutzutage in diesem ab dem Jahr 1864 errichteten Herrenhaus auf der Insel Lewis and Harris ein paar romantische Tage verbringen. Denn das für den Adligen Charles Murray, den siebten Earl of Dunmore, erbaute Domizil an der Westküste des Inselteils Harris wurde mittlerweile zum eleganten Hotel gehobener Klasse umfunktioniert. Das zunächst Fincastle genannte Schloss ging schon vor seiner Fertigstellung 1867 an Sir Edward Scott über und sollte noch mehrmals seine Besitzer wechseln, bis es 1961 zum Denkmal erklärt wurde. An der kleinen Bucht vis-à-vis der Insel Taransay gelegen, hat man von hier einen fantastischen Blick auf die Meeresbucht West Loch Tarbert – nicht zu verwechseln mit dem See in der Council Area Argyll and Bute. Nur 18 Kilometer von der Fähranlegestelle in Tarbert, dem Hauptort von Harris, entfernt, liegt der imposante Bau im neugotischen Stil.

*** Shiant Isles** Unbewohnt von Menschen, dafür umso stärker besiedelt von riesigen Kolonien an Seevögeln, ist die Inselgruppe der Shiants, die zu den Äußeren Hebriden gehört und sich etwa 8 Kilometer südöstlich der Isle of Lewis in der Meerenge The Minch befindet. Bekannt ist das Trio der flügelförmigen Inseln und zahlreicher Skerries für seine markanten, über 100 Meter hohen Kliffs aus schroffem Vulkangestein. Die größte Insel ist mit 143 Hektar Garbh Eilean. Hier befindet sich

The Minch

Diese Meerenge, auch »The North Minch« genannt, liegt zwischen den Äußeren Hebriden mit der Insel Lewis and Harris und der Nordwestküste des schottischen Festlands sowie den Inneren Hebriden mit den nordwestlichen Highlands im Nordatlantik. The Minch – altnordisch »Schottlandfjord« – ist etwa 110 Kilometer lang und 30 bis 70 Kilometer breit. Weiter südlich gelegen wird die Meerenge als »The Lower« oder »The Little Minch« bezeichnet und ist etwa 25 Kilometer breit. Auf dieser Höhe trennt sie die Skye von den südlicher gelegenen Inseln der Äußeren Hebriden. »The Minch Project« ist ein gemeinsames Projekt des Comhairle nan Eilean Siar, des Highland Council und von NatureScot, das Erosion und Abfall reduzieren und den Tourismus fördern will. Ersteres ist ein besonderes Anliegen, da The Minch eine vielbefahrene Schiffspassage ist.

Ardinashaig auf Scalpay: Die Insel war 2012 der größte »geschenkte« kommunale Landerwerb in Schottland.

die höchste Erhebung mit 160 Metern. Im Süden ist sie durch eine Ayre, einen Dünenstreifen, verbunden mit Eilean an Taighe – sofern keine Hochflut herrscht –, im Osten liegt Eilean Mhuire. Faszinierend ist der Blick über die Basaltklippen, auf und über denen sich an die 240 000 Papageitaucher und andere Vogelarten tummeln. Kurios: Bekannt sind die Inseln auch für ihre Hausratten. Besiedelt seit der Jungsteinzeit, befinden sich die Shiant Isles seit 1925 in Privatbesitz.

*** **Scalpay** Seit 1997 ist das kleine Eiland in den Äußeren Hebriden, südöstlich der Insel Lewis and Harris liegend, mit dieser durch eine Brücke verbunden. Der damalige Premierminister Tony Blair kam eigens zur Einweihung des Bauwerks. Die Brücke ersetzte die regelmäßige Fähre zur »Sgalpaigh na Hearadh« – so lautet der volle Name im Gälischen, was sie von der gleichnamigen Insel der Inneren Hebriden unterscheidet. Etwa 650 Hektar groß liegt Scalpay in der Mündung von Loch Tarbert. Restaurantbesitzer Fred Taylor hatte die Insel von seinem Vater geerbt. 2012 gab er sein Eigentum kostenlos an die 220 noch verbliebenen Einwohner ab, die hauptsächlich von Fischzucht und Krabbenfang leben. Per Abstimmung stimmten sie dem Geschenk zu. Die kleine Insel ist bekannt für den Eilean Glas, ein Nachfolgebauwerk des ersten, 1789 erbauten Leuchtturms der Hebriden. Ein Spaziergang führt durch die Heidelandschaft zum heutigen, 1820 von Robert Stevenson errichteten Turm.

Segeltörn vor der Eilean Mhuire, eine der drei Shiant Inseln.

St Clement's Church birgt grandiose spätmittelalterliche Steinmetzkunst.

Das detailreiche Grab von Alasdair Crotach in St Clement's Church.

***** South Harris** Die Insel Lewis und Harris wird zwischen Loch Rèasort und Loch Seaforth in einen südlichen und einen nördlichen Teil getrennt. Die Region South Harris ist dabei landschaftlich weit spektakulärer als das nördliche Lewis mit seiner höheren Bevölkerungsanzahl. Die höchsten Berge der Hebriden findet man hier, die tiefsten Fjorde und die schönsten Strände – doch kein fruchtbares Land, sodass die Bauern früher mühselig ihre Äcker mit Seetang düngen mussten, damit wenigstens ein paar Kartoffeln wuchsen. Und trotzdem genießt das gebiet Harris nicht nur im Vereinigten Königreich ewigen Ruhm. Denn von hier stammt der Harris-Tweed. Ursprünglich war er das grobe Tuch der Bauern und Seeleute. Mitte des 19. Jahrhunderts aber machte Lady Dunmore, in deren Besitz große Teile der Insel waren, den Stoff bei den gehobenen Ständen Britanniens populär – und zu einem Verkaufsschlager auf der ganzen Welt.

***** St Clement's Church** Abgeschieden steht die spätgotische Kirche an der Südspitze von Harris, nur wenige Meter von der Meerenge des Sound of Harris entfernt. Sie gilt als das bedeutendste vorreformatorische Kirchengebäude auf den Äußeren Hebriden. Erbaut im frühen 15. Jahrhundert vom Clan der MacLeod, sollte der Bau mit dem kreuzförmigen Grundriss hier – entgegen der Familientradition auf Iona – als Grabstätte dienen. Besonders die des achten Alasdair Crotach MacLeod of Dunvegan and Harris, ist reich verziert: die zwölf Apostel, Trompete spielende Engel, ein Schiff unter vollen Segeln, eine Jagdszene und nicht zuletzt Alasdair selbst in seiner Rüstung, von Löwen flankiert. Architektonisch interessant ist der unebene Boden. Dadurch erstreckt sich auch die Grundfläche der Kirche nicht auf einer horizontalen Ebene, sondern der Turm steht deutlich höher als das Langhaus, der Chor und das Querschiff.

Nach ihm ist die Linie der Earls of Seaforth benannt, die einst von Lews Castle über Lewis herrschten: Loch Seaforth.

2020 zum schönsten Strand gekürt: der weiße Sandstrand von Luskentyre, einer kleinen Siedlung in der Gemeinde Harris.

Tweed – festes Tuch mit Echtheitsanspruch

»Hand woven Harris Tweed« steht auf dem Gütesiegel des bekanntesten Exportartikels der Äußeren Hebriden: Bereits im Jahr 1909 wurde der Harris Tweed Association das heute noch verwendete Markenzeichen zuerkannt. Der feste Tuchstoff mit dem Echtheitsanspruch muss aus schottischer Wolle gemacht sein, auf den Äußeren Hebriden gesponnen und gefärbt sowie von den Inselbewohnern in Heimarbeit handgewoben

werden. Praktiziert wird dieses aufwendige Gewerbe heute noch auf den Inseln Lewis and Harris, Uist und Barra. Über Jahrhunderte hinweg hatten die Insulaner den widerstandsfähigen Stoff aus reiner Wolle nur für den Eigenbedarf gewoben, als eine Art »zweite Haut« gegen das windige, feucht-kühle Klima ihrer Region. Mit der Entdeckung des »Clo Mhor«, so der hiesige Name für Harris-Tweed, durch Lady Dunmore im 19. Jahrhundert, begann die Tweedindustrie auf dem schottischen Festland sowie bald auch in England. Das führte dazu, dass es überall fabrikgefertigten, nicht immer gleichwertig guten Harris-Tweed zu kaufen gab. Die Konsequenz war der »Harris Tweed Act« von 1993: Die Harris Tweed Authority erhielt die Rechte der Association und wacht seitdem auf die Einhaltung und exklusive Verwendung des Markenzeichens.

In Tangasdale hat man den weiten Atlantik vor sich. Der kleine Ort auf der Insel Barra besitzt einen der vielen herrlichen Strände der Äußeren Hebriden.

Der Steinkreis von Pubull Fhinn auf North Uist besteht aus 40 Menhiren, 16 davon sind im Laufe der Zeit umgefallen.

Im Kildonan Museum erlebt man die soziale, häusliche und kulturelle Geschichte der Insel South Uist.

***** North und South Uist** South Uist ist die zweitgrößte Insel der Äußeren Hebriden mit dem Hauptort Lochboisdale und dem wichtigsten Fährhafen. Die Südinsel ist 32 Kilometer lang und 10 Kilometer breit. Seit den 1950er-Jahren befindet sich hier eine militärische Anlage für Raketen. Aber auch mit vorzeitlichen Denkmälern wie dem Kildonan Museum, Burgen, Kirchen und Türmen kann die Südinsel aufwarten. North Uist gehört zu den garantiert ruhigsten und schönsten Urlaubsregionen Schottlands. An der Westküste gibt es kleine Eilande mit spektakulären Sandstränden und traumhaften Aussichten auf den Nordatlantik. Mittels Dämmen ist sie mit den Nachbarinseln Benbecula (indirekt über Grimsay), Berneray und Baleshare verbunden. Der im Norden gelegene Fischereihafen von Lochmaddy stellt die wichtigste Siedlung dar. Von hier verkehren Fähren nach Skye und Lewis and Harris.

**** Barra** Die Insel war bereits in der Eisen- und Bronzezeit besiedelt. Wegen ihrer bewegten Historie, der schönen Landschaft sowie der

Vogelwelt der Äußeren Hebriden

Schottland ist für die Seevogelpopulation in Europa von entscheidender Bedeutung, denn allein 45 Prozent dieser Tiere ziehen ihre Jungen im Norden Großbritanniens auf. Ein Fünftel der Fläche obliegt dem National Trust for Scotland zum Schutz und für Wiederansiedlungsprojekte bedrohter Arten. Das Balrand-Naturreservat auf North Uist bietet den Vögeln eine Heimat. Auf den einsamen Klippen der Äußeren Hebriden finden sich riesige Kolonien von Trottellummen. Tordalken drängeln sich auf kantigen Felsbrocken. Grasoberflächen sind gespickt mit Löchern, in denen die putzigen Papageitaucher in Gruppen nisten. Dreizehenmöwen und Eistaucher drehen ihre Runden, Gryllteisten und Basstölpel brüten in Felsgraten. Mit Glück sieht man Adler kreisen.

In Sichtweite der Küstenstraße von Castlebay liegt Kisimul Castle.

keltischen und gälischen Fundstücke könnte man sie auch als »Hebrides en miniature« bezeichnen. Ab 1427 gehörte sie dem Clan der MacNeils, wurde verkauft, 1937 zurückerworben und gehört heute der schottischen Regierung. Castlebay ist der Hauptort und mittels der fast das gesamte Eiland umspannenden Ringstraße A888 mit einem Großteil der kleineren Siedlungen verbunden. Barra zählt zu den wichtigen Inseln im Süden der Äußeren Hebriden, ist eine der südlichsten bewohnten des ganzen Archipels und mit Vatersay durch einen Damm verbunden. Die kleineren Eilande drum herum werden nur zur Schafzucht verwendet. Sandige Buchten liegen versteckt zwischen den Steilklippen. Es gibt Fähr- und Flugverbindungen.

**** Kisimul Castle** Das Schloss ist eine der wichtigsten Sehenswürdigkeiten auf der Insel Barra. Es steht auf einem Felsen nahe von Castlebay. Wer es besichtigen möchte, muss das per Boot tun. Im Jahr 2000 ging Kisimul für 1000 Jahre und eine Jahresmiete von 1 Pfund und einer Flasche Whisky an die Denkmalschutzorganisation Historic Scotland.

Machair – Blumenwiesen der Äußeren Hebriden

An einigen Stellen direkt hinter dem Meer, an den westlichen Küstenlinien der Hebriden, liegen sie, diese auf der Welt nahezu einzigartigen, blumenreichen Wiesen. »Machair« ist die gälische Bezeichnung für diesen äußerst fruchtbaren Boden, der auf mineralreichem Muschelsediment basiert. Besonders die Nord- und Südinseln Uist, aber auch die Westküsten der Inseln Benbecula und Barra sowie die von Berneray im

Sound of Harris verfügen über diese einzigartigen sogenannten Machair-Weiden. Vielen kleinen Machair-Pflanzen übersäen auf ihnen mit feinen weißen und hellgelben Tupfen das Land. Gänseblümchen und Hahnenfußgewächse locken Bienen und sogar die selten gewordenen Hummeln an, aber auch jede Menge Vogelarten, so zum Beispiel Watvögel oder der Wachtelkönig, ein bedrohter Wiesenvogel, finden hier reiche Nahrung. Bei näherem Hinsehen entdeckt man auch seltene Orchideenarten wie das pinkfarbene Knabenkraut und die zarten Kuckuckslichtnelken zwischen den vielen Kleesorten, wilden Gräsern und Moosen. Einige dieser Gewächse stehen unter Artenschutz. Der Machair Way auf South Uist bietet beste Einblicke in das Mikroklima. Aber: Der Machair ist ein empfindliches Ökologiesystem – es heißt diesen Schatz gut zu hüten!

St Kilda

Großbritanniens einsamster und abgelegenster Archipel, etwa 175 Kilometer vor der Westküste Schottlands gelegen, ist ein paradiesischer Nistplatz mit der größten Tölpelpopulation der Erde. Die Inselgruppe vulkanischen Ursprungs blieb während der letzten Eiszeit von Vergletscherung verschont und bewahrte so eine eigentümliche Landschaft. Seit 1986 ist St Kilda UNESCO-Weltkulturerbe. Das Inselarchipel »am Ende der Welt«

umfasst Dùn, Soay, Boreray und Hirta, deren Bewohner 1930 umgesiedelt wurden. Die Inseln sind seitdem nicht mehr bewohnt, und die Natur ist sich selbst überlassen. Beeindruckende Steilfelsen bieten Nistplätze für seltene Vogelarten wie den Papageitaucher. Riesige Tölpelbestände fanden hier ein Refugium, und für den Basstölpel sind die Inseln einer der weltweit wichtigsten Brutplätze. Die Eilande waren trotz ihrer rauen klimatischen Bedingungen schon vor 2000 Jahren bewohnt. Die auffallendsten Bauten sind die »Cleits«: Insgesamt wurden 1430 gezählt. Es handelt sich um kleine Hütten aus Stein, die mit einer rasenbedeckten Platte überdacht waren. Sie dienten als Lagerräume für Eier, Federn und Torf. In der Neuzeit lebten die Menschen vor allem auf der Hauptinsel Hirta in Natursteinhäusern, die nach der Umsiedlung größtenteils verfielen.

Unterwegs auf den Orkney Islands

Von den 70 Orkney-Inseln vor der Nordostküste Schottlands sind nur 18 bewohnt. Wegen der Lage am Golfstrom ist das Klima zwar mild, aber trotzdem kann das Wetter wie überall in Schottland oft blitzschnell zwischen Wind, Sonne und Regen wechseln, aber das kümmert hier keinen.

***** Hoy** Sie ist die südlichste und zugleich die gebirgigste Insel der Orkney-Gruppe: Die Wikinger gaben dem grünen Eiland den Namen Haey – »hohe Insel«; daraus wurde schließlich der Name Hoy. Mit 479 Metern ist der Ward Hill die höchste Erhebung aller Orkney-Inseln. Hoy teilt sich in zwei recht unterschiedliche Regionen: Es gibt den sanft gewellten Südteil, der landwirtschaftlich genutzt wird, und den hügeligen Norden mit seinen beeindruckenden Kliffs. Hier ist auch das Wahrzeichen der Insel zu finden: St John's Head, mit 346 Metern die höchsten Klippen der Britischen Inseln. Ein etwa dreistündiger, durchaus anspruchsvoller Spaziergang vom kleinen Örtchen Rackwick aus bis hin zu der gewaltigen Klippe ermöglicht den Blick auf den »Old Man of Hoy«, eine 137 Meter aus dem Meer ragende Felssäule aus rotem Sandstein. In einem ehemaligen Militärgebäude befindet sich heute das Scapa Flow Visitor Centre.

**** South Ronaldsay** Die südliche bewohnte Insel des Orkney-Archipels kann besonders mit dem alten Fähr- und Fischereihafen St Margaret's Hope an seiner Nordküste aufwarten. Im Dorf selbst besucht man das Smiddy Museum in der ehemaligen Dorfschmiede und bei Lambholm die Italian Chapel. Im Nordwesten ist der ehemalige Fischerort Herston mit seinem Geschäft Herston Stained Glass allemal einen Besuch wert. Eine Straße führt nach Kirkwall zur Mainland, die auch über die Nachbarinseln Burry und die vier Dämme der Churchil Barriers geht.

*** Tomb of the Eagles** Das Isbister Chambered Cairn – bekannt als das »Grab der Adler« – thront über den Klippen von South Ronaldsay und ist eine der wichtigsten archäologischen Stätten von Orkney. Bauer Ronnie Simison entdeckte sie 1958 zufällig. Im Inneren lagen Knochen, die vor etwa 5000 Jahren hier platziert wurden. Das zuvor zugängliche Grab und ein Besucherzentrum wurde 2022 geschlossen.

Sportlich: Der »Old Man of Hoy« wurde bereits erklettert, diente als Base-jump-Plattform und war Endpunkt einer zum Ufer gespannten Slackline.

Im Tomb of the Eagles befanden sich ...

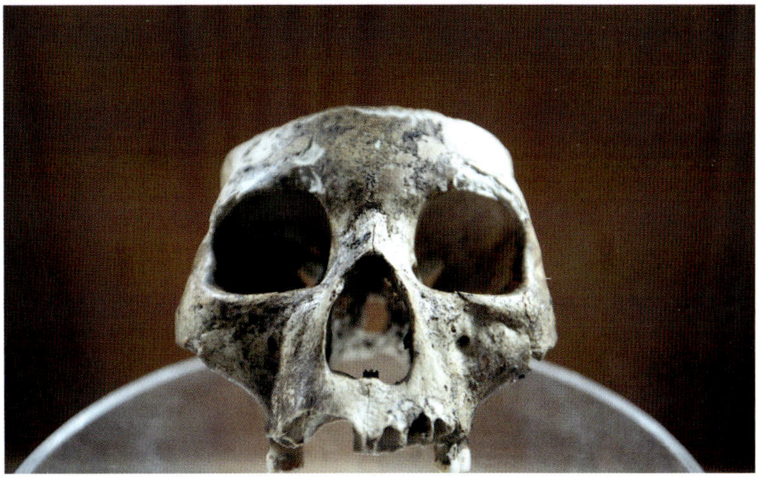

... Menschenschädel ...

... 16 000 menschliche Knochen von 324 Personen sowie Seeadlerknochen und -krallen.

Scapa Flow – Eldorado für Wracktaucher

Als einer der besten Naturhäfen Nordwesteuropas war Scapa Flow schon bei den Wikingern beliebt. Bei erfahrenen Wracktauchern ist er das, seitdem sie hier nach versunkenen Kriegsschiffen tauchen können. Die deutsche Hochseeflotte wurde 1919 auf eigenes Kommando hier versenkt. Von ehedem 59 der gesunkenen bis zu 220 Meter langen Kolossen ruhen heute noch sieben Wracks 20 bis 40 Meter tief auf dem Meeresgrund. Vor allem die 155 Meter lange »MS Cöln« ist ein beliebtes Objekt: Man kann sie von innen gut inspizieren und Interessantes entdecken. Echten Wrackfreaks machen dabei auch das eiskalte Wasser und die meist schlechte Sicht nichts aus. Scapa Flow ist für Taucher und Fotografen gleichermaßen eine echte Herausforderung.

Die Stenness-Steine auf Mainland wurden mithilfe der Radiokarbonmethode auf eine Zeit um 3100 v. Chr. datiert.

***** Standing Stones of Stenness** Etwa 5000 Jahre alt sind die hoch aufragenden Monolithen nahe dem Dörfchen Stenness, ebenfalls auf der Orkney-Insel Mainland. In der Jungsteinzeit bildeten sie einen Kreis aus insgesamt zwölf Steinen, der einen Durchmesser von 30 Metern hatte. Die noch erhaltenen Exemplare sind unregelmäßig verteilt, der größte Stein ist über 5 Meter hoch. Man geht davon aus, dass noch weitere Steine im Umkreis zu der Anlage von Stenness gehörten – sowie auch ein umlaufender Graben und ein Wall –, darunter der sogenannte Odin Stone. Im Dezember 1814 fiel dieser der Zerstörungswut eines Bauern zum Opfer, der seine Felder durch am Stein interessierte Besucher in Gefahr sah. Ebenfalls dazu gehörte wohl der etwa 5,50 Meter hohe Watch Stone. Jedes Jahr am Abend des 21. Dezembers – zur Wintersonnenwende – sieht man von ihm aus die Sonne genau zwischen den Bergen der Insel Hoy verschwinden.

Mainland

An ihrer schmalsten Stelle ist »The Mainland«, war die größte der rund 70 Orkney-Inseln, aber nur 2,5 Kilometer breit. Auf dieser Landenge liegt Kirkwall, Hauptort und Heimat nahezu der Hälfte der etwa 15 000 »Orcadians«. Von der stimmungsvollen Hafenstadt aus führen Fährverbindungen zu den meisten anderen Inseln, der Flughafen von Kirkwall schafft auch eine Verbindung zum Festland, unter anderem nach Glasgow und Edinburgh. Kirkwall gilt als eine der schönsten schottischen Inselstädte, mit viel Architektur aus dem 16./17. Jahrhundert. Eine Attraktion sind auch die Monumente, die die seit 3900 v. Chr. hier siedelnden Menschen hinterließen. Heute sind diese Steinzeugen als »Heart of the Neolithic Orkney« von der UNESCO geschützt. Das Orkneyinga Saga Centre berichtet die Geschichte der ersten norwegischen Jarle (Fürsten) auf Orkney.

Innenraum der St.-Magnus-Kathedrale.

Bei Sonnenschein eine Farbenorgie: das Mullhead-Schutzgebiet auf der Halbinsel Deerness.

*** **Kirkwall** Etwa 7000 Menschen leben in Kirkwall, der Inselhauptstadt der Orkneys. Geprägt wird das Stadtbild von der St Magnus Cathedral, die Rögnvald Kali Kolsson, Jarl von Orkney, im Jahr 1137 stiftete und später seinem hingerichteten Onkel, Jarl Magnús Erlendsson, weihen ließ. Dieser wurde 1192 heilig gesprochen und ist der Schutzpatron der Orkneys. Beeindruckend: die mächtigen normannischen Säulen, die das Kirchenschiff der gegen Ende des 15. Jahrhunderts nahezu fertiggestellten Kathedrale tragen. Auch der Earl's Palace, ein Renaissancebau aus dem 17. Jahrhundert, ist ein sehenswertes Ziel in Kirkwall, ebenso wie der Bishop's Palace. Von beiden sind nur noch Ruinen erhalten. In der Highland Park Distillery wird der nördlichste Whisky Schottlands gebrannt. Sie gehört zu den meistbesuchten Sehenswürdigkeiten von Orkney. Zum Jahreswechsel werden unter anderem in Kirkwall die auf heidnische Traditionen zurückgehenden Ba'Games gespielt.

»Licht des Nordens« wird die mit zweifarbigem Sandstein effektvoll errichtete St Magnus Cathedrale in Kirkwall auch genannt.

Ring of Brodgar – Zeitreise in magische Welten

Der Ring of Brodgar ist das berühmteste neolithische Monument der Orkney-Inseln. Ursprünglich bestand dieser Steinkreis aus 60 Monolithen. Er hatte einen Durchmesser von knapp 104 Metern, die einzelnen Steine waren zwischen 2 und 4,50 Meter hoch. 27 Steine stehen heute noch an ihrem Platz. Auf einem davon ist eine Runeninschrift aus der Wikingerzeit zu lesen: der nordische Name »Bjorn«. Ob diese prähistorischen Stein-

kreise einst als Versammlungsorte, Opferstätten oder Gebetsplätze dienten, vielleicht aber auch als Mondobservatorien, mit deren Hilfe die Megalithiker einen genauen Kalender aufstellen konnten, ist bis heute nicht geklärt. Für den Steinkreis von Brodgar, der vermutlich als Sonnentempel diente, mussten nach Berechnungen von Archäologen um die 12 000 Tonnen Fels bewegt werden. Die Aufrichtung der Steine soll etwa 80 000 Arbeitsstunden gekostet haben – eine unvorstellbare Leistung in Zeiten ohne nennenswerte Hilfsmittel für die Bearbeitung und den Transport der Steine. Im Abendlicht wirken die Monolithen vor der Kulisse aus Wolken und Meer besonders geheimnisvoll und der Zauber dieser archäologischen Sehenswürdigkeiten zieht jeden Besucher in seinen Bann. Die Steine gehören zum UNESCO-Weltkulturerbe »The Heart of Neolithic Orkney«.

***** Skara Brae** Die Jungsteinzeitsiedlung Skara Brae an der Westküste der Hauptinsel Mainland wurde nach einem heftigen Sturm 1850 durch Zufall unter den Sanddünen entdeckt. Bis 1930 legten Archäologen in mehreren Etappen acht fast baugleiche Häuser aus Naturstein frei, die, untereinander durch eine Reihe schmaler Wege verbunden, die größte Attraktion auf Orkney sind. Wahrscheinlich war es zwischen 3200 und 2200 v. Chr. kontinuierlich besiedelt. Dann wurden die Steinzeitmenschen von einer Naturkatastrophe heimgesucht; für 4000 Jahre blieb das »Pompeji Schottlands« unter Dünensand verborgen. Anhand der vielen Fundstücke ließen sich die Lebensweisen der Steinzeitmenschen gut rekonstruieren. Rund 30 von ihnen sollen in dem Dorf von Ackerbau und Viehzucht gelebt haben; Anzeichen für Handel mit Nachbargemeinschaften gibt es nicht. Von der UNESCO wurde Skara Brae 1999 als Teil des »Heart of Neolithic Orkney« zum Weltkulturerbe ernannt.

***** Broch of Gurness** Steingrau, moosgrau, lichtgrau, braungrau und alle Schattierungen dazwischen: In diesem Farben- und Steingewirr sind erst bei genauerem Hinsehen und mit ein wenig Fantasie sowie dem Studium der Informationstafeln Strukturen erkennbar: etwa der Broch, ein runder Steinturm aus der Eisenzeit.

Erst Steinzeitmenschen, dann Pikten, dann Wikinger: Der Broch von Gurness und das Dorf um ihn herum war vielen nützlich.

Normalerweise stehen diese Türme singulär, doch bei Gurness kamen noch Häuser dazu. Weil es im 2 Jahrhundert v. Chr. nicht friedlich zuging, schützten Wälle und Gräben 300 Jahre lang die Siedlung. Danach verfiel das Dorf, bis die Pikten es entdeckten. Aber auch sie zogen weg und die Wikinger kamen. Doch die Nordmänner waren hier nicht sesshaft, sondern nutzten den Ort nur als Grabstätte, die nach und nach unter einem Hügel verschwand.

Marwick Head

Wer sich über die A967 auf den Weg zur kleinen Insel Brough of Birsay macht, sollte sich den Abstecher nach Marwick Head gönnen. Schon von Weitem ist der gleichnamige Turm an der schroff abfallenden Steilküste zu erkennen. Das Naturschutzgebiet erreicht man bequem zu Fuß von einem Parkplatz an der B9056 aus. Zum Turm ist es etwas mehr als 1 Kilometer. Hier eröffnet sich der spektakuläre Blick weit über das Meer und zahllos hier lebende Seevögel entlang der schwindelerregend hohen Sandsteinfelsen, die, steil zum Meer hin abfallend, nicht zu betreten sind. Zu Ehren des Kriegsministers Lord Herbert Kitchener wurde der Turm von Marwick Head errichtet – 1916 ertrank er hier zusammen mit dem größten Teil seiner Mannschaft beim Untergang der »HMS Hampshire«, die auf eine deutsche Mine gelaufen war. Eine Gedenkmauer erinnert an alle getöteten Männer.

Erst im 19. Jahrhundert gaben die Dünen die Steinzeithäuser von Skara Brae frei.

Rekonstruiertes Haus der Fundstätte von Skara Brae.

Maes Howe – im Totenreich der Steinzeitmenschen

Die Wikinger hinterließen viele noch heute sichtbare Spuren auf den Orkneys: zum Beispiel die Runen auf den Steinen des Kammergrabs Maes Howe, des besterhaltenen Zeugnisses seiner Art in Westeuropa. Es wird auf 2700 v. Chr. datiert und befindet sich rund 10 Kilometer westlich von Kirkwall auf Mainland. Der künstliche, 7 Meter hohe Hügel, das Totenreich von Steinzeitmenschen, liegt mitten auf einer Viehweide und ist durch ei-

nen 11 Meter langen Tunnel zu begehen. Er führt in eine Haupt- und in drei Nebenkammern, die im 12. Jahrhundert von Wikingern eingenommen – und wohl auch geplündert – wurden, wie die Runeninschriften an den Wänden nahelegen. Die hohe Hauptkammer ist eine Konstruktion aus Strebepfeilern und Kragsteingewölbe. Die technische Meisterleistung ihrer Erbauer zeigt sich beispielsweise an der Schichtung der tonnenschweren, zum Teil 10 Meter langen Steinquader ohne Mörtel. Eine Besonderheit der Kultstätte kann man erst in den Abendstunden entdecken: Der Zugang der Anlage ist genau auf den Untergangspunkt der Sonne am Tag der Wintersonnenwende ausgerichtet, sodass die Sonnenstrahlen bis in die Kammer reichen. Im Eingangsbereich gab es eine Türkonstruktion, die es erlaubte, die Kammer mit einem großen Stein zu blockieren.

Nicht nur bedeutende archäologische Funde, auch die Strände lohnen den Besuch der Orkney-Inseln.

*** Shapinsay** Der Name der Hauptstadt von Shapinsay deutet es bereits an: »Balfour« hießen die Landlords, die diese etwa 30 Quadratkilometer große, nur etwa 6 Kilometer nördlich von Kirkwall entfernte Insel von 1650 bis 1961 beherrschten. Die Familie drückte dem Eiland, das heutzutage durch eine regelmäßige Fährverbindung mit Kirkwall verbunden ist, ihren Stempel gleich auf mehrfache Weise auf: Balfour Castle nahe dem Hafen ist eine beliebte Sehenswürdigkeit – im 19. Jahrhundert im Stil des Scottish Baronial erbaut und heute ein Hotel. Die Balfours setzten aber nicht wie üblich auf Schafzucht, sondern auf Landbestellung. Sie gaben ihren Pächtern Infrastruktur mittels fortgeschrittenster Dorfplanung mit Reihenhäuschen samt Haustechnik sowie einem Straßennetz über die gesamte Insel. Ein Novum ist in dieser Hinsicht der Dishan Tower, eine öffentliche Salzwasserdusche am Strand aus viktorianischer Zeit.

**** Sanday** Bereits der Name dieser größten der nördlichen Orkney-Inseln verspricht jede Menge Sand in allen Variationen. Vor allem als endlose, wunderschöne und einsame Strände, Buchten und sanfte Dünen. Für Seefahrer allerdings mit großen Gefahren verbunden, war die-

Die Wälder um Balfour Castle bilden heute das größte zusammenhängende Waldgebiet der Orkney-Inseln.

Stronsay

Etwa 20 Kilometer nordöstlich von Kirkwall liegt diese Orkney-Insel, deren Fährhafen Whithall die Verbindung zu Kirkwall auf Mainland und den Nachbarinseln Sanday und Eday darstellt. Die etwa 10 Kilometer lange und fast ebenso breite Insel verfügt im Norden über einen kleinen Flugplatz. Sie zählt nur noch etwa 350 Einwohner, deren Haupterwerb aus Fischerei, Landwirtschaft und Tourismus besteht. Ein tolles Ausflugsziel ist der Vat of Kirbister, ein nicht ganz 11 Meter langer Felsbogen direkt an der Küste. Einige Strände und die Steilküste mit Meereshöhlen im Osten locken zum Wandern über die sonst flache Insel, auf der es Ruinen von Brochs und Cairns gibt sowie auch Gloups, nach oben hin geöffnete Meereshöhlen. Ein Geheimnis bleibt as »Monster von Stronsay«, ein 17 Meter langer Tierkadaver mit bis heute nicht geklärter Zuordnung, den ein Fischer 1808 gefunden hat.

ses flache Eiland mit schmalen Landzungen und tiefen Buchten vom Meer aus kaum zu sehen, sodass hier oft Schiffe vor der Küste auf Grund liefen, bis Robert Stevenson im Jahr 1807 einen Leuchtturm im Osten errichten ließ. Der heutige Turm ist dem ersten seiner Art nachempfunden, mit den typischen Streifen bildet er eine wichtige Landmarke. Hinter den idyllischen Buchten gibt es beeindruckende Funde und Grabmale aus der Zeit der Wikinger zu entdecken. Ein Sturm legte 1985 das Bootsgrab Scar mit den Überresten eines Mannes, einer Frau und eines Kindes frei.

*** Quoyness** Diese steinerne Grabanlage in Hügelform wurde um 2900 v. Chr. auf der Halbinsel von Sanday, Elsness genannt, in der Jungsteinzeit nur wenig über der Hochwassermarke errichtet. Es wird vermutet, dass Elsness in seiner Entstehungszeit eine eigenständige Insel war, von den Bewohnern Sandays vor allem zu sakralen und rituellen Zwecken benutzt. Quoyness ist von einem Wall mit elf bronzezeitlichen Grabhügeln umgeben, küstennah erbaut und ähnelt dem Typus Maes Howe, umstanden von einer breiten runden Steinplattform. 1867 fand man hier einige menschliche Skelette.

Der Cairn von Quoyness, datiert auf das Jahr 2900 v. Chr.

Stromness auf der Insel Mainland ist deren zweitgrößte Ortschaft, und nach Kirkwall auch die größte der Orkney-Inseln. Die seit Jahrhunderten unverändert gebliebene alte Steinstadt ist ein architektonisches Juwel mit ihren engen Gassen und den auf Terrassen angelegten grauen Granithäusern.

Noup Head Lighthouse auf Westray: ein weiteres Werk der Leuchtturmbauerfamilie Stevenson.

***** Westray** Als Königin der Inseln wird Westray gerne bezeichnet. Sie ist mit 47 Quadratkilometern die zweitgrößte der Orkney-Gruppe im Norden. Auf ihr leben lediglich um die 600 Einwohner. Nur etwas mehr als 28 Kilometer oder 1 Stunde per Fähre von Kirkwall auf Mainland entfernt, kann man entweder bei Rapness im Süden des Eilands oder bei Pierowall im Norden an Land gehen. Auch gibt es hinüber zur kleinen Insel Papa Westray die mit 2,5 Kilometern weltweit kürzeste Flugverbindung. An Sehenswürdigkeiten sind die Ruinen von Noltland Castle zu nennen, erbaut im 16. Jahrhundert. Nördlich davon wurden 2009 mit der Statuette der »Westray Wife« die erste prähistorische Menschendarstellung in Schottland gefunden. Südlich von Pierowall steht eine der besterhaltenen mittelalterlichen Ruinen: Westside Church von Tuquoy. Nicht zu vergessen: der mit kunstvollen Petroglyphen versehene Westray Stone aus dem 3. Jahrtausend v. Chr.

**** North Ronaldsay** Sie ist mit 7 Quadratkilometern eine der kleineren Inseln der Orkneys und sehr flach. Traumhafte Sandstrände laden ein: Im Osten die Linklet Bay, im Süden die South Bay. Die westliche Küste hat eher felsige Abschnitte. Der Hauptort ist Hollandstoun, mit Flugfeld und Fähranlegestelle. Der relativ jungen Besiedelungsgeschichte beginnt 1727 mit dem Bau von Holland House, einem heute noch bewirtschafteten Bauernhofkomplex. Die 60 Bewohner auf North Ronaldsay verdienen ihre Existenz vor allem mit Kunsthandwerk und Schafzucht. Die nach der Insel benannte Schafrasse ist kleinwüchsig und ihre dichte, flauschige Schafwolle wird seit dem Jahr 2000 teilweise wieder auf der Insel zu hochwertigen Kleidungsstücken verarbeitet und auch direkt verkauft.

Papa Westray

Als Nachbarinsel des deutlich größeren Westray ist dieses Eiland – auch Papay genannt – bekannt wegen der fast 6000 Jahre alten Steinhäuser an der Westküste, den Knap of Howar. Sie gehören zu den ältesten in ganz Europa. Nur 65 Einwohner zählt die etwa 40 Kilometer nördlich von Kirkwall auf Mainland liegende Insel, die einst ein mittelalterliches Pilgerzentrum um die Kapelle St Tredwell aus dem 12. Jahrhundert war. Der Name »Papa« deutet bereits auf die Anwesenheit frühchristlicher Missionare hin. Die Kirche liegt heute nur noch als Steinhaufen auf einem Felsvorsprung. Über drei Jahrhunderte war das Holland House – nicht nur auf North Ronaldsay steht eines –, eine hochgelegene Farm, Sitz der Gutsherrenfamilie Traill. Im Gebiet um den 104 Meter hohen North Hill gibt es ein großes Vogel- und Naturschutzgebiet.

Dieses North-Ronaldsay-Schaf scheint Freundschaft mit einem Seehund zu schließen.

Das Örtchen Pierowall auf Westray ist mit Hafen, Schule, Postamt, Hotel, Feuerwehr und Bank gut ausgestattet.

North-Ronaldsay-Schafe

North Ronaldsays Inselmitte wird seit 1832 vom sogenannten Sheepy Dyke umgeben. Er hält die North-Ronaldsay-Schafe von landwirtschaftlichen Flächen fern. Diese heute eigene Rasse des Nordischen Heideschafs wiegt etwa 20 Kilogramm. Knapp 4000 Tiere ernähren sich vom hier wachsenden Seetang und werden nur einige Male im Jahr – zur Schur oder Schlachtung – zusammengetrieben.

Unterwegs auf den Shetland Islands

Geografisch abgeschieden im äußersten Norden Schottlands, einem rauen, meist windigen Klima ausgesetzt, ticken im Archipel der Shetlands mit seinen über 100 Inseln die Uhren anders. Wanderungen und Radtouren in dieser nahezu baumlosen Landschaft sind einzigartig.

**** Fair Isle** Den übrigen Shetlands deutlich vorgelagert liegt Fair Isle. Sie ist im Besitz des National Trust of Scotland, einer privaten Stiftung, deren Zweck es ist, sowohl die Kulturgüter als auch Naturdenkmäler zu pflegen und zu erhalten. Nur 2,4 Kilometer breit und 4,8 Kilometer lang ist das Inselchen; es bietet Moorlandschaft im Norden und bis zu 200 Meter hohe Klippen an der Westküste. Die rund 70 Menschen, die hier leben, bauen sich ihr Gemüse größtenteils selbst an. Außerdem besitzen sie Schafe – viele davon. Und das ist gut so, denn Fair Isle ist überregional auch für seine Pullover und ganz speziellen Strickmuster bekannt. Diese Produkte sind neben der Fischerei eine wichtige Einnahmequelle für die Insulaner. Sie verkaufen inzwischen sogar Bücher über das Fair-Isle-Stricken. Eine ungewöhnliche Zeit auf dem Inselwinzling kann man im Rahmen eines Work-and-Travel-Urlaubs verbringen.

*** Foula** Die Insel liegt etwa 28 Kilometer nördlich von Mainland entfernt und gilt als eine der entlegensten bewohnten Inseln Großbritanniens. Sie besitzt zudem eine der höchsten Klippen, die bis zu 372 Meter hoch aufragen. »Foula« ist altnorwegisch und bedeutet »Vögel« – ein passender Name, denn diese leben hier zuhauf. Die Norweger prägen auch heute noch die Geschichte der Insel, ihre Bewohner halten die nordische Tradition, Folklore und Musik hoch. Sie richten sich sogar in ihrer Zeitrechnung noch nach dem Julianischen Kalender, liegen damit immer einige Tage hinter allen anderen Nordeuropäern, zu denen sie gerade noch zählen. Reisende sollten deshalb ihre Zeit mit der von Foula abgleichen, um immer pünktlich dort zu sein.

Spektakuläre Klippenlandschaft auf »Fridarey«, der »friedvollen« Insel Fair. Menschen begegnet man hier kaum.

Der Titel des auf Foula gedrehte Fims »Edge of the World« (1937) trifft auf die entlegene Shetland-Insel bestens zu.

Geflecktes Knabenkraut

Turtelnde Eissturmvögel im Nest.

Läusekraut

Echter Wundklee

Das Brutgebiet der Papageitaucher erstreckt sich über den Großteil der Insel.

Basstölpel

Der Naturforscher Kenny Taylor nannte sie »Vögel der Gegensätze«: Basstölpel erkennt man vor allem daran, dass sie recht graziös in der Luft schweben, aber an Land eher unbeholfen wirken. Doch sind sie begnadete Taucher: Blitzschnell stürzen sie sich senkrecht ins Wasser, um an ihre Beute zu gelangen (Stoßtauchen). Auf den Shetland-Inseln brüten sie im Naturschutzgebiet Hermaness.

Gaada Stack

Gaada Stack ist Foulas markante wie beeindruckende, natürlich entstandene Felsformation. Gelegen im Norden der Insel, erhebt sie sich am höchsten Punkt 45 Meter aus dem Wasser und ist der Küste vorgelagert. Als hätten Menschen ihn geschaffen, so wirkt dieser Wasser umtoste Torbogen auf drei Beinen aus devonischem Sandstein. Vom Festland ist immer nur einer der Bögen zu sehen.

Grönland-Walfang, Gin-Schmuggel, Heringsfischerei, Erdölgewinnung: Lerwicks Erwerbszweige waren über die Jahrhunderte vielfältig.

*** **Mainland** Die größte Shetland-Insel trägt den gleichen Namen wie die größte Orkney-Insel. Sie ist damit die Hauptinsel der etwas mehr als 100 Shetland-Inseln, von denen nur 16 bewohnt sind. Die Felsküsten dieser schmalen, rund 100 Kilometer langen Inselgruppe sind vielleicht landschaftlich noch spektakulärer als die Orkneys. Administratives Zentrum und größte Stadt der Shetlands ist Lerwick auf Mainland, mit Flughafen, Fährverbindungen und rund 7000 Einwohnern. Der langgestreckte Süden von Mainland besteht hauptsächlich aus Moor und Ackerland, die meisten archäologischen Stätten befinden sich hier, so etwa der Jarlshof, eine Anlage aus der Bronzezeit. In der Mitte liegen einige Waldgebiete; der Westen und Norden präsentieren sich wild, mit Mooren und zerrissenen Küstenkliffs. Neben Fischfang und Schafzucht ist die Ölförderung die dritte Erwerbsquelle der Shetland-Inseln: Europas größtes Ölterminal, Sullom Voe, liegt hier.

*** **Lerwick** Die Hauptstadt der Shetlands auf Mainland kann schon mal überraschen, denn sie steht tatsächlich im großen Kontrast zu den Orten auf dem restlichen Archipel. Hier ist immer sehr viel los, schon deswegen, weil die meisten Touristen zuerst hier eintreffen. Gediegene Altstadtgassen und die Lage am Meer bieten auch für Kurzurlauber viel. Der Name der

Fort Charlotte in Lerwick ist benannt nach Königin Sophie Charlotte von Mecklenburg-Strelitz, der deutschen Frau von König Georg III.

Stadt ist nordisch und bedeutet »Schlammbucht«. Gegenüber Lerwick liegt nur wenige 100 Meter entfernt die Insel Bressay, sodass die Bucht gut geschützt ist. Die Heringsfischerei zu Zeiten Königin Victorias brachte im 19. Jahrhundert Wohlstand und Wachstum. 1971 wurde östlich der Shetland-Inseln Erdöl gefunden (East Shetland Basin), das Lerwick weiter expandieren ließ.

** **Fort Charlotte** Im 17. Jahrhundert landeten im Hafen von Lerwick viele niederländische Fischerboote und Händler. Als die Beziehungen zwischen Großbritannien und den Niederlanden zu Bruch gingen, errichteten die Einheimischen um 1650 eine Festung, um die Küste und den Bressay-Sund beobachten zu können. König Georg III. ließ ein Jahrhundert später auf deren Grundfesten das mächtige Fort Charlotte errichten. Heute präsentiert sich die Wehranlage noch fast genau so, wie sie 1781 aussah.

Up Helly Aa

Das Erbe der Wikinger drückt sich nicht nur in der Pflege ihrer prähistorischen Bauten aus, einige Bewohner der Shetlands fühlen sich ihnen auch heute näher als den Schotten oder gar den Briten. Einmal im Jahr ahmen sie das teils ungezügelte Leben der »Nordmänner« nach und feiern in Lerwick am letzten Dienstag des Januars das Fest »Up Helly Aa«, »das Ende aller heiligen Zeit«. Dann gehört die Stadt ganz den Wikingern: In Helm und Rüstung marschieren sie mit 1000 Fackeln und kräftigem Männergesang durch die Straßen, unter Führung ihres Guizer Jarl, des Wikingerkönigs für einen Tag; am Abend verbrennen sie dann ein extra dafür gebautes Wikingerboot. Dieser fulminante Karneval geht aber nicht etwa auf das 9., sondern lediglich auf das 19. Jahrhundert zurück.

Jarlshof – von der Eisenzeit bis ins 17. Jahrhundert

Die wichtigste archäologische Fundstätte der Shetlands ist der Jarlshof an der südlichen Spitze der Insel Mainland. Dieses vorgeschichtliche Siedlungskonglomerat vereint Rundhäuser der Bronze- und Eisenzeit bis hin zu den Langhäusern der Wikinger. Der älteste Siedlungsteil mit einigen kleinen, ovalen Häusern liegt am Ostrand des weiträumigen Komplexes. Hier gefundene Steinwerkzeuge lassen darauf schließen, dass die damaligen Siedler

Seehunde und Wale fingen und verarbeiteten. Außerdem befinden sich auf dem Gelände auch eine bronzezeitliche Schmiede, ein eisenzeitlicher Broch – ein Turm, der aus Bruchsteinen ohne Mörtel errichtet wurde –, ein aus derselben Zeit stammendes Dorf aus Rundhäusern und zwei »earth houses« oder »souterrains« – unterirdisch angelegte Wohn- oder Lagerräume. Die jüngsten Bauwerke sind eine mittelalterliche Farm und ein Landsitz der Grafen Robert und Patrick Stewart – damit umspannt der Jarlshof mehr als 4000 Jahre Siedlungsgeschichte zwischen 2500 v. Chr. und 1600 n. Chr. Seinen Namen hat der Hof von Sir Walter Scott, Schottlands bedeutendem Romancier, der bei seinem Inselbesuch 1816 den Landsitz der Stewarts so nannte und ihn später in seinem berühmten Roman »Der Pirat« (1822) literarisch verewigte.

Im Inneren des Broch von Mousa.

Der Broch von Mousa: Der Monumentalbau diente der landbesitzenden Bevölkerung als Wohnsitz und Prestigeobjekt.

Auf dem beschaulichen West Burra ticken die Uhren noch etwas langsamer als im restlichen Großbritannien.

Isle of Noss

Kein Mensch lebt auf dem etwa 3 Quadratkilometer kleinen Noss vor der Südostküste von Mainland. Dafür finden hier zigtausend Seevögel an und in den Klippen eine Heimat. Die Trottellummen bilden die größte Gruppe. Ebenfalls in großer Zahl zu sehen sind Tölpel und die hübschen Papageitaucher mit ihren orange leuchtenden Schnäbeln. Von der Nachbarinsel Bressay fährt regelmäßig ein Schlauchboot herüber. Eine Umrundung von Noss (ihr Name geht zurück auf das norwegische Wort für Nase), bei der man sowohl den mit 181 Metern höchsten Punkt, den Noup, als auch Spuren einstiger menschlicher Besiedlung sieht, dauert etwa 4 Stunden. Je nach Jahreszeit kann es sein, dass man sich gegen angriffslustige Möwen zur Wehr setzen muss, die ihre Brut verteidigen. Im Frühsommer bilden Klee und Orchideen rosa-violette und gelbe Blütenteppiche.

*** West Burra** Im Südwesten schmiegen sich die Inseln der Scalloways an Mainland. Eine von ihnen ist West Burra – nach der Hauptinsel die am dichtesten besiedelte Insel der Shetlands mit stolzen rund 750 Einwohnern. Die meisten von ihnen leben in Hamnavoe, einem Ort mit einem sehr kleinen weißen Leuchtturm, der auf grauen Felsen hockt, mit einem Hafen, der aussieht wie gemalt, einer gemütlichen Marina und niedlichen Häuschen. Es gibt ein Geschäft, eine Post, und das ist es auch schon fast. West Burra lebt von der Natur, der Bannaminn Beach hat schneeweißen Sand und türkis funkelndes Wasser zu bieten. Doch auch die Kirche von Papil muss erwähnt werden. Seit dem 16. Jahrhundert steht ein Gotteshaus in einem fruchtbaren Tal im Nordosten der Insel. Bekannt geworden ist die Kirche durch die Entdeckung einer Grabplatte, »Papil Stone« genannt, die vermutlich aus dem Mittelalter stammt.

***** Mousa** Die flache, baumlose und seit dem 19. Jahrhundert unbewohnte »Moorinsel« Mousa bietet den am besten erhaltenen Broch (einen runden, fensterlosen Turm aus der Eisenzeit) Schottlands. Alleine deshalb lohnt sich die 15-minütige Bootsfahrt von der östlich gelegenen Insel Mainland über den etwa 1 Kilometer breiten Mousa Sound. Der monumentale Bau an der Westküste Mousas hat einen Durchmesser von 15 Metern, ist 13 Meter hoch (ursprünglich lag die Höhe wohl bei 15 Metern), mit einer Wandstärke von 4,5 Metern. Innen waren auf Tragebalken hölzerne Galerien angebracht. Die neuere Forschung geht bei diesen Türmen trotz ihres äußerlich wehrhaften Erscheinungsbildes davon aus, dass sie nur Wohnzwecken dienten.

Ist es nicht dieses Bild, das von Schottland träumen lässt? Die Bucht von Scousburgh ist schönste Realität.

St Ninian's Isle

Glänzender Sand und die glitzernde See – der Strand von St Ninian's Isle ist eine 500 Meter lange Sandbank mit Wasser zu beiden Seiten, die die Insel mit dem südlichen Mainland verbindet. In den Sommermonaten liegt sie zumeist über dem Meeresspiegel. Von Bigton, der nächsten Ortschaft, aus ist die Sandbank sehr leicht zu erreichen. Die Strände sind malerisch einsam und ein beliebtes Postkartenmotiv. Eine Wanderung rund um die etwa 72 Hektar große Insel offenbart tolle Möglichkeiten, Seevögel und Robben zu beobachten. Während der Ausgrabungen einer mittelalterlichen Kirche und vorchristlicher Ansiedlungen in den 1950er-Jahren wurden erstaunliche Mengen piktischen Silbers gefunden – auf 800 n. Chr. datiert. Repliken sind im Museum von Lerwick zu sehen.

Anglers Glück: Loch of Spiggie.

* **Mainland: Scousburgh Bay** Die Region im Südwesten von Mainland ist ein Dorado für Wanderer und Mountainbiker. Flaches Moor- und Ackerland überwiegt hier; den einen oder anderen Hügel gibt es allerdings auch. Ein perfekter Ausgangspunkt für eine Tour ist das Örtchen Scousburgh unweit der gleichnamigen Bucht. Von dort geht es bis auf gut 260 Meter hinauf zur Spitze des Ward of Scousburgh. Nicht gerade alpine Verhältnisse, teilweise aber dennoch anspruchsvolle Strecken, die an verlassenen Militärstationen vorbeiführen, findet man hier. Die Anstrengung wird ganz sicher belohnt, denn die Ausblicke auf die Küste von Scousburgh sind fantastisch. Bei klarer Sicht kann man bis zu der einsam im Westen gelegenen Insel Foula schauen. Die direkt Mainland vorgelagerte Insel St. Ninian sollte aber auf jeden Fall zu sehen sein. Weiß strahlt der Damm aus feinstem Sand, der das Eiland mit Mainland verbindet.

Der Leuchtturm am Sumburgh Head trotzt dem aufziehenden Sturm.

**** Mainland: Loch of Spiggie** Nur einen Steinwurf von der Scousburgh Bay liegt der Loch of Spiggie. In früheren Zeiten gehörten die beiden zusammen, doch Sandablagerungen trennten den flachen Teil allmählich ab, sodass sich im Laufe der Jahre ein Süßwassersee bilden konnte. Sein Reichtum an Forellen zieht Angler an. So kann man fast sicher sein, hübsche kleine Boote auf der oft ruhigen Oberfläche des Sees zu sehen. Wer mag, mietet sich selbst eines. Antreffen wird man in jedem Fall eine große Zahl Vögel, die hier ihren geschützten Lebensraum haben. Der Isländische Singschwan ist einer von ihnen. Hinzu kommen Rotschenkel, Schnepfen, Eisenten, Austernfischer und Kiebitze. Im Frühjahr tönt die Luft von ihren Balzrufen, im Sommer kann man Jungtiere beobachten, die ihre Umgebung kennenlernen, im Herbst machen sich die Zugvögel in beeindruckenden Schwärmen auf den Weg gen Süden.

*** Mainland: Sumburgh Head** Eine Straße, die über die Landebahn des Flughafens führt, danach einspurig weiter bis zum südlichsten Punkt von Mainland geht, bis man zu Fuß auf einem zwar steilen, aber gesicherten Weg entlang der Steilküste am Sumburgh Head zum Leuchtturm gelangt. Das ist echte Abgeschiedenheit. Samt einem Paradies für »Puffins«, die putzigen Papageitaucher, die hier leben, inklusive atemberaubender Panoramablicke. Mit viel Glück lassen sich sogar Wale oder Delfine im Meer sehen. 1821 ließ Robert Stevenson den Leuchtturm hier errichten. Zuvor gab es an dieser Stelle auf Sumburgh Head ein historisches Fort. Der Leuchtturm wurde 1991 automatisiert. Dringend nötig, weil Wächter doch schon mal im Dienst einschliefen.

Sieht aus wie ein trinkendes Pferd: Dore Holm vor der Südküste von Eshaness, auch »Elephant« genannt.

**** Papa Stour** Ein bizarrer Steinbogen, schroffe und zackige Klippen, eine Felsnadel, Meereshöhlen und Riffs – der Atlantik formte kraftvoll diese mehr als 30 Kilometer lange Küstenlinie. Sie ist charakteristisch für Papa Stour. Die Insel ist nur wenige Kilometer nordwestlich von Mainland gelegen. Lerwick ist 32 Kilometer entfernt. Das 8 Quadratkilometer kleine Eiland ist Heimat für gerade mal 25 Menschen. Sie leben traditionell von Landwirtschaft. Papa Stour ist aber auch reich an Historie und Archäologie: Das »Papa« im Namen deutet auf die frühe Ansiedlung christlicher Missionare hin. Aus der etwa 5000 Jahre alten vorchristlichen Besiedlung stammen eine neolithische Grabkammer und Steinkreise im unbewohnten Süden. Hier befindet sich auch der Flugplatz Papa Stour Airstrip. Seltene Tiere und Pflanzen bereichern diese zauberhafte Insel, auf der kein Baum wächst.

***** Eshaness** Im Nordwesten der St.-Magnus-Bucht liegt die Halbinsel Northmavine im Norden von Mainland. Die von stürmischen Wellen umtosten Klippen von Eshaness im äußersten Westen von Northmavine ragen hier meterhoch aus der schäumenden Meeresgischt empor. Dahinter spannt sich eine von lila blühender Heide übersäte Landschaft über das baumlose Plateau. Eine schmale Straße führt hindurch, vorbei an Windrädern und frei laufenden Shetlandponys. Ein Leuchtturm setzt eine unübersehbare Landmarke auf diesem nördlichsten Ende Großbritanniens. Er wurde 1929 von einem Nachfahren des bekannten Leuchtturmingenieurs Robert Stevenson, nämlich von dessen Enkel David Alan, in Auftrag gegeben. Der Weg östlich des Leuchtturms führt an die

Von der Küste der Insel Papa Stour aus kann man mit Glück Orkas und Delfine sehen.

Sullom Voe

Der Voe-Fjord, wie Sullom Voe auch genannt wird, diente früher der Royal Air Force als Stützpunkt für Flugboote – an diesem Teil der entlegenen Shetland-Inseln bereits damals ein Mehrwert zu der bis dato dürftigen Landwirtschaft, die ehedem auf Mainland betrieben wurde. Dann kamen in den ölhungrigen Zeiten ab den 1970er-Jahren riesige Ölplattformen, die aus dem tiefen Wasser des Sullom Voe emporwuchsen, mitsamt mächtigem Hafen, vielen Ölarbeitern und Flugbetrieb vom reaktivierten Flugfeld Richtung Glasgow. Die Bilderbuchlandschaft musste dem natürlich weichen. 1993 kam es vor Sumburgh zu einem Tankerunglück. Seitdem diskutiert man den Schutz der Shetland-Inseln. Heute wird das Öl zumindest nur noch unter Wasser durch Pipelines nach Sullom Voe gepumpt.

Küste mit ihren spektakulären schwarzen Lava- und Basaltformationen. Das Calder's Geo als tiefer Einschnitt in die Küstenlinie ist nur ein Beispiel für die Kraft der Atlantikwellen, die hier auf die westlichen steilen Klippen von Eshaness einwirken. Vorsicht bei starkem Wind!

Das Kristian Hole auf der Insel Papa Stour.

Felsenhöhle an der Küste von Papa Stour.

Eshaness

Eshaness ist eine Halbinsel an der Westküste von Northmavine auf Mainland. Einige kleinere Inseln wie das unbewohnte Dore Holm und die Isle of Stenness liegen in unmittelbarer Nähe. Neben Felsbögen und aus dem Meer ragenden Felsnadeln, die unter anderem in Scharen von Puffins bevölkert werden, gibt es hier selbstverständlich einen Stevenson-Leuchtturm und eine Höhle: Calder's Geo ist angeblich die größte von Großbritannien.

***** Unst** Rund einen Breitengrad weiter nördlich als die Orkneys liegen die Shetlands mit Unst an der Nordspitze: eine landschaftlich abwechslungsreiche Insel mit Klippen, geschützten Buchten und Sandstränden, Heidekrauthügeln und grauen Steinwüsten. Das Hermaness National Nature Reserve beheimatet Hunderttausende Seevögel wie Papageitaucher, Sterntaucher und Skuas – von dieser seltenen Raubmöwenart lebt auf den Klippen von Unst die zweitgrößte Kolonie weltweit. Auch Botaniker gehen hier gern auf Entdeckungstour; das Ei-

Das Vogelparadies Unst hat rund 1000 Einwohner, in den Gewässern leben Seehunde, Tümmler und Otter.

land bietet Lebensraum für rund 400 verschiedene Pflanzen. Weitere Highlights sind das Muness Castle aus dem 16. Jahrhundert und der alte Bootshafen mit traditionellen Fischerbooten sowie einer Ausstellung zur Seefahrt – mit etwas Glück trifft man hier einen alten Fischer als Museumswärter und darf seinem »Seemannsgarn« lauschen.

*** Muness Castle** In der kleinen Ortschaft Uyeasound an der Südküste von Unst wacht das Muness Castle seit dem 16. Jahrhundert über seine Bewohner, die, vom damaligen Erbauer unterworfen, reichlich Steuergelder zahlen mussten. Laurence Bruce, ein Nachfahre des berühmten Robert the Bruce, hatte die Burg zur Demonstration seiner Macht errichten lassen. Auch im weiteren Verlauf unter keinem guten Stern stehend, verfiel das Schloss ab 1750. Zwei Geschosse samt Turm können noch besichtigt werden.

***** Yell** Von Lerwick aus geht es mit der Fähre in 20 Minuten hinüber nach Ulsta auf die Insel Yell. Sie ist nach Mainland mit 212 Quadratkilometern die zweitgrößte Insel der Shetlands. Die etwa 1000 Einwohner leben hauptsächlich von Fischerei und Landwirtschaft, aber zunehmend auch vom Tourismus. Die Schieferinsel ist zu zwei Dritteln mit einer dicken Torfschicht bedeckt, auf deren Weideflächen sich jede Menge Schafe tummeln. Tierliebhaber gehen hier auf die Suche nach Ottern oder beobachten die Vogelwelt. Nur wenige Sehenswürdigkeiten wie ein Broch aus der Eisenzeit bei Burra Ness oder das White Wife of Queyon in Otterswick, die Galionsfigur eines deutschen Schiffswracks, lenken davon ab, was hier am meisten vorzufinden ist: Ruhe.

Laurence Bruce erbaute Muness Castle im 16. Jahrhundert.

Fetlar

Für Tierbeobachter und Pflanzenfreunde ist Fetlar ein wahres Paradies. Der nördliche Teil der Insel ist als Vogelschutzgebiet ausgewiesen, in dem seltene Schneeeulen, Schnepfen und auch Raubmöwen neben vielen weiteren Seevögeln beobachtet werden können. Südlich von Unst und östlich von Yell ist die viertgrößte der Shetland-Inseln auch bekannt als »Garten der Shetlands«. Sie ist überzogen von sattgrünen Wiesen und Weiden. Bereits die Wikinger nannten sie wohl deshalb auch »Fettes Land«. Der kleine Ort Houbie bildet heute die größte Siedlung auf Fetlar, mehr als 25 Einwohner hat die ganze Insel dennoch nicht. Das 1820 errichtete Herrenhaus Brough Lodge ist eine Attraktion im Westen des Eilands, ebenso Reste von Brochs und eines Forts. Fähren gehen nach Yell und Unst.

Sands of Breckon – dieser weiße Sandstrand im Norden von Yell ist ein Juwel.

Die schönsten Reiserouten

»Alba«, »Caledonia«, »Scotland« – bereits die verschiedenen Namen lassen die besondere Mischung von Geschichte, Natur und Kultur dieses Landes erahnen. Nachfolgend werden drei Touren durch das zu Großbritannien gehörende, aber stets für seinen eigenen Charakter berühmte Schottland und seine Inselwelt vorgestellt. Neben einer Rundreise entlang der Küste, die zu steilen Klippen und in malerische kleine Fischerorte sowie in die Metropolen Edinburgh und Glasgow führt, stellen die weiteren beiden Reiserouten die abgelegenen Highlands sowie die Isle of Skye vor. Egal wohin es in Schottland auch geht, das facettenreiche Land ist immer eine Reise wert!

Atlantischer Ozean
Orkney
Stromness
Kirkwall
John o'Groats
Thurso
Cape Wrath
Durness
Butt of Lewis
Wick
Altnaharra
Stornoway
Lochinver
Loch Shin
Helmsdale
Nordsee
Lewis and Harris
The Minch
Ullapool
Tarbert
North Uist
Gairloch
Loch Maree
Alness
Cromarty
Kinnaird Head
Tigharry
Uig
Keith
Dunvegan
Inverness
Ferness
Portree
Drumnadrochit
Schottland
South Uist
Skye
Dornie
Loch Ness
Tomintoul
Lochboisdale
1183
Carn Eige
Aviemore
Aberdeen
Broadford
Fort Augustus
Ardvasar
Ben Macdhui
Mallaig
Invergarry
1309
Ballater
Arisaig
Spean Bridge
Dalwhinnie
1345
Fort William
Rannoch Station
Ben Nevis
Pitlochry
Tobermory
Blairgowrie
Montrose
Ballachulish
Aberfeldy
Ben Lawers
1214
Craignure
Dundee
Mull
Oban
Crieff
Fionnphort
St.Andrews
Fife Ness
Inveraray
Tarbet
Stirling
Kirkcaldy
Loch Lomond
Firth of Forth
Lochgilphead
Edinburgh
Kilsyth
Dumbarton
Glasgow
North West Highlands
Glen More
Grampian Mountains
Äußere Hebriden
Innere Hebriden
Southern Uplands
IRLAND
Nordirland
England
1
2
3

Routenübersicht

Route 1: Schottland-Rundreise

Route 2: Great Glen und Highlands

Route 3: Northwest Highlands und Isle of Skye

Der Cairngorms National Park bedeckt nicht ganz 5 % der schottischen Fläche.

Mit 104 Metern Durchmesser größer als Stonehenge: der Ring von Brodgar.

Legende

- Gebirgslandschaft
- Felslandschaft
- Schlucht/Canyon
- Vulkan erloschen
- Vulkan aktiv
- Geysir
- Höhle
- Gletscher
- Flusslandschaft
- Wasserfall/Stromschnelle
- Seenlandschaft
- Naturpark
- Nationalpark (Landschaft)
- Nationalpark (Kultur)
- Whale watching
- Küstenlandschaft
- Strand
- Insel

- Wikinger
- Christliche Kulturstätte
- Historisches Stadtbild
- Technisches/industr. Monument
- Sehenswerter Leuchtturm
- Denkmal
- Feste und Festivals
- Museum
- Theater

- Golf
- Skigebiet
- Seehafen
- Hochseeangeln
- Mineralbad/Therme
- Lodge

Karge, einsame Landschaften unter dramatischen Wolkenformationen – so stellt man sich Schottland vor. Aber es zeigt auch ganz andere Gesichter.

Route 1: Schottland-Rundreise

Ob Romantiker, Naturfreund oder Kulturliebhaber – Schottlands herbe Schönheit berührt die Seele eines jeden Reisenden. Wer sich auf die raue, einsame Landschaft der Highlands und die reiche Kultur und Geschichte des ganzen Landes mit allen Sinnen einlässt, wird mit unvergesslichen Eindrücken belohnt. Am besten lernt man den zauberhaften Norden Großbritanniens auf einer Rundreise kennen. Dann wird man erst recht erstaunt sein über die Vielschichtigkeit und Einzigartigkeit dieses Landes.

Wer zwei bis drei Wochen Zeit im Gepäck hat, kann Schottland einmal komplett mit dem Pkw oder Motorrad umfahren. Doch bei der Rundreise wird man erstaunt feststellen: Schottland besteht gar nicht nur aus dem typischen Hochland im Nordwesten, sondern zeichnet sich vor allem im Westen auch durch eine interessante Inselwelt aus. In Glasgow und in der Hauptstadt Edinburgh lockt daneben das moderne Großstadtleben mit kulturellen Events, einem attraktiven Einkaufsangebot und namhaften Festivals, während auf den Western Isles einsame Traumstrände warten. Bei den Cairngorm Mountains und am Loch Lomond wurden um die Jahrtausendwende die ersten schottischen Nationalparks eröffnet. Berühmte Schriftsteller wie Sir Walter Scott und der Nationaldichter Robert Burns haben Schottlands spröde Schönheit besungen. Die Wiederentdeckung der gälischen Musik und Sprache hat längst die Grenzen des Landes überschritten. Auf Außenstehende mögen schottische Bräuche wie Baumstammwerfen oder das Tragen von Schottenröcken kurios wirken – für die Einheimischen sind sie Teil ihrer Identität. Zu den Geheimtipps zählt übrigens die schottische Küche: Wer einmal Angussteak, Moorhuhn oder Highland-Lamm probiert hat, wird nicht mehr nur vom schottischen Whisky schwärmen.

In Schottland gibt es insgesamt etwa 110 Whiskybrennereien, meist verstreut in den Highlands und auf den Western Isles gelegen. Man sollte also unbedingt einige davon besuchen!

Die vielen Inseln werden größtenteils den Hebriden (Innere und Äußere Hebriden), den Orkney- und den Shetland-Inseln zugerechnet. Gletscher formten während der letzten Eiszeit tief eingeschnittene Täler und hinterließen bei ihrem Abschmelzen Lochs (Seen) und Firths (Fjorde) entlang der wunderschönen 3700 Kilometer langen Küste.

Abgesehen von schmucken kleinen Hafenstädtchen entlang der Küste und auf den Inseln zieht es die meisten Besucher in die Highlands. Zu den Charakteristika dieser am dünnsten besiedelten Region Schottlands zählen dramatische Steilklippen, mit Moorheide bewachsene Plateaus, tiefe Lochs und reißende Gebirgsbäche. Der Great Glen teilt die Highlands in zwei Teile. Im Süden erstrecken sich die Lowlands, eine fruchtbare und dicht bewohnte Region mit den beiden Großstädten Glasgow und Edinburgh. Die Southern Uplands bilden die Grenzregion zu England. Das Land zeichnet sich insgesamt durch eine typische Flora und eine große Artenvielfalt aus.

Der stets vom Streben nach Unabhängigkeit und vom Widerstand gegen die englischen Machtansprüche geprägten schottischen Geschichte begegnen Besucher auf Schritt und Tritt. Trutzige Castles und mächtige Herrschaftssitze zeugen genauso davon wie Funde und Stätten aus der vorchristlichen Zeit.

Routensteckbrief:

Routenlänge: ca. 1320 km | **Zeitbedarf:** ca. 2–3 Wochen

Edinburgh → 65 km **Stirling** → 41 km **Dunfirmline** → 59 km **St Andrews** → 68 km **Montrose** → 34 km **Dunnottar Castle** → 30 km **Aberdeen** → 167 km **Inverness** → 86 km **Dunrobin Castle** → 109 km **John o'Groats** → 20 km **Thurso** → 122 km **Lochinver** → 85 km **Inverewe Gardens** → 71 km **Eilean Donan Castle** → 66 km **Ben Nevis** → 18 km **Glen Coe** → 96 km **Rannoch Station** → 79 km **Kilchurn Castle** → 15 km **Inveraray** → 27 km **Loch Lomond (National Park)** → 63 km **Glasgow**

4 Hebriden Rau, menschenleer und mit einer einzigartigen Flora und Fauna ausgestattet sind die meisten der westlich von Schottland gelegenen Atlantikinseln. Sie werden in die südlichen, festlandsnahen Inneren und die Äußeren Hebriden unterteilt. Auf der Insel Iona nahm die Christianisierung Schottlands ihren Anfang.

3 Isle of Skye Die Innere Hebrideninseln vereinigt alle Vorzüge der Highlands: gewaltige Naturspektakel am Meer, Burgen, Menhire und Lochs und natürlich wird hier auch der berühmte Single-Malt-Whisky gebrannt.

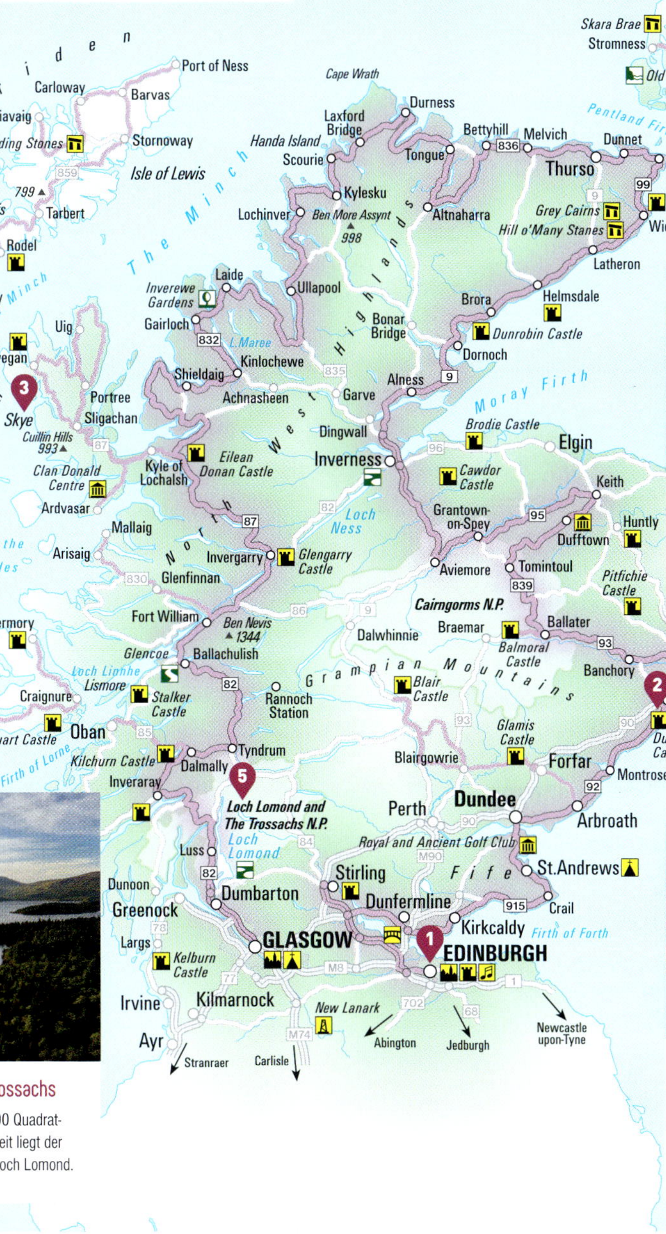

2 Dunnottar Castle Die spätmittelalterliche, stolze Burg war im 17. Jahrhundert Aufbewahrungsort der schottischen Reichsinsignien. Heute ist nur noch eine Ruine von ihr übrig.

5 Loch Lomond and The Trossachs National Park Inmitten 1900 Quadratkilometern purer Naturschönheit liegt der größte See Schottlands, der Loch Lomond.

1 Edinburgh Die Hauptstadt Schottlands besticht mit architektonischer Grandeza und kultureller Vielfalt. Edinburgh Castle, die Königsresidenz Holyrood Palace und das Gassengewirr um die Royal Mile herum sind nur drei Höhepunkte der pulsierenden Stadt.

Hinter dem Hafen von Corpach ragt markant der Ben Nevis auf.

Route 2: Great Glen und Highlands

Nicht nur die Geschichte bebt im Herzen Schottlands, die Erde selbst meldet sich immer mal wieder zu Wort mit ihrer tektonischen Verwerfung im »Großen Tal«, das sich mitten durch Schottland zieht. Wie eine gedachte Grenze schneidet sich ganz natürlich der Kaledonische Graben 150 Kilometer lang von Nordost nach Südwest durchs Land, trennt die Highlands, verbindet sie aber auch immer wieder durch seine vielen Gewässer. Mittendrin liegt Loch Ness mit seinem sagenumwobenen Seemonster.

Von Natur aus schön: In 400 Millionen Jahren erschaffen, faszinieren die malerischen und wildromantischen Landschaften der Highlands und des Great Glen gegenwärtig mehr denn je. Gletscherwasser der letzten Eiszeit schnitt sich tief in die Erdverwerfungen des Great Glen Fault. Wie eine Wasserader durchziehen seitdem von Südwesten nach Nordosten die drei lang gestreckten Binnenseen Loch Lochy, Loch Oich und Loch Ness das große Tal, natürlich verbunden durch ihre gleichnamigen Flüsse und wirtschaftlich aufgewertet durch den Caledonian Canal. Im Osten fließt der River Oich bei Inverness in den Moray Firth, im Westen mündet bei Fort William das Wasser des Fjords Loch Linnhe in die Bucht des Firth of Lorn. Die nordwestlichen Highlands mitsamt den Inseln der Äußeren und Inneren Hebriden vor der Westküste unterscheiden sich sowohl landschaftlich als auch kulturell von den südlichen Highlands und den Grampian Mountains. Was sie heutzutage aber ideell verbindet, sind die Entwicklungen in ihren pulsierenden modernen Zentren wie das von neuer Architektur und Kunst geprägte Glasgow und all den größeren Küsten- und Hafenstädten wie Inverness nahe der Nordsee oder Oban mit seiner Nähe zum Atlantik. Fernab davon findet sich genau das, was der moderne Mensch nach all dem Trubel der Großstädte so oft sucht: Sehnsuchtsorte und romantische Gegenden mit unendlicher Ruhe. Historisch betrachtet waren die Highlands allerdings jahrhundertelang alles andere als friedvoll. Übers Land verteilt zeugen heute noch die bei Reisenden so beliebten Sehenswürdigkeiten wie Schlösser, Burgen und deren Ruinen von Macht, Herrschaft, Krieg und Untergang. Ebenso die Grabmale aus teils noch weiter zurückliegender Zeit. Altehrwürdige Whiskybrennereien sind zumeist durch den Verbund »Discovering Distilleries« vereint. Manchmal werden Herrenhäuser und Schlösser zu luxuriösen Hotels umgewandelt und für private Events wie Hochzeiten aufwendig renoviert. Oder sie kommen als beeindruckende Filmkulisse zu Ehren, touristische Highlights wie Cawdor Castle, mit Shakespeares »Macbeth« weltberühmt geworden, ebenso Urquhart Castle am Loch Ness im Osten der Northwest Highlands. Mitunter heizt dann auch ein nicht zu verachtendes Gespenst oder, wie im Fall von Loch Ness, ein Seeungeheuer das touristische Jagdfieber an. Zu Fuß lassen sich die Highlands dies- und jenseits des Great Glen am schönsten erobern. Auf Themenrouten wie dem Malt Whisky Trail lernt man neben den Destillerien auch das Land und vor allem seine Menschen kennen. Denn sie ist wirklich überwältigend, die Gastfreundschaft der Hochländer!

Routensteckbrief:

Routenlänge: ca. 700 km | **Zeitbedarf:** ca. 2 Wochen

Glasgow → 45 km **Loch Lomond** → 95 km **Crinan Canal** → 57 km **Oban** → 55 km **Glen Coe** → 26 km **Great Glen** → 80 km **Loch Ness und Urquart Castle** → 22 km **Malt Whisky Trail** → 130 km **Cairngorms National Park** → 115 km **Drummond Castle and Gardens** → 30 km **Stirling**

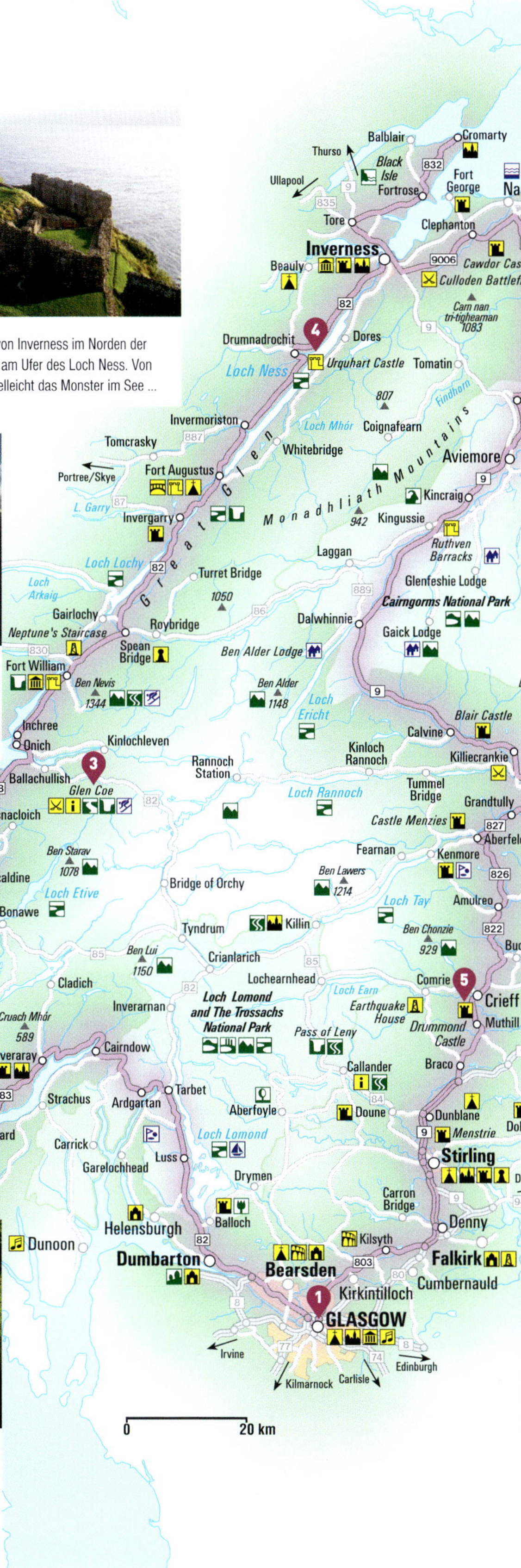

Loch Ness und Urquhart Castle Unweit von Inverness im Norden der Highlands thront die Ruine von Urquhart Castle am Ufer des Loch Ness. Von hoch oben auf der Burganlage entdeckt man vielleicht das Monster im See ...

Glen Coe Aus Filmen wie »Highlander«, »Braveheart« und »Harry Potter« ist dieses einzigartige und für die Highlands so typische Tal bekannt.

Drummond Castle and Gardens Diese Anlage besteht aus einem Wohnturm aus dem 15. und einem Landhaus aus dem 17. Jahrhundert, beide zur Zeit Königin Victorias neu gebaut. Vor allem die Gärten sind eine Pracht und ein absolutes Muss!

Crinan Canal 14 Kilometer führt der Kanal durch den Westen Schottlands. Er startet in Ardrishaig am Loch Fyne und endet in Crinan am Sound of Jura.

Glasgow Die quirlige Metropole hat Besuchern ein vielfältiges Angebot aus Geschichte und Kultur zu bieten: Architektur, Museen, Theater, Konzerte, Pubs und vieles mehr.

Route 3: Northwest Highlands und Isle of Skye

Die herausragende Schönheit der Isle of Skye zeigt sich vor allem demjenigen, der ihr möglichst viel seiner kostbaren Zeit schenkt. Ihm offenbaren sich unvergessliche Impressionen auf dieser größten der sieben Inseln der Inneren Hebriden. Auch die entlegensten Bereiche der Insel mit dem himmlischen Klang im Namen bieten elysische Landschaftsbilder. Selbst wenn die »Wolkeninsel« ihrem nordischen Titel nach wieder einmal alle Ehre macht, attraktiv ist sie bei allen Wettern.

Routensteckbrief:
Routenlänge: ca. 500 km | **Zeitbedarf:** ca. 2 Wochen
Portree → 11 km **Old Man of Storr** → 13 km **Mealt Falls** → 16 km **Duntulm Castle** → 14 km **Uig** → 45 km **Dunvegan** → 8 km **Coral Beach** → 98 km **Eilean Donan** → 141 km **Loch Shiel** → 123 km **Glen Sligachan** → 16 km **Portree**

Die über 80 Kilometer lange Insel – wohl zu recht als »die schönste« Schottlands bezeichnet – bietet ein facettenreiches Naturschauspiel aus abgelegenen Winkeln, schroffen Steilküsten und Klippen oder geheimen Buchten, in die sich blendend weiße Sandstrände schmiegen. Umgeben von endlosen bis bizarren Landschaften, über die ständig wechselnde Wolkenformationen hinwegziehen, um sich dann auf stillen Seeoberflächen widerzuspiegeln, die in allen Nuancen von Silber bis metallisch Grau schimmern, sobald sich das Licht von irgendwoher diffus im Wasser bricht. Solch grandiose Szenerien beginnen nicht erst im Nordosten auf der beliebten Halbinsel Trotternish. Nördlich des von seinen bunten Häuschen geprägten Küstenstädtchens Portree beeindruckt sofort der sich fast 50 Meter hoch in den Himmel bohrende »Old Man of Storr«. Und es geht noch weiter, hin zu den Mealt Falls, wo sich die Wasser des gleichnamigen Sees am Kilt Rock spektakulär über 80 Meter tief und tosend in den Sound of Raasay stürzen. Insider wissen, dass es noch etwas weiter entfernt von der Aussichtsplattform einen exzellenten Blick über die massiven Felswände zu erhaschen gibt – bis sich der Blick am Horizont verliert.
Sobald man sich von diesen Sinneseindrücken lösen kann, wird die Reise an der Küste entlang wieder aufgenommen, führt hinüber zum kleinen Hafenort Uig oder noch viel weiter hinauf in den nördlichsten Teil der Insel. Dabei geht es über sich ständig bergan windende Sträßchen, allein um bei gutem Wetter von hier den Blick frei zu haben bis hinüber zu den Äußeren Hebriden.
Eingebettet in diese Landschaft aus Mooren, Klippen, Buchten und Lochs entstanden im Laufe der Jahrhunderte ihre Dörfer, mächtigen Burgen und Schlösser. Die heutige Ruine von Duntulm Castle im äußersten Norden der Insel war einst eine der wichtigsten Festungen des MacDonald-Clans, die jahrhundertelang mit den MacLeods erbittert um die Vorherrschaft auf Skye kämpften. Deren herrschaftliches Schloss, Dunvegan, liegt hingegen viel weiter südwestlich. Über 700 Jahre hat sich dieses in einem exzellenten Zustand bis heute gehalten und kann besichtigt werden.
Im Sommer bringt ein Boot Tierinteressierte von Dunvegan aus zu den vorgelagerten Sandbänken hinaus. Hier, in dieser sehr zu Skye passenden, ruhigen Atmosphäre, kann man mit dösenden Seerobben die Seele baumeln lassen. Noch mehr davon findet man etwas nördlicher: Nahe des Örtchens Claigan liegt der Coral Beach. Lange hielt man die groben Sandkörner des hier glänzend weiß schimmernden Sandes für Korallenstücke, wobei es sich tatsächlich um Reste der Kalkrotalgen handelt. Wunderschön: Bei Sonnenschein schimmert das Meer hier so türkis wie in der Südsee.
Wer noch mehr Impressionen sucht, findet diese auf den über 100 Wanderrouten. Auf fast 130 Kilometern lässt sich die Inselschönheit Skye himmlisch erwandern.

Was für ein spektakuläres Licht! Im Winter scheint die Sonne in der Trotternish Range einen besonderen Glanz zu besitzen.

❷ Mealt Falls Unweit des Aussichtspunkts des Kilt Rock stürzen sich spektakulär die Wassermassen die steile Felsküste hinab. Die Mealt Falls lohnen unbedingt einen Abstecher zur Nordostküste der Insel Skye!

❶ Old Man of Storr Der »Alte Mann« auf der Halbinsel Trotternish ist wohl eine der berühmtesten Felsformationen auf der Insel Skye. Wandernde finden hier traumhafte Pfade vor.

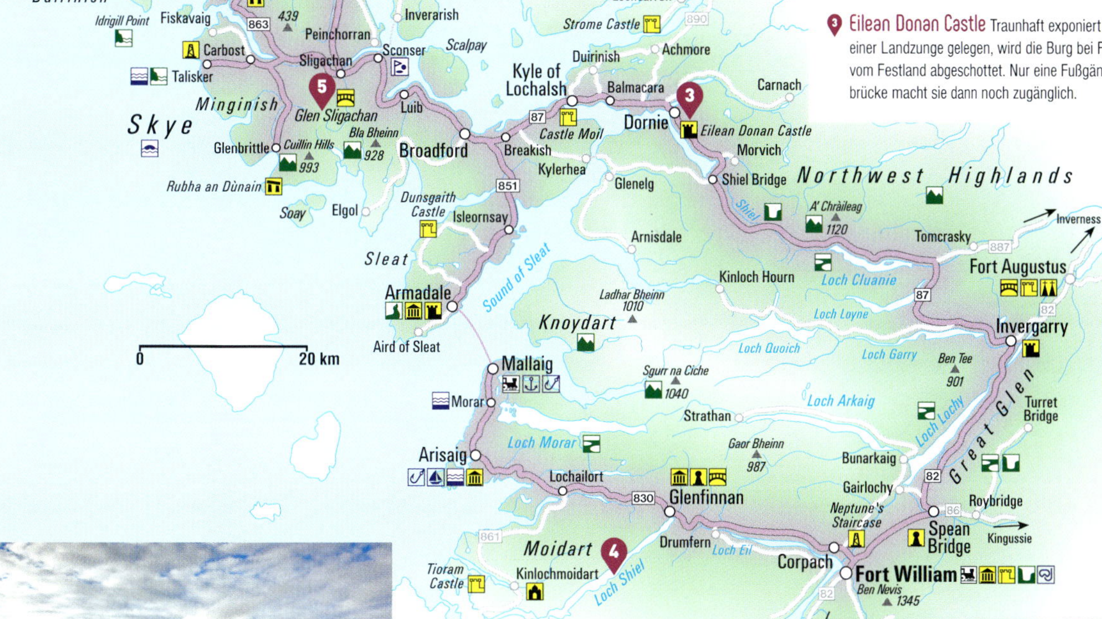

❸ Eilean Donan Castle Traumhaft exponiert auf einer Landzunge gelegen, wird die Burg bei Flut vom Festland abgeschottet. Nur eine Fußgängerbrücke macht sie dann noch zugänglich.

❺ Glen Sligachan Um das Jahr 1820 wurde die vielfotografierte Steinbrücke errichtet. Sie ist Ausgangspunkt vieler Wanderunternehmungen in die Bergwelt der Black Cuillins oder zur Talisker Bay.

❹ Loch Shiel Am Nordostufer dieses Sees steht das Glenfinnan Monument: 1745 kamen hier die schottischen Clans zum letzten Aufstand gegen die englische Vorherrschaft zusammen. Sein Turm ist begehbar – grandiose Aussicht!

Reiseatlas

Die Karten auf den nachfolgenden Seiten zeigen Schottland im Maßstab 1 : 750 000. Die geografischen Details werden durch eine Vielzahl touristischer Informationen ergänzt – etwa das ausführlich dargestellte Verkehrsnetz oder Piktogramme, die die Lage und Art aller wichtiger Sehenswürdigkeiten und Freizeitziele angeben. Ein Ortsnamenregister erleichtert das Auffinden gesuchter Städte und Regionen.

ZEICHENERKLÄRUNG

- Autobahn (im Bau)
- Autobahn gebührenpflichtig (im Bau)
- 4- oder mehrspurige Schnellstraße (im Bau)
- Fernstraße/Nationalstraße (im Bau)
- Fernstraße im Tunnel
- Wichtige Hauptstraße (im Bau)
- Hauptstraße (im Bau)
- Nebenstraße mit Mautstelle
- Straße gesperrt
- Pass · Steigung
- Touristenstraße
- Autobahn-Anschlussstelle
- Sonstige Anschlussstelle
- Entfernung an Autobahnen in km
- Entfernung an Straßen in km
- Straße für Wohnwagen ungeeignet · gesperrt
- Europastraßen-Nr.
- Autobahn-Nr.
- Bundes- Nationalstraßen-Nr.
- Internationaler Flughafen mit IATA Code
- Nationaler Flughafen mit IATA Code
- Regionaler Flughafen
- Bahnlinie
- Autoverlad per Bahn
- Autofähre
- Staatsgrenze
- Provinzgrenze
- Zeitzonengrenze
- Nationalpark
- Naturpark
- Hauptstadt eines souveränen Staates
- Hauptstadt eines Bundesstaates
- Sehenswerter Ort

BESONDERE SEHENSWÜRDIGKEITEN

Herausragende Naturlandschaften und Naturmonumente

- UNESCO-Weltnaturerbe
- Gebirgslandschaft
- Felslandschaft
- Wüsten-, Dünenlandschaft
- Seenlandschaft
- Küstenlandschaft
- Flusslandschaft
- Schlucht/Canyon
- Depression
- Gletscher
- Vulkan, erloschen
- Vulkan, aktiv
- Geysir
- Wasserfall/Stromschnelle
- Höhle
- Fossilienstätte
- Nationalpark (Landschaft)
- Nationalpark (Flora)
- Nationalpark (Fauna)
- Nationalpark (Kultur)
- Biosphärenreservat, Waldgebiet
- Naturpark
- Botanischer Garten
- Schmetterlingsfarm
- Zoo/Safaripark
- Vogelschutzgebiet
- Wildreservat
- Schutzgebiet Seehunde
- Insel
- Strand
- Unterwasserreservat
- Quelle

Herausragende Metropolen Kulturmonumente & -veranstaltungen

- UNESCO-Weltkulturerbe
- Vor- und Frühgeschichte
- Römische Antike
- Wikinger
- Keltische Geschichte
- Prähistorische Felsenbilder
- Kirche/Kloster allgemein
- Kirchen-, Klosterruine
- Romanische Kirche
- Gotische Kirche
- Renaissance Kirche
- Barocke Kirche
- Byzantinisch/orthodoxe Kirche
- Islamische Kulturstätte
- Moschee
- Synagoge
- Kulturlandschaft
- Historisches Stadtbild
- Burg/Festung/Wehranlage
- Burgruine
- Palast/Schloss
- Technisches/industrielles Monument
- Spiegel- Radioteleskop
- Staumauer
- Bergwerk geschlossen
- Sehenswerter Leuchtturm
- Windmühle
- Wassermühle
- Herausragende Brücke
- Kriegsschauplatz/Schlachtfeld
- Grabmal
- Denkmal
- Mahnmal
- Sehenswerter Turm
- Herausragendes Gebäude
- Freilichtmuseum
- Markt/Basar
- Feste und Festivals
- Theater
- Weltausstellung

Berühmte Reiserouten

- Autoroute
- Hochgeschwindigkeitszug
- Bahnstrecke
- Schiffsroute

Sport- und Freizeitziele

- Hafen
- Arena/Stadion
- Rennstrecke
- Golf
- Pferdesport
- Skigebiet
- Windsurfen
- Wellenreiten
- Segeln
- Badeort
- Kanu/Rafting
- Freizeitbad
- Hallenbad
- Mineralbad/Therme
- Freizeitpark
- Spielcasino
- Aussichtspunkt
- Wandern/Wandergebiet

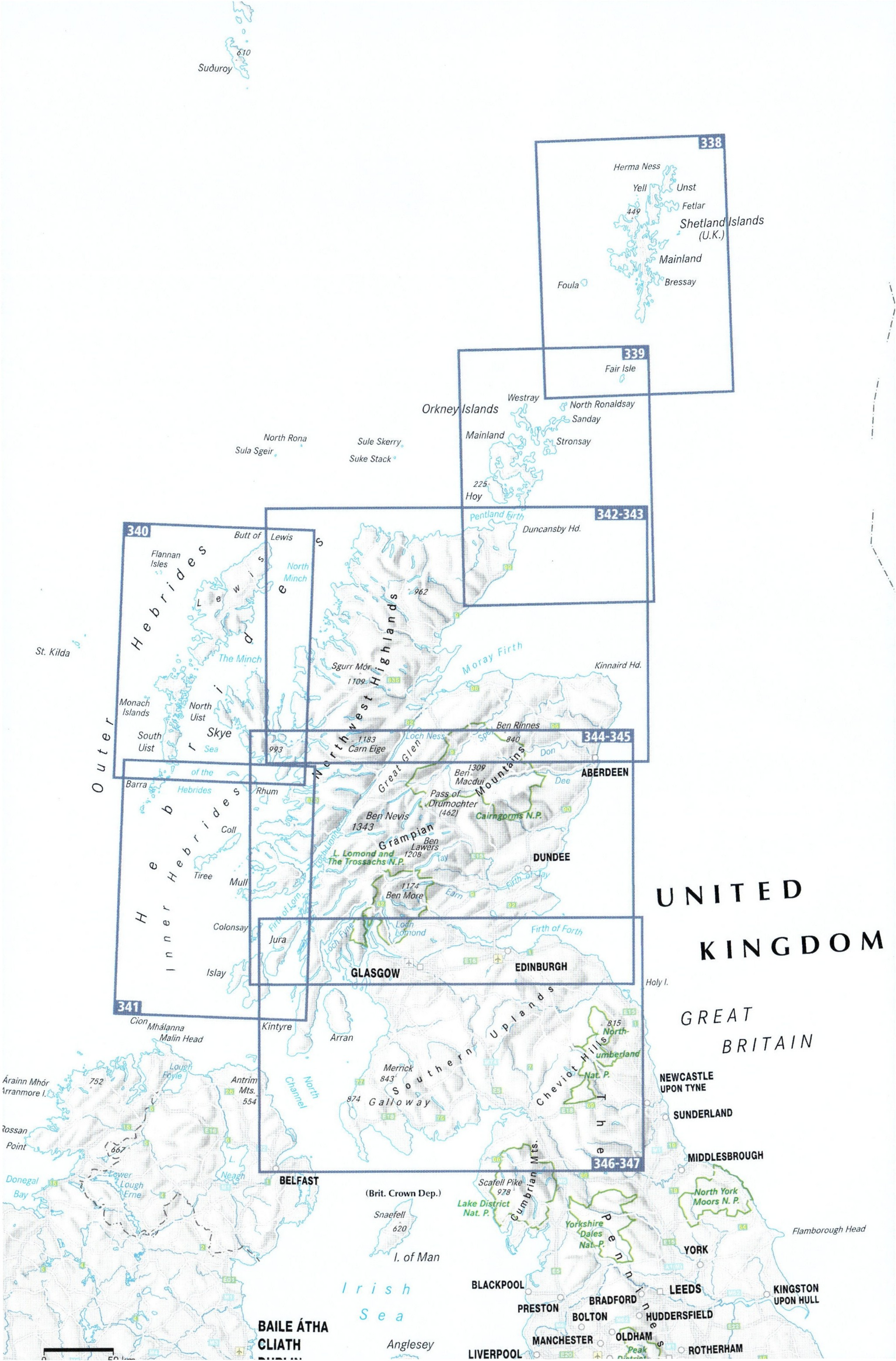

Suðuroy
610
338
Herma Ness
Yell
Unst
Fetlar
449
Shetland Islands
(U.K.)
Mainland
Foula
Bressay
339
Fair Isle
Westray
North Ronaldsay
Orkney Islands
Sanday
Mainland
Stronsay
North Rona
Sula Sgeir
Sule Skerry
Suke Stack
225
Hoy
Pentland Firth
342-343
Duncansby Hd.
340
Butt of Lewis
Flannan Isles
North Minch
962
St. Kilda
The Minch
Outer Hebrides
Lewis
Northwest Highlands
Moray Firth
Kinnaird Hd.
Sgurr Mór
1109
Monach Islands
North Uist
South Uist
Skye
Sea of the Hebrides
Ben Rinnes
840
344-345
Loch Ness
Spey
Don
1183
Carn Eige
993
Barra
Rhum
Great Glen
1309
Ben Macdui
Dee
ABERDEEN
Pass of Drumochter
(462)
Mountains
Cairngorms N.P.
Coll
Ben Nevis
1343
Grampian
Ben Lawers
1208
L. Lomond and The Trossachs N.P.
Tay
DUNDEE
Tiree
Mull
Inner Hebrides
1174
Ben More
Earn
Firth of Tay
Colonsay
Firth of Lorn
Loch Fyne
Loch Lomond
Firth of Forth
Jura
GLASGOW
EDINBURGH
Islay
Holy I.
341
Cion Mhálanna
Malin Head
Kintyre
Arran
Southern Uplands
815
Northumberland Nat. P.
Cheviot Hills
UNITED KINGDOM
GREAT BRITAIN
Lough Foyle
Árainn Mhór
Arranmore I.
752
Antrim Mts.
554
North Channel
Merrick
843
874
Galloway
NEWCASTLE UPON TYNE
SUNDERLAND
The Pennines
Rossan Point
667
346-347
MIDDLESBROUGH
Donegal Bay
Lower Lough Erne
L. Neagh
BELFAST
Scafell Pike
978
Cumbrian Mts.
(Brit. Crown Dep.)
Lake District Nat. P.
North York Moors N. P.
Snaefell
620
Yorkshire Dales Nat. P.
Flamborough Head
I. of Man
YORK
Irish Sea
BLACKPOOL
LEEDS
KINGSTON UPON HULL
PRESTON
BRADFORD
BAILE ÁTHA CLIATH
BOLTON
HUDDERSFIELD
Anglesey
MANCHESTER
OLDHAM
ROTHERHAM
LIVERPOOL
Peak
0
50 km

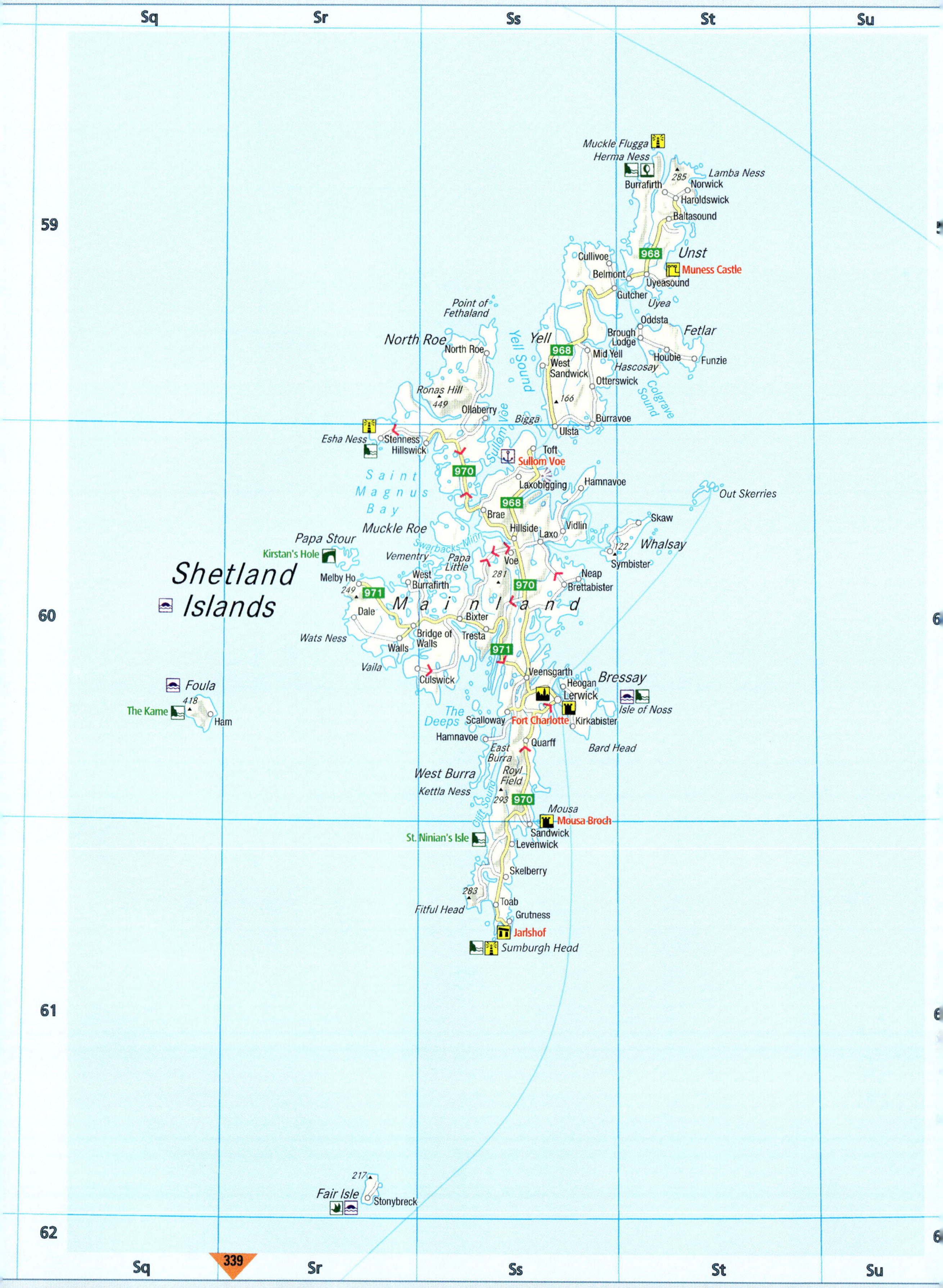

Maßstab 1:750 000

0 10 20 30 40 50 Kilometer

0 5 10 15 20 25 30 Miles

Sn
So
Sp
Sq
338
Sr
61
217
Fair Isle
Stonybreck
Mull Head
Papa Westray
North Ronaldsay
Noup Head
Noltland Castle
Pierowall
North Ronaldsay Firth
The North Sound
Westray
169
Midbea
Rapness
Calf of Eday
Scar
Northwall
Start Point
Sanday
62
Westray Firth
Carrick Ho
66
Kettletoft
Braeswick
Faray
Eday
Sanday Sound
Rousay
Wasbister
260
Brinian
Egilsay
Backaland
Whitehall
Brough Head
Broch of Gurness
The Barony
Georth
Wyre
Aith
Stronsay
Marwick Head
966
Twatt
Tingwall
Gairsay
Stronsay Firth
Rothiesholm
967
Dounby
Edmonstone
Kara Brae
Aith
Mainland
Balfour
Standgarth
Shapinsay
Auskerry
Yesnaby
Loch of Harray
Finstown
Wide Firth
Orkney Islands
Loch of Stenness
965
Kirkwall
Shapinsay Sound
Ring of Brodgar
Sones of Stenness
Maes Howe
226
St. Magnus Cathedral
Mull Head
The Gloup
Stromness
Ward Hill
960
Graemsay
269
Orphir
100
Gritley
Linksness
Houton
St. John's Head
481
Ward Hill
Cava
St. Mary's
Copinsay
Old Man of Hoy
Scapa Flow
Rora Head
Fara
Burray
Lyness
Flotta
Hoy
154
Bow
St. Margaret's Hope
Longhope
South Ronaldsay
103
Melster
South Walls
961
Tomb of the Eagles
Swona
Burwick
63
Pentland Firth
Dunnet Head
Island of Stroma
Muckle Skerry
114
Scarfskerry
Castle of Mey
Duncansby Head
Dunnet
Mey
Gills Bay
Huna
John o'Groats
Scrabster
Dunnet Bay
836
836
Thurso
Castletown
Freswick
9
Nybster
Roadside
99
Kirk
Sinclair's Bay
Halkirk
Loch Watten
882
Keiss
23
176
Watten
62
WIC
Noss Head
Olgrinmore
Mybster
Wick
38
Westerdale
Castle of Old Wick
Grey Cairns
9
Thrumster
99
Achavanich
Ulbster
Dalnawillan Lodge
268
64
Lybster
Lodge
Latheron
Morven
705
Braemore
Dunbeath
Dunbeath Estate
Berriedale
Boch-ailean
Sn
So
Sp
343
Sq
Sr

Maßstab 1:750 000

0 10 20 30 40 50 Kilometer

0 5 10 15 20 25 30 Miles

Se
Sf
Sg
340
Sh
Si
Eriskay
Eiriosgaigh
186
Sound of Barra
Scurrival Point
Fuday
Fudaigh
Cuier
Hellisay
888
Castlebay
Bagh a Chaisteil
384
Barra
Barraigh
Kisimul Castle
Vatersay
Bhatarsaigh
Sandray
Sanndraigh
Pabbay
Pathaigh
Mingulay
Miu' Laigh
Berneray
Bearnaraigh
Barra Head
Ceann Barraigh
Sea of the Hebrides
Inner Hebrides
Canna
211
Sanday
Sound of Canna
A'Bhrideanach
Oigh-sgeir
Kinloch Castle
Rum
Rhum
Askival
812
Sound of Rhum
Cleadale
Eigg
394
Muck
Armadale
Clan Donald Centre
66
Aird of Sleat
Point of Sleat
Mallaig
Glenancross
Bunacaimb
830
Arisaig
Rubh' Arisaig
Sound of Arisaig
344
861
Eilean Shona
Tioram Castle
Ardmolich
Ardtoe
67
Acharacle
Ockle
Point of Ardnamurchan
Achosnich
Ardnamurchan
Salen
Mingary Castle
528
Kilchoan
Glenborrodale
512
Oronsay
Carna
Sorisdale
Arnabost
Ballyhaugh
Arinagour
Arileod
Caliach Point
Coll
Glengorm Castle
Tobermory
292
Drimnin
Dervaig
Calgary
Mull Little Theatre
550
Sound of Mull
Lochaline
Caoles
Clachan Mór
Scarinish
Crossapol
Barrapol
141
Tiree
256
Achleck
Treshnish Islands
Loch Tuath
424
849
Salen
Fishnish
Gometra
155
313
Staffa
Ulva
Loch na Keal
Balnahard
Ben More
967
Mull
Dùn da Ghaoithe
766
Craignure
Torosay Castle
Ardmeanach
Iona Abbey
Iona
Baile Mór
101
Fionnphort
Loch Scridain
849
Bunessan
376
Carsaig
Lochbuie
Loch Buie
405
Ross of Mull
Erraid
125
Loch Sunart to the Sound of Jura Marine Protected Area
Firth of Lorn
Ellenabeich
Easdale
Garvellachs
110
68
Lunga
Corryvreckan Whirlpool
Scarba
449
296
ATLANTIC
OCEAN
143
Colonsay House
Scalasaig
Colonsay
93
Oronsay
Ardlussa
477
Jura
846
Keillmore
Rubh a' Mhail
Loch Tarbert
Lagg
364
Paps of Jura
785
Beinn an Oir
346
288
Sanaigmore
Port Askaig
Feolin Ferry
561
Craighouse
Ballinaby
846
Islay
Sound of Islay
69
Kilchoman
847
Bridgend
Port Charlotte
Bowmore
Beinn Bheigier
491
Ardtalla
232
Loch Indaal
846
Glenegedale
347
Kildalton Church
Gigha Island
Ardminish
101
Portnahaven
Rhinns Point
ILY
Kintra
Port Ellen
Ardbeg
The Oa
Lower Killeyan
Mull of Oa
Glenacardoch Point
Sound of Gigha
Se
Sf
Sg
Sh
Si

Maßstab 1:750 000

0 10 20 30 40 50 Kilometer

0 5 10 15 20 25 30 Miles

So
Sp
Sq
Sr
339
Burwick
Island of Stroma
Muckle Skerry
Dunnet Head
Castle of Mey
Scarfskerry
Duncansby Head
Dunnet
Mey
Gills
Huna
Bay
John o'Groats
Dunnet Bay
Scrabster
836
Thurso
Castletown
Freswick
Buldoo
Nybster
Loch Calder
Roadside
Kirk
Sinclair's Bay
Calder Mains
Halkirk
Loch Watten
882
Keiss
Watten
Noss Head
Olgrinmore
Wick
Mybster
Westerdale
Castle of Old Wick
Station
Grey Cairns
Thrumster
Achavanich
Ulbster
Dalnawillan Lodge
Glutt Lodge
Lybster
Latheron
Morven
Braemore
Dunbeath
Dunbeath Estate
Berriedale
Boch-ailean
Helmsdale
63
64
65
66
Burghead
Hopeman
Lossiemouth
Spey Bay
Findochty
Portknockie
Cullen
Portsoy
Whitehills
Troup Head
Crovie
Pennan
Rosehearty
Kinnaird's Head
Fraserburgh
Cairnbulg-Inverallochy
St. Combs
Findhorn
Spey Bay
Buckie
Fordyce
Macduff
Banff
Duff House
Gardenstown
Mid Ardlaw
Rathen
Cathedral
Kinloss
Elgin
Lhanbryde
Mosstodloch
Broadley
Kirktown of Deskford
Ladysford
Rattray Head
Brodie Castle
Sueno's Stone
Forres
Fochabers
New Pitsligo
Strichen
Industrial Estate
Denhead
Whisky Trail
Gordonstown
Aberchirder
Dallas
Rothes
Farmtown
Turriff
Cuminestown
Mintlaw
Peterhead
Keith
Old Deer
New Deer
Bogniebrae
Malt Whisky Trail
Craigellachie
Auchnagatt
Boddam
Buchan Ness
Upper Knockando
Glenfiddich Distillery
Castle Trail
Fyvie Castle
Huntly
Huntly Castle
Charlestown of Aberlour
Badenscoth
Fyvie
Methlick
Dufftown
Torry
Deveron
Strathbogie
Cruden Bay
Slains Castle
Marypark
Ben Rinnes
Kirkton of Culsalmond
Rothienorman
Haddo House
Toll of Birness
Ellon
Drumin
Tolquhon Castle
Cabrach
Insch
Pitmedden
Grantown-on-Spey
Rhynie
Leith Hall
Oldmeldrum
Newburgh
Bennachie
Inverurie
Kinkell Church
Newmachar
Malt Whisky Trail
Carn Mor
Mossat
Kemnay
Balmedie
Tomintoul
Kildrummy Castle
Pitfichie Castle
Castle Fraser
Kintore
Cairngorms National Park
Castle Trail
Alford
Dyce
Denmore
Glenkindie
Blackburn
Kirk of St. Nicholas
Bridge of Don
Tillyfourie
Dunecht
Glenmore Lodge
Colnabaichin
345
Westhill
ABERDEEN
Echt
Girdle Ness

Maßstab 1:750 000

0 10 20 30 40 50 Kilometer

0 5 10 15 20 25 30 Miles

343
347
Sn
So
Sp
Sq
66
67
68
69
Cairngorms
Cairngorms National Park
Cairngorm Mountains
Grampian Mountains
Braemar
Malt Whisky Trail
Castle Trail
Victorian Heritage Trail
Grantown-on-Spey
Carrbridge
Duthil
Tomintoul
Carn Mor
804
Aviemore
Inverdruie
Glenmore Lodge
Loch Morlich
Loch an Eilean
Kincraig
Cairn Gorm
1245
Loch Avon
Ben Macdui
1309
Beinn Bhrotain
Corgarff Castle
Colnabaichin
Morven
Gairnshiel Lodge
Balmoral Castle
Crathie
Ballater
Braemar
Inverey
Lochnagar
1155
Loch Muick
Mount Keen
939
Auchronie
Tarfside
Cairncross
An Sgarsoch
1006
Beinn Dearg
1008
Beinn a'Ghlo
1120
Devil's Elbow
Glas Maol
1068
Glen Shee
Glen Clova
Clova
Rottal
Auchavan
Kildrummy Castle
Mossat
Glenkindie
Tarland
Dinnet
Aboyne
Rhynie
Cabrach
Bennachie
528
Inverurie
Kinkell Church
Kintore
Kemnay
Alford
Castle Fraser
Tillyfourie
Craigievar Castle
Dunecht
Echt
Torphins
Crathes Castle
Banchory
Crathes
Strachan
Kerloch
Drum Castle
Peterculter
Milltimber
Westhill
Blackburn
Dyce
Denmore
ABZ
Bridge of Don
ABERDEEN
Kirk of St.Nicholas
Girdle Ness
Provost Skene's House
Bieldside
Kirkton of Maryculter
Portlethen
Cammachmore
Newtonhill
Bridge of Muchalls
Stonehaven
Dunnottar Castle
Oldmeldrum
Newmachar
Balmedie
Newburgh
Todhead Point
Arbuthnott House
Inverbervie
Fasque House
Fettercairn
Fordoun
Hill of Wirren
Laurencekirk
Edzell Castle
Edzell
Tigerton
Marykirk
Johnshaven
Lochside
Brechin
Montrose Bassin
Montrose
Boddin Point
Caledonian Railway
Finavon
Dykehead
Dykends
Kirriemuir
Kirkton of Kingoldrum
Forfar
Letham
Friockheim
Lunan
Red Head
Glamis Castle
Glamis
Kirkbuddo
Auchmithie
Arbroath Abbey
Arbroath
Carnoustie
Monifieth
DUNDEE
R.R.S. Discovery
Buddon Ness
Tayport
Newport-on-Tay
Balmerino
Leuchars
Firth of Tay
Firth of Forth Banks Marine Protected Area
Blair Castle
Bridge of Tilt
Killiecrankie
Pass of Killiecrankie
Tressait
Pitlochry
Kirkmichael
Enochdu
Mt. Blair
Blacklunans
Netherton
Ballinluig
Aberfeldy
Loch of Lowes
Dunkeld-Birnam
Blairgowrie
Rattray
Alyth
Meigle
Coupar Angus
Gallow Hill
Sidlaw Hills
Balgray
Muirhead
Meikleour
Burrelton
Milton
Bankfoot
Stanley
Scone Palace
Balbeggie
Inchture
Buchanty
Methven
New Scone
Perth
Errol
Elcho Castle
Crieff
Fowlis Wester
Kinkell Bridge
Bridge of Earn
Newburgh
Dairsie or Osnaburgh
Cupar
St. Andrews
Royal and Ancient Golf Club
Muthill
Auchterarder
Dunning
Auchtermuchty
Ladybank
Pitscottie
Fife Ness
Crail
Largoward
Kirkton of Largo
Elie
St. Monance
Pittenweem
Anstruther
Isle of May
East Neuk of Fife
Myres Castle
West Lomond
Falkland
Glenrothes
Kennoway
Leven
Methil
Buckhaven
Ochil Hills
Greenloaning
Glendevon
Kinross
Milnathort
Loch Leven
Yetts of Muckhart
Castle Campbell
Dunblane
Bridge of Allan
Alva
Dollar
Tillicoultry
Ballingry
Lochgelly
Kelty
Cowdenbeath
Kirkcaldy
Alloa
Tullibody
Stirling Castle
Clackmannan
Dunfermline
Oakley
Cowie
Airth
Kincardine
Abbey
Grangemouth
Bo'ness
Blackness Castle
Rosyth
Inverkeithing
Forth Bridge
Aberdour
Kinghorn
Burntisland
Firth of Forth
Bass Rock
North Berwick
Tantallon Castle
Auldhame
Dirleton
Gullane
Aberlady
Drem
Whitekirk
Ballencrieff Castle
Dunbar
Cockenzie and Port Seton
Longniddry
Larbert
Falkirk
Polmont
Linlithgow
Dalmeny
EDINBURGH
LEITH
Musselburgh
Tranent
Haddington
Pitcox
Thorntonloch
Cockburnspath
Saint Abb's Head
Coldingham
Eyemouth
Burnmouth
Lamberton
Berwick-upon-T
Tweedmouth
Scremerston
Slamannan
Avonbridge
Armadale
Broxburn
Bathgate
Livingston
Curriel
Castle
Dalkeith
Pencaitland
Gifford
Garvald
Oldhamstocks
Lammermuir Hills
Lammer Law
Grantshouse
Reston
Ellemford
Preston
Chirnside
Edrom
Duns
Allanton
Longformacus
Loanhead
Newtongrange
Crichton Castle
Roslin
Gorebridge
Crichton
Soutra Mains
Balerno
Scald Law
Penicuik
Howgate
Middleton
Oxton
Blackburn
Eastfield
Whitburn
West Calder
Shotts
Fauldhouse
Newmains
Wishaw
Forth
West Linton
Polwarth
Cumbernauld
Airdrie
Ben Cleuch

Maßstab 1:750 000

0 10 20 30 40 50 Kilometer

0 5 10 15 20 25 30 Miles

345
Sn
So
Sp
Sq
Sr
68
69
70
71
EDINBURGH
Firth of Forth
Bass Rock
North Berwick
Tantallon Castle
Dunbar
Haddington
Musselburgh
Dalkeith
Livingston
Linlithgow
Broxburn
Bathgate
Kirkcaldy
Dunfermline
Cowdenbeath
Inverkeithing
Forth Bridge
Alloa
Grangemouth
Bo'ness
Polmont
Penicuik
Peebles
Galashiels
Melrose
Melrose Abbey
Dryburgh Abbey
Kelso
Floors Castle
Jedburgh
Hawick
Selkirk
Lauder
Coldstream
Duns
Eyemouth
Berwick-upon-Tweed
Saint Abb's Head
Lammermuir Hills
Pentland Hills
Moorfoot Hills
Crichton Castle
Ballencrieff Castle
Neidpath Castle
Traquair House
Woollen Trail
Cheviot Hills
The Cheviot
Northumberland National Park
Kielder Forest
Wark Forest
Chesters Fort
Housesteads Fort
Birdoswald Fort
Hexham
Corbridge
Carlisle
Penrith
Cockermouth
Workington
Maryport
Keswick
Dumfries
Lockerbie
Moffat
Langholm
Annan
Gretna
Solway Firth
Caerlaverock Castle
Sweetheart Abbey
New Lanark
Lanark
Biggar
Gasworks Museum
Annandale
Eskdalemuir
Teviotdale
Ettrick Forest
Cumbria
Skiddaw
Carrock Fell
Cross Fell
Teesdale
Raby Castle
Appleby-in-Westmorland
Alston
Stanhope
Wolsingham
Rothbury
Wooler
Kirkby Stephen

Register

Bildnachweis

C = Corbis; G = Getty; = Look; M = Mauritius Images; Sh = Shutterstock.com

Cover oben: rphstock/Sh (Eilean Donan Castle am Loch Duich); Cover unten: L/Avalon.red2 (Schottische Hochlandrinder auf der Isle of Mull); Rücken: Deyan Denchev/Sh (Schottenröcke);
Rückseite oben: M/Colin Hugill (Tolsta Beach auf der Isle of Lewis); Rückseite Mitte: G/Tibor Bognar (Dugald Stewart Monument in Edinburgh); Rückseite unten: M/Alex Thomson (Isle of Skye);

S. 002-003 G/Daryl Benson; S. 004-005 M/Richard Wheeler ; S. 006-007 G/1111IESPDJ; S. 008-008 Harry Feather/Sh; S. 009 chrisdorney/Sh; S. 012-013 M/Trish Gant ; S. 014-015 M/Scottish Viewpoint ; S. 016 C/Kirk Norbury; S. 016 M/David Lyons ; S. 016 M/Ian Goodrick ; S. 017 M/Andrea Jones; S. 017 G/Hulton Archive; S. 018 M/Julian Elliott ; S. 019 M/Alamy; S. 019 G/John Short; S. 019 M/Alamy; S. 019 C/Kirk Norbury; S. 020-021 M/Alamy; S. 021 M/Alamy; S. 021 M/Alamy; S. 021 M/Gary Cook ; S. 022-023 M/Karen Appleyard ; S. 022 C/Linda Mckie; S. 023 M/Alamy; S. 023 M/Alamy; S. 023 M/Simon Whaley; S. 024 Heartland Arts/Sh; S. 024 stocksolutions/Sh; S. 024 G/Peter Chadwick; S. 025 M/Alamy; S. 025 M/David Patterson ; S. 026 M/Hugh McKean; S. 027 Hugh McKean/Sh; S. 027 Crown Copyright HES; S. 027 M/Alamy; S. 027 M/Alamy; S. 028-029 M/Keith Fergus ; S. 028-029 G/Roland Polyak; S. 029 M/Scott Rae ; S. 029 G/bkindler; S. 030 G/daverhead; S. 030 G/daverhead; S. 031 G/daverhead; S. 031 M/Linda Dick ; S. 031 Duncan2406/Sh; S. 032 G/Michael Luhrenberg; S. 032 M/Jason Baxter ; S. 032 M/Peter Jordan ; S. 033 G/NicolasMcComber; S. 033 M/Markus Keller; S. 034-035 M/Alistair Dick ; S. 036 M/Joe Cornish ; S. 036-037 M/Graeme Peacock ; S. 037 M/Günter Grüner; S. 037 M/David Kilpatrick ; S. 038 M/Jim Gibson ; S. 038 Ulmus Media/Sh; S. 039 M/Dorling Kindersley; S. 038-039 M/Allan Wright ; S. 040 M/Adam Seward; S. 041 M/Linda Pitkin ; S. 041 C/Niall Benvie; S. 041 G/spreephoto.de; S. 042-043 M/Lisa und Wilfried Bahnmüller; S. 044 C/Colin Mckie; S. 044 M/Allan Hartley ; S. 044 M/Steve Lewis; S. 045 M/Robert Conley ; S. 045 G/Victoria Wilkinson Brownless; S. 046 G/Kenny Williamson; S. 046 M/Maria Gaellman ; S. 046-047 G/Peter Ribbeck; S. 047 Jorge Folha/Sh; S. 048 M/Alamy; S. 048-049 M/Phil Seale ; S. 049 David Falconer/Sh; S. 050-051 G/Alec Kirkham; S. 050 David E Ray/Sh; S. 051 M/John McKenna ; S. 052-053 C/Daily Record; S. 053 C/Hulton-Deutsch Collection; S. 053 C/Hulton-Deutsch Collection; S. 053 C/Daily Herald; S. 054 Jeff Whyte/Sh; S. 054 G/Chris Hepburn; S. 056-057 M/Findlay Rankin; S. 057 cornfield/Sh; S. 057 IR Stone/Sh; S. 057 C/Tibor Bognar; S. 058 M/Jim Ryce; S. 058 M/David Lyons; S. 059 L/Elan Fleisher; S. 058-059 C/Steven Vidler; S. 060-061 C/Barry Lewis; S. 060 G/Emad Aljumah; S. 061 Radek Sturgolewski/Sh; S. 061 G/Ailsa Partridge; S. 061 M/Neil McKay ; S. 062 M/John Peter; S. 062 M/Edmund Sumner; S. 062-063 M/Alamy; S. 063 360b/Sh; S. 063 C/Steven Vidler; S. 064 M/Roman Babakin ; S. 065 lennystan/Sh; S. 065 Phill Thornton Photo/Sh; S. 065 essevu/Sh; S. 066-067 G/Jim Nix; S. 068 M/John Guidi; S. 068-069 Complexli/Sh; S. 069 Sunstopper1st/Sh; S. 070 G/Martin McCarthy; S. 070 M/Alan Oliver; S. 070 C/Steven Vidler; S. 071 C/Tom Manley; S. 070-071 M/Alamy; S. 072-073 G/Stefano Michelini; S. 073 antalogiya/Sh; S. 073 M/Stefan Hefele; S. 074 Complexli/Sh; S. 074 James McKay/Sh; S. 075 M/Alamy; S. 075 M/Andrew Wilson ; S. 076 M/Philippe Clement; S. 076 M/David Robertson ; S. 077 Ross Strachan/Sh; S. 077 M/Marco Secchi ; S. 078 G/Joe Daniel Price; S. 078 pitsch22/Sh; S. 079 C/Vittoriano Rastelli; S. 079 M/Alamy; S. 079 G/Simon Swales; S. 079 M/Marianthi Lainas ; S. 080 M/Mark Sunderland; S. 081 M/Allan Wright ; S. 081 G/Anik Messier; S. 082 James McDowall/Sh; S. 082 M/M. Brodie ; S. 083 Mark Caunt/Sh; S. 083 M/Alamy; S. 084-085 M/Dominic Jones ; S. 085 M/Reiner Harscher; S. 085 L/age fotostock; S. 086 G/Joe Daniel Price; S. 088-087 G/LatitudeStock - TTL; S. 089 M/Guillem Lopez ; S. 089 M/Guillem Lopez ; S. 090 C/Sylvain Sonnet; S. 090 G/Joe Daniel Price; S. 091 M/Ruth Peterkin; S. 091 G/Francisco Diez; S. 092-093 PhotoWiolaGrafika/Sh; S. 092-093 Richie Chan/Sh; S. 093 Ivica Drusany/Sh; S. 093 Thomas Ortega/Sh; S. 093 Tudoran Andrei/Sh; S. 093 G/Jeff J Mitchell; S. 094-095 G/Wendy Rauw; S. 095 M/Chris Dorney ; S. 095 L/age fotostock; S. 095 M/Steve Vidler ; S. 096-097 DavidGraham86/Sh; S. 096 G/AGF; S. 097 Photoprofi30/Sh; S. 097 G/Atlantide Phototravel; S. 097 G/Sylvain Sonnet; S. 098 Richie Chan/Sh; S. 098-099 G/Hans Georg Eiben; S. 099 M/Alamy; S. 099 G/Hans Georg Eiben; S. 100-101 G/Slow Images; S. 102 Reimar/Sh; S. 102 Edinburghcitymom/Sh; S. 102 G/Nigel Hicks; S. 103 G/Joe Daniel Price; S. 103 G/Joe Daniel Price; S. 104-105 G/Sylvain Sonnet; S. 106 G/David Madison; S. 106 G/David Graham; S. 107 G/Danita Delimont; S. 107 C/Guido Cozzi; S. 108-109 Sergii Figurnyi/Sh; S. 110-111 M/Alamy; S. 110 M/Alamy; S. 111 M/Brian Moyes; S. 111 M/Alamy; S. 112 Makhh/Sh; S. 112 G/Chris Hepburn; S. 113 M/Allan Wright ; S. 113 M/Andy Catlin ; S. 114 Albert Pego/Sh; S. 114 M/Alamy; S. 114 L/Axiom; S. 115 C/Guido Cozzi; S. 115 M/George Robertson ; S. 116 C/KevinCarr; S. 116 L/Karl Johaentges; S. 117 C/KevinCarr; S. 117 M/Alamy; S. 118 M/Douglas Houghton; S. 118-119 M/Keith Fergus ; S. 119 G/Richard McManus; S. 119 M/Jim Gibson ; S. 120-121 Kanuman/Sh; S. 122 C/Alan Copson; S. 123 G/Alan Copson; S. 123 M/Alamy; S. 123 G/Alan Copson; S. 123 M/Alamy; S. 124-125 G/Alan Copson; S. 126 G/Scottish Viewpoint Picture Library; S. 126-127 G/UIG; S. 126 M/Matthew Bruce ; S. 127 M/Stephen Dorey; S. 127 M/Phil Seale ; S. 127 M/Alamy; S. 128 Ludovic Farine/Sh; S. 128-129 G/VWB photos; S. 129 G/Victoria Wilkinson Brownless; S. 129 M/Elizabeth Leyden ; S. 129 M/Alamy; S. 130 M/United Archives; S. 131 M/Alamy; S. 131 M/Alamy; S. 131 M/Alamy; S. 132 M/Alamy; S. 132 M/Richard Burdon ; S. 132 M/David Robertson ; S. 133 L/Design Pics; S. 133 M/Carl Bruemmer; S. 133 M/Miroslav Liska ; S. 134-135 M/Jon Sparks ; S. 134 M/Homer Sykes ; S. 135 cornfield/Sh; S. 135 G/Brian Lawrence; S. 135 M/Daniel Dempster; S. 136 andy morehouse/Sh; S. 136 L/Andreas Strauß; S. 136 M/Stefan Auth; S. 137 Joost van Uffelen/Sh; S. 138 Simon Carr MCR/Sh; S. 138 G/Southern Lightscapes-Australia; S. 138 G/Pete Rowbottom; S. 139 M/Allan Wright ; S. 139 M/Alamy; S. 140 G/UIG; S. 140 G/Cornelia Grothe; S. 140-141 M/Michael Nolan; S. 140 C/David Williams; S. 141 C/David Williams; S. 141 Kraft_Stoff/Sh; S. 142-143 G/Southern Lightscapes-Australia; S. 143 Benjamin Currie/Sh; S. 143 M/George Robertson ; S. 143 M/Keith Fergus ; S. 144-145 G/Kit Downey; S. 145 C/Tim Hurst; S. 145 MaybelmaLeo/Sh; S. 145 M/Phil Seale ; S. 146 C/Adam Burton; S. 147 anastas_styles/Sh; S. 146-147 G/Southern Lightscapes-Australia; S. 148 M/Xavier Forés; S. 148 M/Alamy; S. 148 M/David Pearson ; S. 149 L/robertharding; S. 149 G/Buster Brown; S. 150-151 M/Rainer Mirau; S. 151 M/Simon Whaley ; S. 151 James McDowall/Sh; S. 152 PK289/Sh; S. 152 Gavin Ritchie/Sh; S. 153 Andy UDALL/Sh; S. 153 M/Chris Bosworth; S. 154-155 G/Empato; S. 155 Botond Horvath/Sh; S. 155 rosn123/Sh; S. 156-157 M/Philip Mugridge ; S. 156 G/Angus Clyne; S. 156 Binson Calfort/Sh; S. 157 G/Empato; S. 158 G/Mark Howells-Mead; S. 158 FotoRequest/Sh; S. 158 G/Simon Butterworth; S. 159 M/Alamy; S. 159 M/Peter Ptschelinzew ; S. 159 M/Carl Bruemmer; S. 159 L/Ingolf Pompe; S. 160 G/Simon Butterworth; S. 161 tourpics_net/Sh; S. 160-161 M/David Noton; S. 162 L/age fotostock; S. 162 M/Loop Images; S. 162 M/Jules Cox; S. 163 G/VWB photos; S. 164 M/Mark Hamblin ; S. 164 M/Peter Cairns ; S. 164 C/Peter Cairns; S. 164 M/Mark Hamblin ; S. 164 C/Andrew Parkinson; S. 164 C/Alistair Campbell; S. 164 C/Peter Cairns; S. 164 C/Fergus Gill; S. 164 L/age fotostock; S. 165 Jan Holm/Sh; S. 164-165 G/John Ferguson; S. 165 C/Patrick Dieudonne; S. 166-167 M/Angus McComiskey ; S. 167 A. Karnholz/Sh; S. 167 C/JW; S. 168-169 M/Paul Marshall ; S. 169 M/Alamy; S. 169 M/Alamy; S. 169 M/David Lyons; S. 169 C/Mark Bryan Makela; S. 170-171 M/Tim Gainey ; S. 172 M/Alamy; S. 172 M/Jim Henderson ; S. 173 M/Alamy; S. 172-173 L/age fotostock; S. 173 M/Jim Henderson ; S. 174 zjtmath/Sh; S. 174 M/Alamy; S. 175 M/Colin Hunter ; S. 175 Adam Wrobel/Sh; S. 176 C/Ocean; S. 176 M/Tim Graham; S. 176 C/Ocean; S. 176 G/Bill Bachmann; S. 176-177 Deyan Denchev/Sh; S. 178 M/Paul Mogford ; S. 178 M/Iain Sarjeant ; S. 179 G/UIG; S. 179 M/Alamy; S. 179 M/Simon Price ; S. 180-181 M/Steve Vidler ; S. 181 L/age fotostock; S. 181 M/Alamy; S. 182 Jan Holm/Sh; S. 182 M/Hans-Peter Merten; S. 182-183 C/Roland Gerth; S. 182 M/James Thomson ; S. 183 M/Ian Cowe ; S. 184 M/Jim Henderson ; S. 185 C/Bertrand Rieger; S. 185 M/Kevin Wheal ; S. 185 M/Tom Gardner ; S. 185 M/Alamy; S. 186-187 M/David Ball ; S. 187 C/Anna Clopet; S. 188 M/Nadezda Murmakova ; S. 188 C/Roland Gerth; S. 189 G/G. Sioen; S. 189 G/Iñaki B. Argazkiak; S. 189 C/Patrick Frischknecht; S. 188-189 L/Andreas Strauß; S. 190-191 G/Jim Gove; S. 190 C/Riccardo Spila; S. 191 G/Victoria Wilkinson Brownless; S. 191 G/Southern Lightscapes-Australia; S. 192-193 C/Jason Friend; S. 194-195 M/Allan Wright ; S. 196-197 G/Simon Butterworth; S. 197 G/Arterra; S. 198-199 G/John Finney; S. 200 Norbert Molnar/Sh; S. 200 M/Keith Fergus ; S. 200-201 essevu/Sh; S. 201 M/David Robertson ; S. 202-203 C/Alan Copson ; S. 203 Noor Radya Binti Md Radzi/Sh; S. 203 M/Alamy; S. 204 Gwyneth Bell/Sh; S. 204-205 M/Vincent Lowe ; S. 205 M/Duncan Shaw ; S. 205 M/Alamy; S. 206-207 Bucchi Francesco/Sh; S. 207 Pablo Fernandez Villoch/Sh; S. 206-207 Lukassek/Sh; S. 208-209 G/Alexander G. Brown; S. 208-209 M/Patrick Dieudonne; S. 210 L/Andreas Strauß; S. 210-211 G/Ray Wise; S. 211 G/Matt84; S. 211 M/Alamy; S. 212-213 M/Colin Leslie ; S. 214 haspil/Sh; S. 214 G/Dennis Barnes; S. 215 Jan Jirat/Sh; S. 215 JASPERIMAGE/Sh; S. 215 M/Andrew Ray ; S. 215 M/Alamy; S. 216-217 M/United Archives; S. 217 M/Pixtal; S. 218 Mino Surkala/Sh; S. 218 M/Terry Whittaker; S. 218-219 M/Robert Glen ; S. 219 M/Angus McComiskey ; S. 220 M/Alamy; S. 220-221 G/Jan Holm; S. 221 M/John Peter Photography; S. 221 G/Barcroft; S. 222-223 M/Kenny Ferguson ; S. 223 M/Sandy Young ; S. 223 C/Hulton Deutsch; S. 223 M/Angus McComiskey ; S. 223 M/Ashley Cooper; S. 224 Colin Ward/Sh; S. 224 M/Mark Hicken; S. 225 Francesco Bonino/Sh; S. 224-225 M/John Devlin ; S. 225 G/Ray Wise; S. 226-227 makasana photo/Sh; 226-227 M/John Devlin ; S. 227 Just dance/Sh; S. 227 L/Tobias Richter; S. 228 MORENO01/Sh; S. 228 G/Rune Johansen; S. 229 M/Jan Holm; S. 229 C/Darran Rees; S. 230 G/fotoVoyager; S. 230 G/Feargus Cooney; S. 231 mountaintreks/Sh; S. 231 Joe Dunckley/Sh; S. 231 G/Roz Gordon; S. 232-233 M/Alamy; S. 234-235 M/Wayne Hutchinson; S. 235 G/Paddy Mcdougall; S. 236-237 C/Roland Gerth; S. 236 C/Stefan Arendt; S. 237 HedvikaMichnova.jpg/Sh; S. 237 G/Angus Clyne; S. 236-237 M/David Chapman ; S. 237 M/Oliver Smart ; S. 238 G/Spencer Bowman; S. 238 C/Image Source; S. 238 G/Gordie Broon; S. 239 M/Alamy; S. 239 M/Kathleen Norris Cook ; S. 240 M/George Robertson ; S. 240 M/Richard Burdon ; S. 240 C/Frank Krahmer; S. 241 Boris Edelmann/Sh; S. 241 G/Victoria Wilkinson Brownless; S. 242 M/Andy Yuill ; S. 243 M/Alamy; S. 242-243 G/marcoisler; S. 244 L/Heinz Wohner; S. 244 G/Westend61; S. 245 D MacDonald/Sh; S. 245 M/Andrew Wilson ; S. 246 G/Britain on View; S. 246 M/Iain Sarjeant ; S. 247 M/Jan Holm ; S. 246-247 M/Stefan Arendt; S. 247 G/S. Vannini; S. 248-249 G/Peter Luxem; S. 250-251 G/Peter Ribbeck; S. 251 M/David Lichtneker ; S. 251 G/Chris Clor; S. 252-253 M/Colin Hugill ; S. 252 G/Southern Lightscapes-Australia; S. 253 G/Southern Lightscapes-Australia; S. 253 G/Swen_Stroop; S. 254-255 C/Carrigphotos; S. 256 Gianluca Piccin/Sh; S. 256 C/Sebastian Wasek; S. 256-257 C/Hans Georg Eiben; S. 258 G/Lingxiao Xie; S. 258-259 M/Alamy; S. 259 Lukassek/Sh; S. 259 M/Allan Wright ; S. 260-261 G/Arterra; S. 261 G/Arterra; S. 261 G/Arterra; S. 261 G/Arterra; S. 261 G/Arterra; S. 262 Wayleebird/Sh; S. 262 G/miroslav_1; S. 263 Nattapat Siripin/Sh; S. 262-263 G/Sara Winter; S. 264-265 M/Karol Kozlowski; S. 266 Marcin Kadziolka/Sh; S. 266 G/Southern Lightscapes-Australia; S. 266-267 M/Alex Thomson ; S. 267 M/David Lichtneker ; S. 268-269 C/Patrick Dieudonne; S. 270 M/Alamy; S. 271 L/age fotostock; S. 270-271 G/Macduff Everton; S. 271 C/Alistair Campbell; S. 272 M/Gary Doak ; S. 272 M/Jan Holm ; S. 272-273 M/Genevieve Leaper; S. 273 G/Southern Lightscapes-Australia; S. 274 C/Stefano Amantini; S. 274 M/Markus Keller; S. 274-275 Melanie Hobson/Sh; S. 274-275 M/Patrick Dieudonne; S. 276-277 G/Dave Bartruff; S. 277 M/Thornton Cohen ; S. 277 M/Monty Rakusen; S. 277 M/Olaf Schubert; S. 277 M/Olaf Schubert; S. 278-279 G/Luca Quadrio; S. 280-281 D MacDonald/Sh; S. 280-281 M/David Robertson ; S. 281 M/Thomas Hanahoe ; S. 281 M/Alamy; S. 282-283 M/Mark Hamblin ; S. 283 G/Danita Delimont; S. 283 M/Mark Hamblin ; S. 283 Juli_Kom/Sh; S. 283 G/Danita Delimont; S. 284-285 G/fotoVoyager; S. 285 corlaffra/Sh; S. 286-287 G/Iain Sarjeant; S. 287 M/Les Gibbon ; S. 287 M/Steve Speller ; S. 287 M/Les Gibbon ; S. 287 M/GARY DOAK ; S. 288 M/Doug Houghton ; S. 288 M/Alamy; S. 288 G/Nick Pound; S. 289 M/Doug Houghton ; S. 289 Gonzalo Buzonni/Sh; S. 290-291 G/Peter Burnett; S. 292-293 M/Alamy; S. 293 M/Peter Giovannini; S. 293 G/Martin McCarthy; S. 293 M/Alamy; S. 294-295 G/Jim Richardson; S. 295 G/Jim Richardson; S. 296-297 G/Panoramic Images; S. 296 M/Paul Glendell ; S. 297 M/Iain Sarjeant ; S. 297 M/Alamy; S. 298-299 LouieLea/Sh; S. 300 M/Mark Ferguson ; S. 301 M/Les Gibbon ; S. 301 M/Douglas Houghton; S. 301 G/Danita Delimont; S. 302-303 G/Jim Richardson; S. 304 M/Dirk Funhoff; S. 305 M/Krystyna Szulecka ; S. 305 M/Chris Gomersall ; S. 305 G/Jeff J. Mitchell; S. 305 M/Dirk Funhoff; S. 305 M/Krystyna Szulecka ; S. 305 M/Krystyna Szulecka ; S. 306-307 C/Richard Shucksmith; S. 308-309 L/robertharding; S. 310 M/Marc-AndrÈ Le Tourneux ; S. 310-311 L/robertharding; S. 311 G/Jeff J. Mitchell; S. 312-313 G/Jonathan Mitchell; S. 313 C/Jim Richardson; S. 313 G/Jonathan Mitchell; S. 314 G/Loop Images; S. 314 M/Martin Zwick; S. 314-315 L/Photononstop; S. 315 M/Melvin Redeker ; S. 316 G/Southern Lightscapes-Australia; S. 316 M/Alamy; S. 316-317 G/Southern Lightscapes-Australia; S. 317 G/Donna Carpenter; S. 318-319 G/Tim Flach; S. 319 L/Photononstop; S. 320-321 M/David Chapman; S. 320-321 L/age fotostock; S. 321 M/Anne Montfort; S. 321 M/Dave Donaldson ; S. 321 M/Anne Montfort; S. 322-323 M/David Chapman ; S. 324 G/Danita Delimont; S. 325 L/Photononstop; S. 325 M/Isabel Hutchison ; S. 325 L/Photononstop; S. 326-327 L/Design Pics; S. 329 Milosz Maslanka/Sh; S. 329 M/Alamy; S. 330 Matthew Storer/Sh; S. 331 Daniel_Kay/Sh; S. 331 G/Sky View Video (Scotland), Professional Aerial Imaging ; S. 331 G/Joe Daniel Price; S. 331 G/Angus Clyne; S. 331 G/David Baker; S. 332 M/Tomasz Szatewicz ; S. 333 G/Scott Robertson; S. 333 M/John Peter Photography ; S. 333 M/Thonig; S. 333 M/Richard Osbourne ; S. 333 G/Allan Baxter; S. 334 L/robertharding; S. 335 M/Alamy; S. 335 G/1111IESPDJ; S. 335 M/Alamy; S. 335 C/SOPA RF; S. 335 M/Martin Brian Lawrence ; S. 336-337 C/Lee Frost

– MAIRDUMONT GmbH & Co. KG, Ostfildern
Kistlerhofstraße 111
81379 München
Telefon +49.89.45 80 20-0
www.kunth-verlag.de
info@kunth-verlag.de

ISBN 978-3-96965-090-5
1. Auflage

Printed in Romania

FSC
www.fsc.org
MIX
Aus verantwortungsvollen Quellen
FSC® C127233

Verlagsleitung: Grit Müller
Lektorat & Grafik: Buch&media GmbH, München
Karten: © MAIRDUMONT GmbH & Co. KG, Marco-Polo-Straße 1, D-73751 Ostfildern
Text: Iris Ottinger, Sabine Welte